W0470864

Enseignement commun		Enseignement spécifique de mercatique	
Thème 2 : Les organisations et les acteurs		**Thème 2 : La distribution de l'offre** **Thème 3 : La communication de l'offre**	
Questions	**Notions**	**Questions**	**Notions**
2.2. Les transformations numériques, vecteur d'amélioration de la relation avec les clients et usagers ?	• Consommateur, usager • Processus d'achat • Facteurs explicatifs des comportements du consommateur : besoins, motivations, freins, attitudes • Digitalisation de la relation client : connaissance client, interactivité, outils • Traces numériques, réseaux sociaux grand public (outils et usages)	**2.3 Les technologies numériques, une autre manière de penser la distribution ?**	• Digitalisation des unités commerciales • Place de marché (*market place*) • E-commerce, m-commerce
		3.2 Comment enrichir la relation client grâce au numérique ?	• Facteurs de fidélité • Stratégie et programmes de fidélisation, valeur vie client (*Life Time Value*) • Gestion de la relation client (*Customer Relationship Management*) • Communication numérique • *Community management* • Management de l'expérience client
2.3. Communique-t-on de la même manière avec tous les acteurs ?	• Stratégie de communication • Communication globale et intégrée • Communication interne et externe • Identité de l'organisation : marque employeur, e-réputation, identité numérique	**3.1 Communiquer : quelle visibilité et quels médias pour valoriser l'offre ?**	• Objets, objectifs et cibles de la communication commerciale • Publicité, média, support, copie stratégie, promotion des ventes, parrainage, mécénat, événement
		3.2 Comment enrichir la relation client grâce au numérique ?	• Bouche à oreille (*Buzz*) • E-réputation

Enseignement commun		Enseignement spécifique de mercatique	
Thème 3 : Les organisations et la société		**Thème 2 : La distribution de l'offre** **Thème 3 : La communication de l'offre**	
Questions	**Notions**	**Questions**	**Notions**
3.2. Les changements de modes de vie s'imposent-ils aux organisations ?	• Modes de consommation	**2.2 Le consommateur dicte-t-il les choix de distribution ?**	• ROPO (*Research Online, Purchase Offline*) • Omnicanalité • Distribution *cross canal* • Distribution collaborative
		3.1 Communiquer : quelle visibilité et quels médias pour valoriser l'offre ?	• Publicité, média, support, copie stratégie, promotion des ventes, parrainage, mécénat, événement
3.3. Les transformations numériques, de nouvelles responsabilités pour les organisations ?	• Utilisation et protection des données personnelles et stratégiques	**3.1 Communiquer : quelle visibilité et quels médias pour valoriser l'offre ?**	• *Marketing* direct
		3.2 Comment enrichir la relation client grâce au numérique ?	• *Ad-blocker* • Communication de crise

SOMMAIRE

THÈME 1 | La définition de l'offre

THÈME 2 | La distribution de l'offre

THÈME 3 | La communication de l'offre

QUESTION 3.1 : Communiquer : quelle visibilité et quels médias pour valoriser l'offre ?

QUESTION 3.2 : Comment enrichir la relation client grâce au numérique ?

DOSSIER | Se préparer au Grand oral du baccalauréat

Je réalise le projet de gestion (étude approfondie menée en équipe)

Je réfléchis à mon projet personnel d'orientation

Je prépare l'épreuve du Grand oral

RESSOURCES NUMÉRIQUES

EN ACCÈS GRATUIT POUR TOUS

COMMENT ACCÉDER À CES RESSOURCES ?

- Depuis une tablette ou un smartphone en scannant le QR-code.
- Depuis un ordinateur en saisissant le lien mini.
- Directement dans le manuel numérique.

PRÉSENTATION

1 Vidéos interactives

2'47

Le concept des magasins O'Tera
www.lienmini.fr/31020-ouv08

- ✔ Découvrez les notions du programme en ouverture de chaque chapitre.
- ✔ Interagissez avec la vidéo en répondant aux questions intégrées.
- ✔ Des vidéos pour découvrir ou approfondir les notions dans le reste du chapitre.

2 Sketchnotes en vidéo

www.lienmini.fr/31020-sk05

- ✔ Retenez l'essentiel grâce à une vidéo comportant un résumé de cours dessiné et commenté.

3 Exercices auto-corrigés

DELAGRAVE

Chapitre 4 : L'expérience de consommation

Validez vos connaissances en cochant la bonne réponse.

1. Le marketing sensoriel est une technique qui permet :

- ◯ de théâtraliser l'offre.
- ◯ de personnaliser l'offre.
- ◯ d'agir sur les sens des individus.

www.lienmini.fr/31020-qcm04

- ✔ Évaluez vos connaissances de manière ludique et autonome grâce aux tests interactifs proposés à la fin de chaque chapitre.

4 Fiche outils calculs

- ✔ Retrouvez les formules indispensables à connaître regroupées dans une fiche mémo !

Les principaux calculs commerciaux
www.lienmini.fr/31020-calculs

En + Compétences PIX

- ✔ Certification nationale PIX obligatoire pour tous les élèves de terminale.
- ✔ Retrouvez, tout au long de l'ouvrage, les compétences numériques mobilisées dans l'enseignement de Mercatique, signalées par ce picto PIX.
- ✔ Validez-les sur la plateforme PIX et cochez le tableau de suivi p. 8
- ✔ Alors, n'hésitez plus... Relevez le défi !

SOMMAIRE

THÈME 1 La définition de l'offre

VIDÉO

THÈME 2 La distribution de l'offre

VIDÉO

THÈME 3 La communication de l'offre

VIDÉO

MES COMPÉTENCES PIX

Chapitre	Compétences numériques à valider sur la plateforme PIX en Terminale	Validation
2	**1.1** Mener une recherche et une veille d'information (applications 1 et 3) • Identifier, utiliser et analyser une adresse web (URL)	☐
4	**1.1** Mener une recherche d'information (doc. 1, a. et c.) • Identifier, utiliser et analyser une adresse web (URL)	☐
5	**1.1** Mener une recherche d'information (applications 3 et 4) • Retrouver et évaluer la source d'une information • Identifier, utiliser et analyser une adresse web (URL) **1.3** Traiter des données (questions 7 et 8, application 2) • Faire des calculs dans une feuille de calcul • Connaître les tableurs et les formats des fichiers associés	☐ ☐ ☐ ☐
6	**1.3** Traiter des données (questions 1 à 3) Faire des calculs dans une feuille de calcul	☐
7	**1.1** Mener une recherche et une veille d'information (applications 1 à 4) • Connaître Wikipédia et son processus de publication • Interpréter la présence de publicité dans les résultats d'un moteur de recherche **4.2** Protéger les données personnelles et la vie privée • Historique et cookies: connaître les traces de navigation stockées sur l'équipement connecté (doc. 3) • Contrôler la réception d'offres promotionnelles et de lettres d'information (doc. 9) • Connaître la notion de données à caractère personnel et savoir les identifier (p. 82)	☐ ☐ ☐ ☐ ☐
8	**3.1** Développer des documents textuels (application Grand oral) • Mettre en forme les caractères d'un texte (gras, taille, couleur…) • Définir l'alignement et l'interligne d'un texte; utiliser les styles de paragraphe • Connaître les outils de traitement de texte et les formats de fichier associés	☐ ☐ ☐
9	**1.1** Mener une recherche d'information (application 3) **3.1** Développer des documents textuels (application 4) • Mettre en forme un diaporama • Consulter et réorganiser le contenu d'un diaporama • Connaître les outils de diaporama et les formats de fichier associés	☐ ☐ ☐ ☐
11	**1.1** Mener une recherche d'information (question 13) • Identifier, utiliser et analyser une adresse web (URL) **3.1** Développer des documents textuels (application Grand oral, projet d'orientation) • Mettre en forme les caractères d'un texte (gras, taille, couleur…) • Définir l'alignement et l'interligne d'un texte; utiliser les styles de paragraphe • Connaître les outils de traitement de texte et les formats de fichier associés	☐ ☐ ☐ ☐
14	**2.3** Collaborer (doc. 1) • Connaître l'usage des outils de sondage en ligne **4.2** Protéger les données personnelles et la vie privée (doc. 7) • Contrôler la réception d'offres promotionnelles et de lettres d'information	☐ ☐
15	**1.3** Traiter des données (application 5) • Faire des calculs dans une feuille de calcul • Connaître les tableurs et les formats de fichier associés • Saisir, intégrer et manipuler des données dans un classeur • Lire et interpréter des données **2.2** Partager et publier (p. 164) • Connaître les codes d'écriture sur les réseaux sociaux (hashtag et mention) • Connaître les réseaux sociaux: diversité, vocabulaire, fonctionnement et modèle économique **4.2** Protéger les données personnelles et la vie privée (doc. 10) • Historique et cookies: connaître les traces de navigation stockées sur l'équipement connecté	☐ ☐ ☐ ☐ ☐ ☐ ☐
16	**2.2** Partager et publier (chapitre entier) • Connaître les codes d'écriture sur les réseaux sociaux (hashtag et mention) • Connaître les réseaux sociaux: diversité, vocabulaire, fonctionnement et modèle économique	☐ ☐

QUESTION 1.1 La personnalisation de l'offre est-elle incontournable ?

Chapitre 1

La personnalisation de l'offre : segmentation, ciblage, positionnement

NOTIONS

- Segmentation, ciblage, positionnement, couple produit-marché.
- Marketing de masse. Marketing différencié. Marketing concentré. Marketing individualisé (*one-to-one*).

CAPACITÉS

- Analyser les choix possibles de l'offre à partir du (des) couple(s) produit-marché.

VIDÉO INTERACTIVE POUR COMMENCER
Le ciblage marketing 2'46"
www.lienmini.fr/31020-ouv01

DÉCOUVRIR LE CONTEXTE Nespresso

Marque commerciale de Nestlé, **Nespresso** est l'une des marques les plus connues au monde. Le marché des dosettes de café, en progression constante depuis une décennie, connaît un taux de croissance annuelle de 7 % environ, pour un chiffre d'affaires total de plus d'1,5 milliard d'euros. Aujourd'hui, face à la montée en puissance de la concurrence, Nespresso doit continuer à se démarquer de ses concurrents. La direction commerciale a donc pour objectif de proposer régulièrement des offres innovantes qui reposent sur une stratégie marketing efficace : par exemple la vente de capsules aux saveurs variées en éditions limitées.

1. Sur quel marché se situe l'activité de Nespresso ?
2. Quels types de clients Nespresso cible-t-elle ?
3. Comment Nespresso répond-elle aux attentes de ses clients ?

OBSERVATION ESSENTIEL APPLICATIONS

1 La segmentation du marché

Le marché des dosettes devient de plus en plus concurrentiel. Nespresso propose de différencier l'offre en fonction des comportements d'achats spécifiques des consommateurs.

NOTION

Segmentation : démarche commerciale qui consiste à découper le marché en groupes d'individus (segments) ayant des comportements d'achats ou d'utilisations homogènes, afin de leur proposer une offre spécifique.

DOC. 1 La segmentation de la clientèle Nespresso

Le client type de Nespresso a entre 28 et 49 ans. Il est urbain, CSP+[1], amateur d'art et de gastronomie. Le concept de Nespresso qui cible ce type de client repose sur trois éléments : des grands crus de café, des machines *design* et un service client personnalisé. Avec des capsules vendues autour de 40 à 50 centimes d'euros pièce, Nespresso joue la carte du luxe et du haut de gamme, notamment du fait de prix de vente élevés.

Delagrave, 2022.

1. Catégorie socio-professionnelle

1 Caractérisez le segment de clientèle retenu par Nespresso pour commercialiser ses capsules de café.

....

....

....

....

....

2 Que vous apprennent les photographies (p. 9 et doc. 1 p. 10) sur le comportement d'achat des consommateurs ?

....

....

....

DOC. 2 La segmentation chez les concurrents de Nespresso

En supermarché, les concurrents de Nespresso misent sur l'aspect pratique et le rapport qualité-prix. Pour une trentaine de centimes d'euros, la dosette imite les codes de Nespresso : qualité du café, capsule hermétique et de couleur, mais sans le côté élitiste. Ces concurrents ont bien compris la nécessité de ne pas se montrer trop « segmentant » ou élitistes. L'Or, par exemple, reste démocratique et accessible. La marque s'adresse à tous les foyers, tous les âges et toutes les CSP, c'est-à-dire à des millions d'acheteurs potentiels. L'Or propose simplement des moments de partage conviviaux et amicaux autour d'un café.

Delagrave, 2022.

3 Analysez la démarche de segmentation de L'Or, concurrent de Nespresso sur le marché des dosettes.

....

....

....

....

....

4 En remplissant le tableau suivant, établissez un lien entre segments de clients et critères de segmentation utilisés par Nespresso et son concurrent l'Or pour leur marché respectif. Décrivez leur offre.

Entreprises	Segments de clients	Critères de segmentation	Description des offres
Nespresso	....	- Sociodémographiques : .... - Style de vie :	....
L'Or	....	- Sociodémographiques : .... - Style de vie :	....

5 Expliquez comment la concurrence tente de gagner des parts de marché.

....

....

DOC. 3 **Nespresso renforce son segment *B to B***

Nespresso a toujours comme ambition d'élargir sa segmentation en développant sa clientèle *B to B*. Cette clientèle spécifique, composée d'entreprises ainsi que de cafés-hôtels-restaurants (CHR) représentait en 2018 15 % de son chiffre d'affaires. Pour continuer dans les années à venir à développer cette clientèle, Nespresso a augmenté le nombre de ses commerciaux, qui travaillent sur les différents partenariats professionnels. Nespresso était déjà présente en restauration classique, ses nouvelles cibles sont donc les bars des hôtels, les grandes brasseries et la restauration rapide.

Delagrave, 2022.

6 Précisez le sens de *B to B* (*business to business*), qui s'oppose à *B to C* (*business to consumer*).

....

....

7 Indiquez les nouveaux canaux de distribution visés par Nespresso et précisez le secteur d'activité dans lequel l'enseigne cherche à se développer.

....

....

8 Décrivez les nouveaux segments de clientèle visés par le biais de ces canaux de distribution.

....

....

....

....

2 Le ciblage et la stratégie marketing adaptée

Nespresso souhaite continuer à augmenter sa clientèle en visant des consommateurs potentiels, tout en essayant de fidéliser ses clients actuels.

NOTION

Ciblage : ensemble d'acheteurs et d'acteurs potentiels que l'on cherche à conquérir et/ou à fidéliser par des actions marketing, après avoir réalisé une segmentation.

DOC. 4 L'élargissement de la cible de Nestlé

Depuis 2018, Nespresso et Starbucks se sont alliés pour vendre des produits communs partout dans le monde. Cela permet à Nestlé de toucher la cible des jeunes « millennials » qui apprécie les produits exotiques voire sophistiqués. Par ailleurs, ces produits sont susceptibles de dégager des marges intéressantes.

Delagrave, 2022.

9 Identifiez la cible visée par Nestlé pour ces nouveaux produits et donnez sa définition en vous appuyant sur des recherches effectuées sur Internet.

....

....

10 Indiquez l'intérêt commercial de ce nouveau ciblage pour Nestlé.

....

....

....

DOC. 5 Le ciblage de L'Or, concurrent de Nespresso

La machine à expresso L'Or Barista de Philips est compatible avec toutes les capsules Nespresso et permet de préparer un double expresso ou deux expressos simultanément. Le lancement de cette machine s'est accompagné d'une nouvelle génération de capsules XXL double expresso, exclusives au système L'Or Barista. L'Or Barista vise les acheteurs de capsules et les utilisateurs d'autres systèmes, mais aussi les consommateurs à la recherche d'un bon rapport qualité-prix. En effet, grâce aux capsules XXL, le coût de l'expresso va baisser et démocratiser le café de qualité. Performante en grandes et moyennes surfaces spécialisées (GMS), la marque continue d'attirer des consommateurs de Nespresso en s'en inspirant.

Delagrave, 2022.

11 Indiquez quelle est la cible visée par L'Or pour cette nouvelle machine à café.

....

....

....

12 Précisez les risques que représente pour Nespresso le lancement de cette nouvelle machine par L'Or, son concurrent.

....

....

....

....

....

DOC. 6 **Les différentes stratégies marketing**

Le marketing indifférencié (ou marketing de masse) consiste à adopter une politique marketing identique pour tous les clients d'un vaste marché.

Le marketing différencié consiste à décomposer le marché total en plusieurs segments, chaque segment étant constitué d'un groupe homogène de consommateurs faisant l'objet d'un marketing adapté.

Le marketing concentré est une stratégie dans laquelle la cible de clients visée se limite à un seul segment du marché.

Le marketing individualisé (ou *one-to-one*) consiste à offrir à des clients sélectionnés l'offre la plus personnalisée possible. Cette stratégie génère des coûts importants mais permet de fixer des prix élevés en se positionnant sur une offre haut de gamme.

Delagrave, 2022.

13 Soulignez dans le document 6 la cible de chacune des quatre stratégies marketing.

14 À partir du document 6, précisez si Nespresso pratique un marketing concentré, différencié, indifférencié ou individualisé.

....

....

....

....

....

15 Commentez cette phrase de la directrice marketing de L'Or : « Notre cible est finalement très large, ce qui nous empêche de faire du marketing concentré. »

....

....

....

DOC. 7 **La personnalisation de l'offre**

VIDÉO + 6'51''
L'ultra-personnalisation du packaging de Nespresso
www.lienmini.fr/31020-pack

16 Présentez l'offre proposée par Nespresso dans le cadre de cette opération marketing (doc. 7). Expliquez en quoi il s'agit d'une offre personnalisée (*one to one*).

....

....

17 Indiquez deux avantages et deux inconvénients du marketing individualisé pour Nespresso.

– Avantages : ....

....

– Inconvénients : ....

....

3 Le positionnement de la marque

Nespresso doit affirmer son identité et sa marque dans l'esprit des consommateurs pour avoir une image bien distincte de celle de ses concurrents.

NOTION

Positionnement : position occupée par un produit dans l'esprit des consommateurs, par rapport à celle de ses concurrents. Cette position repose sur différents critères : prix, image, caractéristiques du produit ou du service.

DOC. 8 Positionnement des marques sur le marché du café en dosettes

Carte perceptuelle (*mapping* en anglais) : représentation graphique qui permet de visualiser le positionnement de différentes marques par rapport à des critères qui s'opposent, par exemple prix élevé/prix faible, bonne qualité/qualité moindre. En situant les marques les unes par rapport aux autres, on peut ainsi les comparer.

Delagrave, 2022.

18 Retrouvez les critères opposés retenus pour élaborer la carte perceptuelle « marques de café en dosettes ».

- Sur l'axe horizontal : ……………………………………………
- Sur l'axe vertical : ……………………………………………

19 Analysez le positionnement de chacune des marques sur le marché du café en dosettes.

Nespresso ……………………………………………

……………………………………………

L'Or ……………………………………………

Senseo ……………………………………………

20 Dégagez les avantages du positionnement de Nespresso par rapport à ses concurrents.

……………………………………………

……………………………………………

21 Montrez la cohérence du positionnement de Nespresso par rapport à sa cible.

……………………………………………

……………………………………………

4 Le couple produit-marché

Dans ses boutiques et sur son site e-commerce, Nespresso propose des produits et des services susceptibles d'intéresser plusieurs types de clients. Pour élaborer des couples produit-marché, le service marketing s'est posé la question : « Quel produit ou service pour quel segment de clientèle ? ».

NOTION

Couple produit-marché : combinaison entre un ou plusieurs produits ou services et un ou plusieurs segments de marché. Elle permet à l'entreprise de mieux cibler ses clients et de mettre au point des actions commerciales adaptées à leurs attentes.

22 Décrivez le segment de marché visé par chacun de ces produits ou services proposés par la marque Nespresso.

Produits / services spécifiques	Segment correspondant
Gamme découverte de dosettes de café Grands Crus, à l'intensité de 4 à 11, qui offrent des palettes aromatiques surprenantes : notes poivrées, cacaotées, grillées ou boisées pour des dégustations riches en découvertes.	....
Machines à café intuitives, simples, pratiques, faciles à entretenir, pour préparer des expressos ou pour réaliser des recettes lactées.	....
Offre promotionnelle : machine Nespresso à 1 € sous condition d'un abonnement Nespresso de 19 à 39 € mensuels. Le client peut utiliser son crédit pour commander les dosettes selon ses besoins et à la fréquence de son choix ou programmer des livraisons automatiques. Les capsules sont livrées gratuitement sous 48 h.	....
Offre permanente : possibilité de commander des capsules de café en ligne, avec livraison gratuite à une adresse choisie par le client.	....
« Journées privées Nespresso » en boutique, avec remise sur le montant d'une commande de capsules ou sur une machine.	....
Commande groupée d'entreprises grâce à une cagnotte sécurisée en ligne à laquelle participent les collaborateurs. Envoi d'une facture imprimée ou par e-mail. Accès à un historique des factures.	....

D'après www.nespresso.com.

23 Précisez l'intérêt que présentent ces six combinaisons produit-marché et les limites d'une profusion d'offres.

....

....

DOC. 9 **Nespresso et le développement durable**

Les grandes marques mondiales de café vendent environ 20 milliards de capsules chaque année. Or, ces capsules ont un impact très néfaste sur l'environnement, à cause notamment de leurs deux composantes principales, le plastique et l'aluminium. En France, les consommateurs ont une conscience écoresponsable de plus en plus développée et se tournent de plus en plus vers des cafetières automatiques avec broyeur. Nespresso réagit à cela en mettant en avant tous les efforts fournis : dès 2008, le fabricant a développé sa propre filière de recyclage avec 5 000 points de collecte en France dans les boutiques françaises, et s'est aussi associé avec des acteurs tels que Mondial Relay pour cette collecte. Nespresso a aussi conclu un partenariat qui le lie aux deux tiers des déchetteries françaises afin de mettre à disposition des bacs spécifiques pour les capsules Nespresso. Un autre accord avec La Poste a été signé pour reprendre les capsules usagées en échange du courrier. Les capsules collectées sont ensuite recyclées : le marc de café est séparé de l'aluminium (refondu pour fabriquer d'autres objets).

Enfin, Nespresso s'est associé à Citeo, une entreprise privée spécialisée dans le recyclage des emballages ménagers et des papiers graphiques, pour recycler les petits métaux dont font partie ses capsules.

Delagrave 2022.

24 Rappelez la définition de l'expression « développement durable » en lien avec vos connaissances en management.

....

....

....

25 Décrivez l'action marketing mise en place depuis 10 ans par Nespresso.

....

....

....

....

26 Établissez un lien entre service rendu / segment de clientèle visé / action marketing.

- Service rendu : ....
- Segment de clientèle visé : ....
- Action marketing : ....

27 Peut-on dire que l'action marketing mise en place par Nespresso correspond bien aux attentes actuelles de la clientèle visée ? Justifiez votre réponse.

....

....

....

....

....

....

L'ESSENTIEL

La personnalisation de l'offre : segmentation, ciblage, positionnement

SKETCHNOTE
Accédez à la vidéo
www.lienmini.fr/31020-sk01

1 La segmentation du marché

La segmentation du marché

→ **s'effectue à partir de critères de segmentation**
sociodémographiques, géographiques, économiques, comportementaux, de styles de vie

→ **conduit à une offre de produits ou de services**
destinée à des groupes d'individus ayant des comportements de consommation homogènes

2 Le ciblage et la stratégie marketing adaptée

Le ciblage
est constitué des actions visant l'ensemble des consommateurs d'un segment

→ **conduit à la mise en œuvre d'une stratégie de**
- marketing indifférencié
- marketing différencié
- marketing concentré
- marketing individualisé

3 Le positionnement de la marque

Le positionnement de la marque

→ **affirme l'identité de l'offreur dans l'esprit des consommateurs**
- par rapport aux identités des concurrents
- selon différents critères (caractéristiques du produit, prix, image, canaux de distribution…)

4 Le couple produit-marché

Le couple produit-marché

→ **recherche l'adéquation**
maximale entre l'offre de produits ou services et les attentes du marché

APPLICATIONS

QCM POUR COMMENCER
Testez vos connaissances avec ce QCM interactif à flasher !
www.lienmini.fr/31020-qcm01

APPLICATION 1 Définir une cible

1. Indiquez la cible visée par le laboratoire FreschSkin (c'est-à-dire, les consommateurs que la marque cherche à conquérir).
2. Expliquez l'action marketing mise en œuvre pour atteindre cette cible.
3. En quoi ces actions correspondent-elles à la cible ? Justifiez votre réponse.

Annexe : Le patch connecté du laboratoire FreschSkin

Le patch connecté du laboratoire FreschSkin prévient son utilisateur quand il a besoin de se protéger du soleil. Cet outil de prévention testé par des dermatologues a été amélioré au moyen d'une application liée au patch. Son objectif ? Sensibiliser les enfants aux bons réflexes préventifs dès leur plus jeune âge. Le laboratoire a créé une application mobile conviviale et ludique qui implique l'enfant : un petit avatar en réalité augmentée a été imaginé pour interagir avec lui. Ce dernier définit son profil (type de peau, couleur des yeux, cheveux...) en répondant aux questions posées. Ensuite, il colle le patch à un endroit de la peau exposée au soleil, par exemple le dos de la main, puis il scanne le patch. L'application indique alors quand il faut réaliser un contrôle et peut recommander de prolonger une protection solaire.

Delagrave, 2022.

APPLICATION 2 Analyser le positionnement d'une marque

1. Caractérisez le nouveau positionnement de la marque du groupe Bel, Babybel.
2. Repérez la nouvelle clientèle ciblée et ses attentes.
3. Indiquez si le nouveau positionnement de Babybel est en adéquation avec les attentes de la cible.

Annexe : Bel veut élargir sa cible de consommateurs

La marque de fromage du groupe Bel, Babybel, lance une campagne internationale pour sensibiliser les consommateurs sur une alimentation plus saine et élargir ainsi sa cible. Elle appelle à la prise de conscience, au changement et à une meilleure alimentation. Le film *Rejoignons les forces du Bon*, qui aura une diffusion internationale, embarque les téléspectateurs dans un monde où la tentation est partout et où tout est fait pour donner envie de manger. Les Mini Babybel, transformés en mini-héros, invitent à rejoindre le mouvement pour de meilleures habitudes alimentaires, plus variée, diversifiée et équilibrée. Par cette campagne, dont les codes sont moins enfantins, Bel se lance de nouvelles ambitions. Si la marque occupe actuellement une place de leader sur le segment du fromage pour les enfants, elle souhaite désormais incarner un positionnement familial, en s'adressant aux enfants comme aux adultes, afin d'aller chercher de nouveaux relais de croissance. Elle veut donc que Mini Babybel soit la pause équilibrée pour toute la famille.

Camille Harel, www.lsa-conso.fr, 20 juillet 2020.

APPLICATION 3 Caractériser la personnalisation de l'offre

1. Présentez la nouvelle offre de Kaporal.
2. Détaillez les caractéristiques qui constituent la personnalisation de l'offre.
3. Indiquez les avantages de cette personnalisation pour l'entreprise et pour le client.

Annexe : Chez Kaporal, les rendez-vous personnalisés font décoller le panier moyen

Pour redonner aux clients l'envie de parcourir les rayons, Kaporal, marque de denim fondée à Marseille en 2004, a lancé un système de rendez-vous personnalisés, disponible dans ses 120 espaces de vente affiliés et franchisés. Concrètement, les internautes prennent rendez-vous sur le site du groupe. Six créneaux, de trente minutes à une heure maximum, sont disponibles chaque jour dans chaque espace de vente. Trois formules sont proposées : un coaching style personnalisé, en tête à tête avec un vendeur, un moment plus convivial avec famille ou amis, toujours avec un conseiller de vente. Kaporal propose aussi à ses clients des rendez-vous de quelques minutes pour retirer leurs commandes *click & collect*, réalisées en ligne, sans faire la queue en caisse. Pour bénéficier de ce service, le consommateur rempli un formulaire avec des questions sur ses goûts. « La plupart des utilisateurs sont déjà nos clients, nous pouvons croiser ces informations avec leur historique d'achat, leur taille... Cela permet à nos conseillers de préparer des tenues à l'avance pour chaque rendez-vous afin d'être efficaces », explique Nicolas Ciccione.

Lélia de Matharel, www.lsa-conso.fr, 23 septembre 2021.

APPLICATION 4 Analyser le couple produit-marché

Indiquez les segments définis par Lego pour chacun des produits.

Produits Lego	Segments
• Les femmes et la science	....
• Star Wars	....
• Harry Potter	....

Annexe : Du produit au client : la stratégie payante de Lego

Comment la brique en plastique est-elle partie « à la rencontre des clients » ? Le premier levier activé par Lego a été la mise au point d'une segmentation par usages. En se basant sur sa brique historique, Lego a imaginé, d'une part, des univers de jeux répondant aux besoins de ses différentes clientèles (pour répondre aux clients qui exprimaient un manque de personnages féminins, Lego a créé les « *Les femmes et la science* », et connu un extraordinaire succès avec cet univers) et, d'autre part, lancé plusieurs licences à succès pour combler les fans de Star Wars ou de Harry Potter.

« Du produit au client, la stratégie payante de lego »,
www.lsa-conso.fr, 20 mars 2019.

APPLICATIONS

APPLICATION 5 Analyser le couple produit-marché

Extrait d'un site qui propose aux particuliers de mettre en ligne leurs annonces dans la rubrique « Vente de véhicules ».

Associez chaque modèle de voiture au segment qui lui correspond en reliant l'image au texte.

A Renault Twingo III (3,59 m)

B Renault Clio V (4,05 m)

C Renault Mégane IV (4,36 m)

D Renault Kangoo II (4,21 m)

1 **Segment « urbaine »**
Traditionnellement, elle est destinée à un public urbain jeune ou sert de voiture secondaire. Sa longueur varie entre 3,4 à 3,70 m. Elle dispose de deux à quatre places.

2 **Segment « ludospace »**
Le « ludospace » est un véhicule dérivé d'utilitaire léger, mais aménagé pour pouvoir être utilisé comme véhicule particulier. Sa longueur varie, en moyenne, entre 3,80 et 4,60 m.

3 **Segment « compacte bicorps et tricorps »**
Un modèle pour tous les types de circulation. Pour famille avec enfants. Sa taille entre 4,20 à 4,50 m peut en faire un petit utilitaire très pratique.

4 **Segment « citadine »**
Destinée à des couples avec un ou deux enfants. Modèle pratique pour la circulation urbaine. Sa longueur varie, en moyenne, entre 3,70 et 4,10 m. Elle dispose de cinq places.

QUESTION 1.1 La personnalisation de l'offre est-elle incontournable ?

Chapitre 2

La personnalisation de l'offre : les composantes de l'offre

NOTIONS

- Composantes de l'offre, conditionnement, stylique (*design*), marque, qualité, image.

CAPACITÉS

- Caractériser les composantes d'une offre de bien/service.

VIDÉO INTERACTIVE POUR COMMENCER

Veja, la marque de baskets éthique et écologique 1'39'
www.lienmini.fr/31020-ouv02

DÉCOUVRIR LE CONTEXTE Veja

Au début de l'année 2005, l'entreprise **Veja** a révolutionné le marché de la chaussure en lançant des baskets écologiques et éthiques. Grâce à cette offre originale, les ventes de la marque ont explosé. Aujourd'hui, Veja est vendu dans 50 pays, plus de 2 millions de paires de baskets ont été commercialisées dans 2 000 points de ventes, aux États-Unis, en Grande-Bretagne, en France et au Benelux. Cet incroyable succès est dû à l'image sportive et urbaine de Veja. Le look « vintage », inspiré des années 1970, de ses produits attire les consommateurs vers une sélection de magasins « branchés » qui commercialisent les produits de la marque.

1. En quoi l'offre de Veja est-elle originale ?
2. Quelle est la clientèle visée par ce type de produits ?
3. Quel est le positionnement de la marque Veja ?

1 Les composantes de l'offre

L'offre commerciale de Veja, ses produits comme ses services, assure son succès auprès de consommateurs écoresponsables.

NOTION

Composantes de l'offre: l'offre commerciale présentée par une entreprise sur un marché est constituée de deux éléments : **la composante matérielle**, c'est-à-dire le produit, et **la composante immatérielle**, qui correspond à l'ensemble des services associés au produit, comme par exemple la garantie, le conseil client, le SAV ou la livraison.

DOC. 1 **L'offre commerciale de Veja**

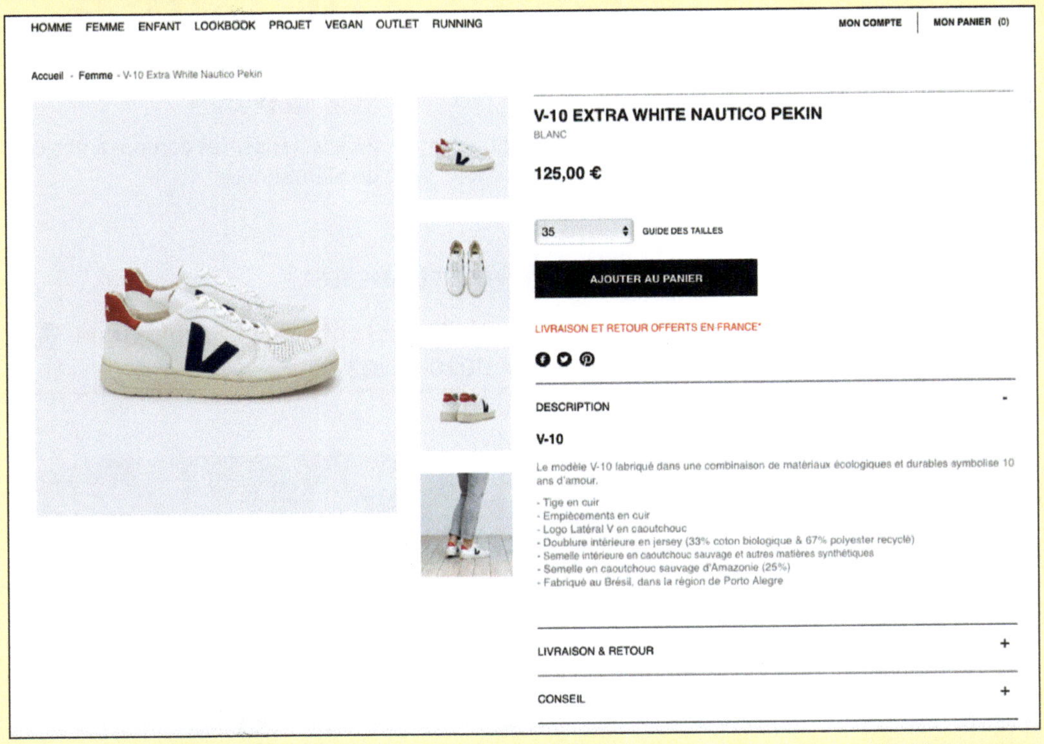

www.veja-store.com

1 Identifiez, à partir du document 1, les deux composantes de l'offre de Veja.

....

....

....

2 Indiquez les informations recherchées par un client lors de l'achat en ligne d'une paire de baskets Veja.

....

....

3 Précisez les informations attendues par un client en matière de services associés à l'achat en ligne de ce type de produit.

....

....

4 Montrez en quoi cette offre commerciale contribue à créer de la valeur pour Veja.

....

....

....

2 Le conditionnement

Dès sa création, l'entreprise Veja a intégré une préoccupation, constante tout au long du cycle de vie de ses produits : la protection de l'environnement. Le conditionnement reflète cet engagement.

DOC. 2 Le conditionnement des baskets Veja

Les baskets Veja sont livrées dans une boîte en carton brut, conforme à l'engagement écologique de l'entreprise. L'impression des textes est réalisée à l'encre végétale. La paire de chaussures est emballée dans du papier de soie blanc biodégradable.

Destinée à protéger le produit tout au long du processus de distribution, la boîte comporte différentes informations : à l'extérieur, une étiquette indique le prix et la taille ; à l'intérieur, un texte explique le processus de fabrication et mentionne les réseaux sociaux où la marque est présente.

Delagrave, 2022.

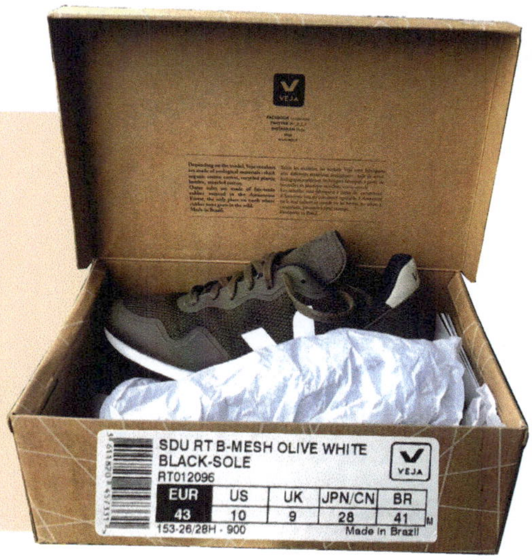

5 Décrivez le conditionnement d'une paire de baskets Veja.

....

....

6 Relevez les informations qui montrent que les textes inscrits sur la boîte jouent le rôle de « vendeur muet ».

....

....

....

7 Montrez que ce conditionnement est conforme aux valeurs de l'entreprise Veja.

....

....

8 Distinguez les fonctions techniques des fonctions commerciales dans le conditionnement des produits Veja, en cochant la bonne réponse dans le tableau ci-dessous.

Conditionnement	Fonctions techniques	Fonctions commerciales
Il contient et protège le produit.	....	....
Il alerte et informe le consommateur.	....	....
Il contribue au positionnement de l'entreprise.	....	....
Il facilite le transport, le stockage et la manutention.	....	....
Il incite à l'achat.	....	....
Il permet de protéger l'environnement.	....	....
C'est un « vendeur muet ».	....	....

9 Montrez en quoi le conditionnement à un rôle technique, informatif et commercial.

Rôle technique : ....

Rôle informatif : ....

Rôle commercial : ....

3 La stylique ou *design*

Sur un marché où Nike et Adidas vendent des millions de paires de baskets chaque année, les dirigeants de Veja ont choisi de se concentrer sur ce qui est essentiel pour eux : la qualité de la fabrication et le *design* du produit.

NOTION

Stylique ou *design*: ensemble des éléments contribuant à l'apparence visuelle d'un produit. La stylique répond à deux objectifs : être fonctionnel et séduire le consommateur.

DOC. 3 Le *design* de Veja : modèle Roraima

Le *design* (stylique) original de ce modèle de basket reprend la forme des chaussures des volleyeurs brésiliens des années 1970. Veja mise sur un produit sobre, qui associe la matière écologique et équitable à l'aspect esthétique. Les équipes de création consacrent plus de temps à la conception des chaussures que celles de marques plus importantes. L'objectif du studio de *design* est simple : proposer des baskets qui vont traverser les époques – d'où l'extrême attention apportée à chaque étape de la fabrication.

Delagrave, 2022.

10 Décrivez le *design* des produits Veja.

11 Identifiez l'objectif principal poursuivi par les équipes de Veja en matière de stylique.

12 Concluez en expliquant comment le *design* original de Veja contribue à créer de la valeur pour l'entreprise.

13 À partir de vos recherches sur le métier de styliste (site ONISEP), décrivez les apports de l'équipe des stylistes à l'entreprise Veja.

4 La marque

Dès sa création, l'entreprise a choisi une marque au nom facile à mémoriser et à styliser : Veja. Cette identité lui permet de se distinguer de la concurrence.

NOTION

Marque : ensemble de signes distinctifs tels qu'un nom propre, un slogan, un logo, un dessin ou la combinaison de plusieurs éléments (mot, code graphique, couleur, par exemple). Ces signes permettent à l'entreprise d'être reconnaissable.

DOC. 4 Les composantes de la marque Veja

Veja signife « regarde », en portugais. Le V stylisé sur les chaussures interpelle le client. Regarder quoi, qui, où ? « Regarde autour de toi, au-delà des apparences ! », répond François-Ghislain Morillion, l'un des concepteurs du produit. Avec ce clin d'œil, la marque fait appel à la conscience écologique des consommateurs et à leur vigilance dans l'acte d'achat.

Delagrave, 2022.

DOC. 5 Le logo de Veja

Le logo est un des éléments de la marque. Pour être efficace, un bon logo doit être reconnaissable et facilement mémorisable. Dans ce but, il ne doit pas comporter trop d'éléments, et doit rester simple. Le logo doit aussi être intemporel, afin de s'adapter à chaque génération. Enfin, le logo doit être adaptable, c'est-à-dire être utilisable sur différents supports de communication : sites web, affiches, etc.

Delagrave, 2022.

14 Relevez les composantes de la marque Veja.

....

....

....

15 Décrivez le logo de Veja et indiquez ses qualités.

....

....

16 Le nom de marque Veja vous semble-t-il cohérent avec le positionnement de l'entreprise ?

....

....

DOC. 6 Les qualités d'une bonne marque

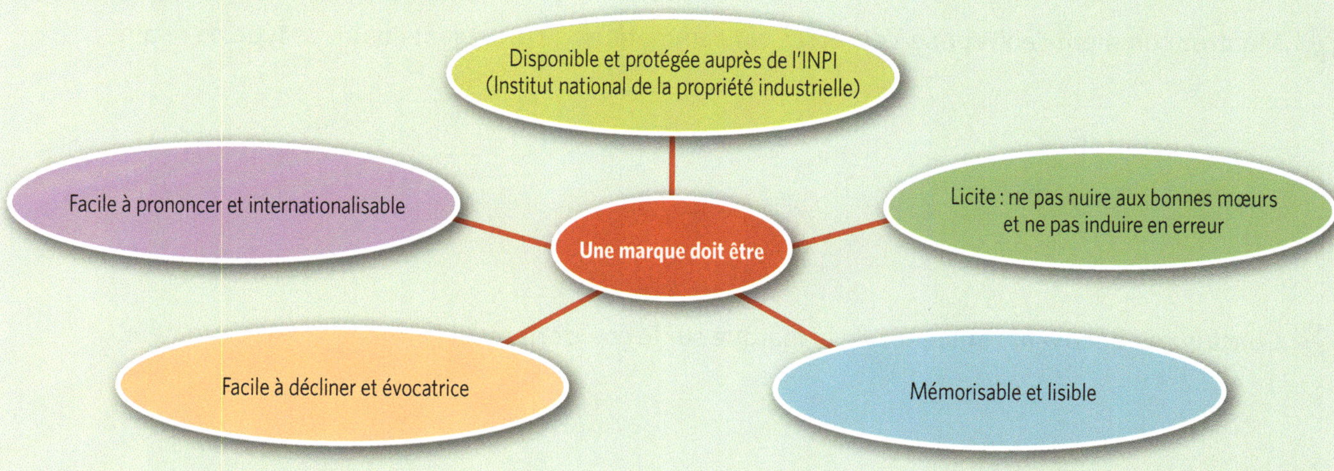

Delagrave, 2022.

17 D'après les documents 6 et 8, montrez que la marque Veja comporte les qualités commerciales et juridiques requises.

DOC. 7 Le marché de la contrefaçon de chaussures

Selon l'OCDE, les chaussures représentaient 24 % de la valeur totale des marchandises de contrefaçon saisies par les douanes en 2019. C'est la catégorie de produits la plus illégalement copiée, devant les vêtements, les articles en cuir, les montres et le matériel électronique. La chaussure de marque est particulièrement imitée car c'est un objet de mode facile à copier et à fabriquer, et où les marges sont fortes.

Ainsi, la contrefaçon de chaussures était évaluée il y a quelques années à près de 545 milliards de dollars, soit près de 5 % du total des importations mondiales selon l'UE. C'est autant de pertes pour les entreprises dont les marques, les brevets et les dessins sont copiés. 63 % des saisies de douanes viendraient de Chine, mais la Turquie, Singapour ou la Thaïlande progressent dans le domaine de la contrefaçon de marques connues. Une copie sur 5 dans le monde toucherait les entreprises américaines, viennent ensuite les italiennes et les françaises à égalité avec les suisses.

Enfin, pour lutter contre les contrefaçons de sneakers vendues notamment sur Internet, il existe une nouvelle application : **Check Check**. Celle-ci propose un service d'authentification qui permet aux fans et aux amateurs de sneakers de savoir n'importe où et n'importe quand, si une paire est authentique ou contrefaite.

Delagrave, 2022.

DOC. 8 La protection de la marque Veja : extrait du dépôt auprès de l'INPI

Veja a déposé sa marque auprès de l'INPI (Institut national de la propriété industrielle) afin de se protéger contre les contrefaçons.

Déposant (marque internationale) : VEJA FAIR TRADE SARL
Numéro : 1415444
Classe : 25 (vêtements, chaussures, chapellerie)
Déposant : VEJA FAIR TRADE SARL
Numéro : 4451649
Classe : 25 (vêtements, chaussures, chapellerie)
Statut : Marque française enregistrée

18 Soulignez dans le doc. 7 les caractéristiques du marché mondial de la contrefaçon de chaussures.

19 Relevez les raisons pour lesquelles Veja est exposée à la contrefaçon sur le marché des chaussures.

20 Montrez comment l'entreprise Veja et les consommateurs se protègent contre ce type de risque.

21 Concluez en décrivant l'influence de la marque sur le comportement d'achat du consommateur.

5 La qualité

DOC. 9 La qualité des matières premières dans la fabrication des produits Veja

Pour fabriquer ses produits, le groupe Veja mise sur des matières premières de qualité. En effet, les chaussures en toile sont réalisées avec du coton 100 % biologique. Pour garantir cette qualité, Veja s'approvisionne en coton rigoureusement sélectionné dans des régions du Brésil à l'écart des monocultures agricoles conventionnelles où l'exploitation est intensive et l'utilisation d'engrais et de pesticides fréquente. La marque utilise également et exclusivement du cuir végétal provenant de l'acacia. Toutes les semelles des chaussures Veja sont fabriquées à partir de latex récolté en Amazonie, seule région du monde où l'on trouve des arbres à latex à l'état sauvage.

Delagrave, 2022.

22 Relevez dans le document 9 les éléments qui constituent la qualité des produits Veja.

....

....

....

....

....

....

....

....

DOC. 10 La qualité « éthique » : le commerce équitable chez Veja

La qualité « éthique » de Veja est garantie par les labels Flo-Cert 1, Max Havelaar et la certification bio IBD3. Veja achète le coton dans le respect des principes du commerce équitable, et fait ainsi vivre plus de trois cents familles au Brésil. Veja travaille également en collaboration avec l'association Amopreab, dont les membres sont tous des habitants de la forêt amazonienne. Veja préconise enfin le procédé FDL (Folha Desfumada Liquida), qui permet aux producteurs de transformer le latex en caoutchouc sans étapes intermédiaires. Les feuilles sont directement expédiées à l'usine, les habitants de la forêt amazonienne peuvent vendre leur produit semi-fini et percevoir une rémunération équitable.

Delagrave, 2022.

23 Soulignez dans le document 10 les expressions attestant la démarche éthique mise en œuvre par Veja.

24 Montrez l'intérêt de la certification éthique pour Veja.

....

....

....

....

....

....

25 Expliquez en quoi Veja applique les principes du commerce équitable.

....

....

26 Expliquez les objectifs poursuivis par Veja en misant sur la qualité.

....

....

....

....

OBSERVATION | ESSENTIEL | APPLICATIONS

6 L'image

Pour proposer ses produits à des prix concurrentiels, Veja a décidé de ne pas engager de frais en publicité, mais de s'appuyer sur le bouche-à-oreille. En effet, la publicité a un coût élevé et est peu respectueuse du développement durable.

NOTION

Image: ensemble des représentations mentales d'un individu attachées à un produit, une marque ou une entreprise.

DOC. 11 Un compte Instagram à l'image de la marque Veja

Instagram concentre la plus grosse communauté de Veja : plus de 500 000 abonnés. C'est sur ce réseau que se trouve sa cible, ses prospects, ses clients idéaux : des jeunes, très connectés et sensibles aux questions sociales et environnementales. Veja est présente et suivie sur Instagram car c'est le réseau social de l'image par excellence sur lequel Veja ne vend pas seulement des baskets mais aussi une histoire et des valeurs auxquelles sa communauté a instinctivement envie d'adhérer.

Delagrave, 2022.

DOC. 12 L'image de l'entreprise Veja

Pour maintenir son image de marque, Veja limite ses productions et sélectionne rigoureusement ses points de vente. L'entreprise bénéficie d'une bonne image auprès des stars grâce à son positionnement éthique. Elle est, par exemple, suivie par Guillaume Canet et Marion Cotillard. Par leur visibilité, notamment dans les magazines, ces derniers apportent une publicité gratuite aux marques qu'ils utilisent, dont Veja. En octobre 2018, alors qu'elle assistait aux Invictus Games avec son mari à Sydney, en Australie, Meghan Markle portait des baskets blanches de la marque Veja. Le lendemain, les recherches de baskets Veja ont augmenté de 113 %.

Delagrave, 2022.

27 Identifiez les moyens utilisés par la marque Veja pour véhiculer son image.

....

....

....

....

....

....

28 Relevez les raisons qui peuvent expliquer que Veja soit l'entreprise la plus plébiscitée sur Instagram. Cette première place est-elle conforme à l'image que souhaite véhiculer l'entreprise ?

....

....

....

....

....

29 Résumez en une phrase l'image que souhaite véhiculer l'entreprise Veja.

....

....

....

....

L'ESSENTIEL

Vers la personnalisation de l'offre : les composantes de l'offre

SKETCHNOTE
Accédez à la vidéo
www.lienmini.fr/31020-sk02

1 Les composantes matérielles de l'offre

- **Le produit** → Caractéristiques intrinsèques du produit
- **Le conditionnement** →
  - **Fonctions techniques :** protéger, contenir, faciliter l'utilisation du produit
  - **Fonctions commerciales :** informer et séduire le consommateur
- **La stylique (*design*)** → **Élément de différenciation :** forme, apparence visuelle

→ **Création de valeur pour le consommateur et pour l'entreprise**

2 Les composantes immatérielles de l'offre

La marque
Signes distinctifs : mot, nom propre, slogan, logo, identité visuelle, couleurs et/ou codes graphiques

La qualité
Caractéristiques permettant à un produit ou service de satisfaire les besoins du consommateur

L'image
Ensemble des représentations mentales d'un individu attachées à un produit, une marque ou une entreprise

→ **Création de valeur pour le consommateur et pour l'entreprise**

APPLICATIONS

QCM POUR COMMENCER
Testez vos connaissances avec ce QCM interactif à flasher !
www.lienmini.fr/31020-qcm02

APPLICATION 1 PIX Caractériser les composantes de l'offre commerciale du groupe Ikéa

L'enseigne suédoise Ikea propose des produits d'ameublement et des articles de décoration pour la maison, ainsi qu'un certain nombre de services.

1. Visitez le site d'Ikéa et détaillez l'offre de l'entreprise : produits et services proposés.
2. Déterminez l'intérêt, pour l'entreprise, de proposer cette offre.

Annexe : L'offre de l'entreprise Ikéa

WEB
www.ikea.fr
www.lienmini.fr/31020-ikea

APPLICATION 2 Identifier les modes d'expression d'une marque

Identifiez, dans le tableau ci-dessous, le mode d'expression utilisé par chaque marque : phrase musicale, nom géographique, expression, slogan, sigle, nom propre.

Exemples de signes	Modes d'expression de la marque	Exemples de signes	Modes d'expression de la marque
LCL		Nestlé	
Volvic		Musique publicitaire des assurances de la MAAF	
La vache qui rit		*« Parce que je le vaux bien ! »*	

APPLICATION 3 PIX Identifier les qualités commerciales d'une marque

Observez le classement des enseignes préférées des Français en 2021 (annexe 1) et son évolution de 2019 à 2021 (annexe 2).

1 Indiquez le nombre de catégories étudiées dans l'étude (annexe 1).

2 Citez l'enseigne préférée des Français toutes catégories confondues en 2021 et la catégorie à laquelle elle appartient (annexes 1 et 2).

3 Choisissez une de ces enseignes, puis à l'aide de vos recherches personnelles, caractérisez son offre.

4 Montrez comment ce classement peut contribuer à la création de valeur pour l'entreprise.

5 Comment peut-on expliquer l'évolution du classement de 2019 à 2021 ?

Annexe 1 : Classement des enseignes préférées des Français en 2021

ENSEIGNE PRÉFÉRÉE DES FRANÇAIS LEROY MERLIN	Alimentation spécialisée **GRAND FRAIS**	Beauté **SEPHORA**	Bricolage **LEROY MERLIN**	Grande Surface alimentaire **E.LECLERC**	Jardinage **GAMM VERT**
	Joaillerie **HISTOIRE D'OR**	Maison **IKEA**	Mode enfant **KIABI**	Mode généraliste monomarque **ZARA**	Mode généraliste multimarque **ZALANDO**
Sport **DECATHLON**	Multimédia / électroménager **AMAZON**	Objets du quotidien **ACTION**	Optique **OPTIC 2000**	Produits culturels **AMAZON**	Restauration rapide / en livraison **MC DONALD'S**

D'après www.e-marketing.fr

Annexe 2 : Évolution du classement des enseignes préférées des Français de 2019 à 2021.

	2019	2020	2021
01	Decathlon	Decathlon	Leroy Merlin
02	Leroy Merlin	Leroy Merlin	Decathlon
03	Fnac (culture)	IKEA	Amazon (culture)
04	IKEA	McDonald's	IKEA
05	McDonald's	Amazon (culture)	McDonald's
06	Amazon (culture)	Fnac (culture)	Fnac (culture)
07	Etam Lingerie	Sephora	Action
08	Sephora	Etam Lingerie	Sephora
09	Leclerc	Action	Grand Frais
10	Buffalo Grill	Buffalo Grill	Picard

D'après Analyse EY-Parthenon.

APPLICATIONS

APPLICATION 4 Analyser la marque Yves Rocher

À partir des annexes 1 et 2, répondez aux questions suivantes.

1. Identifiez les modes d'expression de la marque.
2. Décrivez l'évolution du logo sur le plan graphique.
3. Caractérisez les qualités du logo actuel.

Annexe 1 : Quelques slogans de la marque Yves Rocher

« Se réinventer chaque jour »

« Créateur de la cosmétique végétale »

Annexe 2 : Évolutions du logo Yves Rocher depuis sa création

1960-1970

Yves Rocher

1980

YVES ROCHER

Actuel

APPLICATION 5 Caractériser des labels de qualité

Pour attester de la qualité de leurs produits auprès des consommateurs, les entreprises renforcent leur image grâce à l'obtention de labels d'appellations d'origine contrôlée ou de certifications attribuées par les autorités officielles.

1. Présentez l'intérêt de ces signes pour l'entreprise et pour le consommateur.
2. Montrez comment ces signes de qualité peuvent influencer la valeur perçue par le client.

Annexe : Trois labels français

Labels officiels	Garanties pour le consommateur	Produits concernés
Label Rouge	Qualité gustative supérieure du produit, assurée par des conditions strictes de production, d'élevage et de transformation.	Viandes, charcuteries, produits laitiers, crustacés, fruits et légumes.
AOC – appellation d'origine contrôlée	Garantie de provenance du produit (authenticité tirée de la spécificité de la région où il est fabriqué) par un contrôle des règles de fabrication et une recherche de qualité. Le produit doit avoir une certaine notoriété.	On compte environ 550 appellations : la lentille verte du Puy, la volaille de Bresse, le miel de sapin des Vosges, etc.
AB – Certifié Agriculture biologique	Produits composés d'au moins 95 % d'ingrédients biologiques. L'obtention du logo AB se base sur une production soucieuse de la protection de l'environnement (pas de produits de synthèse par exemple).	Viandes, produits laitiers, miels, fruits et légumes, etc.

www.inao.gouv.fr

QUESTION **1.1** La personnalisation de l'offre est-elle incontournable ?

Chapitre 3

La personnalisation de l'offre : la conception de l'offre

NOTIONS

- Produit : bien, service.
- Offre globale, gamme, politique de marque.

CAPACITÉS

- Mesurer l'importance de la politique de marque.

DÉCOUVRIR LE CONTEXTE Apple

VIDÉO INTERACTIVE POUR COMMENCER

Nouveautés Apple 2021

5'48''

www.lienmini.fr/31020-ouv03

En 1976, deux étudiants, Steve Jobs et Steve Wozniak, construisent dans leur garage le premier ordinateur individuel. Il est vendu 666 $ l'unité (environ 585 € aujourd'hui) grâce au bouche-à-oreille. Quarante ans plus tard, **Apple** est l'entreprise qui détient la plus grande capitalisation boursière au monde avec environ 2 500 milliards de $ d'actifs. Cette éclatante réussite s'explique par la gestion innovante de son offre et de son image de marque. Ordinateurs de bureau ou portables ultrafins (iMac, MacBook Pro), téléphones portables (iPhone), tablettes tactiles (iPad), montres connectées (Apple Watch) composent une gamme savamment déclinée et actualisée, qui permet à l'entreprise de faire face à une concurrence qui s'inspire de ses produits. Malgré cette concurrence exacerbée, Apple a tout de même retrouvé en 2021 la deuxième place sur le marché de la téléphonie mobile devant Xiaomi mais derrière Samsung.

1. Caractérisez le domaine d'activité de l'entreprise Apple.
2. Montrez l'intérêt pour Apple de commercialiser plusieurs produits différents.
3. Quels sont l'originalité de l'offre d'Apple et ses effets sur ses concurrents ?

1 L'offre globale

Pour différencier son offre de celle de ses concurrents, le groupe Apple associe à son offre principale des services de qualité. Ces deux éléments constituent son offre globale, qu'il renouvelle en permanence.

NOTION

Offre globale: combinaison de l'offre principale et de l'offre de services associée.

1 Identifiez les différents produits commercialisés par Apple, qui composent son offre principale.

2 Identifiez les différents services commercialisés par Apple.

DOC. 1 **Apple : la différenciation au moyen de produits et services associés**

Apple assure la livraison gratuite de tous ses produits (iMac, iPad, iPhone, Apple Watch, Apple TV) dans le monde entier. Les clients bénéficient d'une assistance technique téléphonique gratuite pendant 90 jours (à compter de leur date d'achat) et d'une garantie limitée d'un an. Par le biais de son service AppleCare Products, Apple offre également une assistance technique centralisée assurée par des experts, des options supplémentaires de garantie matérielle et une assistance logicielle. La marque propose ainsi à ses clients un service après-vente optimal et de qualité. La prise en charge des problèmes matériels et logiciels est quasi immédiate, et il est possible de prendre rendez-vous sur le site pour une intervention à distance.

Delagrave, 2022.

3 Montrez en quoi ces services associés sont importants pour l'entreprise.

DOC. 2 **L'offre globale d'Apple**

La stratégie commerciale d'Apple repose sur une offre globale. En effet, confrontée à une concurrence dynamique, Apple adopte une nouvelle stratégie en associant de nombreux services innovants à son offre principale. Ainsi, l'entreprise souhaite à présent convaincre ses propres clients – mais aussi ceux des autres plateformes – de « s'abonner à » plutôt que « d'acheter » l'une de ses cinq nouvelles offres de services. Parmi celles-ci on trouve, par exemple : **Apple News+** (presse en accès illimité), **Apple Card** (carte de crédit conçue principalement pour être utilisée avec Apple Pay), **Apple Arcade** (plateforme de jeux), **Apple TV Plus** (plateforme de services de vidéos à la demande).

Delagrave, 2022.

4 Expliquez l'intérêt pour Apple de proposer une offre globale.

2 La gamme

Confortée par un succès phénoménal depuis le lancement de sa gamme, Apple s'approche du cap des 2 milliards d'iPhone vendus dans le monde.

DOC. 3 Les dimensions de la gamme Apple

Les produits que commercialise Apple sur le marché font partie d'un ensemble plus large, appelé « gamme ». La gamme est un ensemble homogène de produits et/ou services destinés à répondre à des besoins identiques exprimés sur un marché. Caractériser les différentes dimensions de la gamme Apple consiste donc à identifier :

– la **largeur de la gamme** : nombre de lignes de produits et/ou services ;

– la **profondeur de la gamme** : nombre minimum et maximum de références proposées par ligne de produits ;

– la **longueur (ou amplitude, ou encore étendue) de la gamme** : nombre total de références offertes par l'entreprise, toutes lignes de produits confondues ;

– la **stratégie de la gamme** : en fonction du nombre de références, une gamme peut être qualifiée de courte ou de longue.

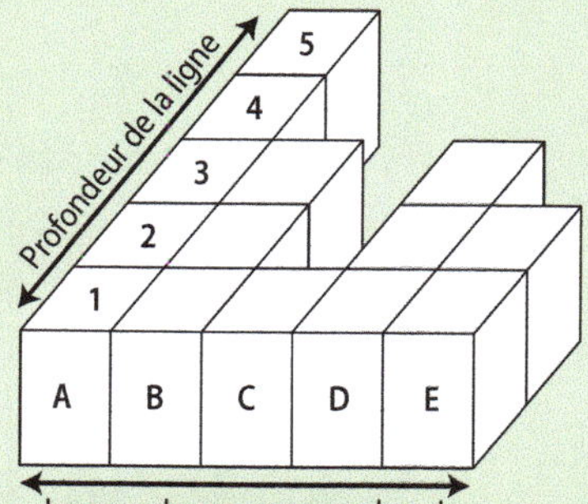

Largeur de gamme : nombre de lignes dans la gamme

Delagrave, 2022.

DOC. 4 La composition de la gamme iPhone 13 de l'entreprise Apple

iPhone 13 Pro Max 4 couleurs/ 4 capacités	
iPhone 13 Pro 4 couleurs/ 4 capacités	
iPhone 13 5 couleurs/ 3 capacités	
iPhone 13 Mini 5 couleurs/ 3 capacités	

5 À l'aide des documents 3 et 4, caractérisez la gamme de smartphones iPhone 13.

- Largeur de la gamme iPhone 13 (ou nombre de lignes de produits) : ....

....

- Profondeur de la gamme : ....

....

- Ampleur : ....

....

- Stratégie : ....

....

6 Expliquez, selon vous, l'intérêt pour Apple de lancer de nouveaux modèles.

....

....

7 Indiquez les avantages et les inconvénients pour Apple du maintien d'une gamme présentant autant de références.

....

....

....

....

....

DOC. 5 Les différents niveaux de gamme

Selon son positionnement et son image de marque, une entreprise peut proposer différents niveaux de gamme :
- **entrée de gamme** : offre basique (produit fonctionnel/prix bas) ;
- **milieu de gamme** : offre de bon rapport qualité-prix ;
- **haut de gamme** : offre valorisée (produit de qualité, services associés qui en justifient le prix).

Delagrave, 2022.

DOC. 6 Le prix des smartphones concurrents présents sur le marché

	Apple	Smartphones concurrents			
	iPhone 13 Pro Max	Samsung Galaxy S21 Ultra	Oppo Find X3 Pro	Google Pixel 6 Pro	Huawei P50 Pro
Prix	 1 259 €	 1 259 €	 1 149 €	 899 €	 800 €
Niveaux de gamme	....	....	....	....	....

8 Qualifiez le niveau de gamme de chaque téléphone portable en complétant le document 6.

9 À partir du document 6, identifiez le principal concurrent de l'iPhone 13 Pro Max.

....

....

10 Montrez que le niveau de gamme choisi par Apple est en cohérence avec son positionnement.

....

....

....

....

....

DOC. 7 Le rôle de chaque produit dans une gamme équilibrée

Une gamme équilibrée peut être construite de manière que chaque produit remplisse une fonction précise au niveau commercial et au niveau financier. Ainsi, elle peut être composée :
- de **produits leaders**, qui génèrent le chiffre d'affaires le plus important ;
- de **produits d'appel**, qui contribuent à faire connaître la gamme de produits grâce à leurs prix attractifs ;
- de **produits régulateurs**, qui permettent à l'entreprise d'assurer un chiffre d'affaires régulier sur l'année ;
- de **produits contributeurs**, qui portent l'image de l'entreprise et dégagent de fortes marges.

Delagrave, 2022.

DOC. 8 La répartition des ventes des produits de la gamme Apple

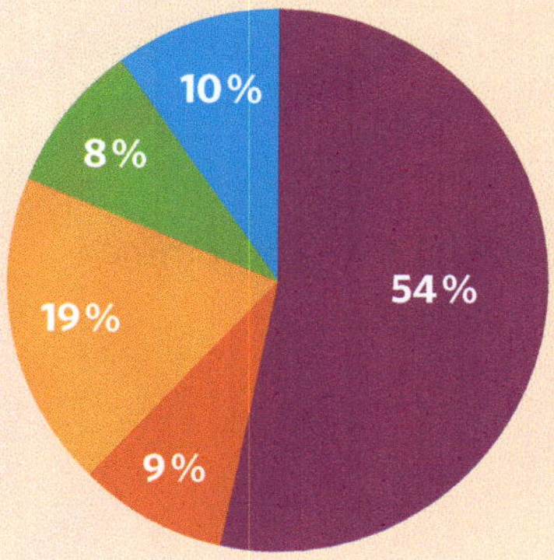

La répartition des ventes au 2e trimestre 2021

- iPhone
- Mac
- iPad
- Services : Apple Pay, Apple Store, iTunes, Apple Music, iCloud
- Autres produits : HomePod, Apple Watch, AirPods, Apple TV

D'après www.consomac.fr

11 Précisez le(s) rôle(s) de chaque produit Apple dans la gamme en cochant la(les) bonne(s) case(s) du tableau (un produit peut avoir plusieurs rôles dans une même gamme).

Produits de la gamme	Rôles dans la gamme			
	Produit leader	Produit d'appel	Produit régulateur	Produit contributeur
iPhone				
iPad				
Mac				
Services				
Autres produits				

DOC. 9 Que vaut la tablette « premier prix » d'Apple ?

Inventeur de la tablette, Apple conserve sa position de meilleur fabricant dans le domaine. L'iPad 2021 tient parfaitement son rôle « d'iPad pour tous », grâce à un tarif accessible. En effet, les versions 64 Go et 256 Go assurent un excellent rapport qualité-prix et sont vendues 389 € et 559 €. La compatibilité avec le clavier Smart Keyboard transforme la tablette en un outil de travail très performant, tant que l'utilisateur s'en tient à des tâches simples. C'est donc une tablette redoutablement efficace pour son prix.

Delagrave, 2022.

12 Justifiez l'appellation « produit d'appel » pour l'iPad 2021.

....

....

....

....

13 Expliquez les raisons pour lesquelles Apple a lancé ce type d'offre.

....

....

....

....

....

3 La politique de marque

L'entreprise Apple utilise différentes tactiques pour entretenir l'attachement des consommateurs à ses produits et à ses marques.

NOTION

Politique de marque : elle consiste, pour une entreprise, à déterminer le nombre de marques qu'elle choisit de proposer aux consommateurs en fonction des segments de marché visés.

DOC. 10 Les politiques de marque de l'entreprise Apple

a L'association Nike + iPod est une alliance de marques (ou *co-branding*).

b L'entreprise a adopté une marque pour chaque ligne de ses produits Apple.

c La marque Apple Watch est une extension de la marque (ou *brand stretching*).

d Le MacBook Pro est une marque caution : « Mac » se retrouve dans les noms de chaque ordinateur Apple.

14 Caractérisez le type de politique de marque nommée « alliance de marques » (doc. 10, a).

....

....

....

15 Quels bénéfices en retire chacune des deux entreprises ?

....

....

....

16 Rappelez le nom de marque utilisé par Apple pour chacune de ses lignes de produits (doc. 10, b) :

- ordinateurs : ....
- tablettes tactiles : ....
- téléphones portables : ....
- montres connectées : ....

17 Expliquez les raisons pour lesquelles Apple a décidé de pratiquer une extension de sa marque en lançant les montres Apple Watch (doc. 10, c).

....

....

....

....

....

18 Décrivez la politique de marque « caution » utilisée par Apple pour rassurer les consommateurs (doc. 10, d).

....

....

....

19 Citez le nom d'un concurrent d'Apple qui pratique une politique de marque « ombrelle » en commercialisant plusieurs lignes de ses produits sous une marque unique.

....

....

Vers la personnalisation de l'offre : la conception de l'offre

SKETCHNOTE
Accédez à la vidéo
www.lienmini.fr/31020-sk03

1 L'offre globale

L'offre globale d'une entreprise est composée d'un ensemble cohérent

- produits de base (biens matériels)
- services associés

= Éléments de différenciation par rapport aux concurrents

2 La gamme

Pour caractériser les dimensions d'une gamme de produits, il faut identifier :
- sa largeur
- sa profondeur
- sa longueur
- sa stratégie

Une gamme comporte plusieurs niveaux :
- l'entrée de gamme
- le milieu de gamme
- le haut de gamme

Au sein d'une gamme, le produit peut jouer le rôle de :
- produit leader
- produit d'appel
- produit contributeur
- produit régulateur

3 La politique de marque

Il existe plusieurs politiques de marque :
- marque produit, ou marque gamme
- marque ombrelle
- marque caution
- alliance de marque, ou *co-branding*
- extension de marque, ou *brand stretching*
- marque de distributeur

Enjeux
- Facteur de création de valeurs (valeur perçue, valeur financière et valeur sociale)
- Facteur de différenciation
- Facteur de conquête ou de fidélisation des clients

APPLICATIONS

QCM POUR COMMENCER

Testez vos connaissances avec ce QCM interactif à flasher !

www.lienmini.fr/31020-qcm03

APPLICATION 1 Caractériser la gamme La Boulangère

La Boulangère propose un large choix de produits : pains baguettes, pains petit déj, pains tradition, pains du monde, pains bio, pains équilibre, pains enfants…

1. Étudiez les différentes dimensions de la gamme de produits La Boulangère.
2. Identifiez le rôle joué par les pains baguettes, les pains tradition, les pains équilibre, les pains du monde et les pains bio. Justifiez votre réponse.
3. Imaginez les raisons qui ont poussé l'entreprise à commercialiser une ligne de produits : « pains du monde ».
4. Indiquez la politique de marque choisie par l'entreprise.

Annexe 1 : La gamme La Boulangère

PAINS	BIO	BRIOCHES ET VIENNOISERIES
• Pains baguette : au four, viennoises… • Tartine & Co : champagne, carré doré… • Pains du monde : suédois, bruschetta, bagel… • Pains bio : voir ci-après • Pains équilibre : toastiligne	• Pains, sandwichs, viennoiseries, brioches…	• Viennoiseries : pains au lait, raisin, chocolat, croissants… • Brioches et gâches : tressée, moelleuse • Vegan

Ces dernières années, l'entreprise réalise ses meilleures performances commerciales avec les pains baguettes et les pains bio. Les pains tradition et les pains équilibre se vendent toute l'année. Les pains du monde ont été lancés sur le marché à un prix attractif.

D'après www.painlaboulangere.com

APPLICATION 2 Mesurer l'importance de la politique de marque de Candia

1. Présentez les différentes dimensions de la gamme Candia.
2. Identifiez les critères de segmentation de l'offre retenus par Candia.
3. Caractérisez la politique de gamme de Candia.

Annexe 1 : La gamme Candia

De nombreuses études consommateurs ont mis en évidence la difficulté de choix face à la multiplicité de l'offre actuelle de lait et aux spécificités de chaque produit. C'est pourquoi Candia a élaboré un concept *merchandising* (présentation de ses produits sur les rayons) pour clarifier son offre et répondre aux exigences des consommateurs. Outre sa marque phare Grand Lait en version entier, demi-écrémé, délactosé et bio, déclinée en bouteilles et en briques, Candia propose des laits pour satisfaire tous les besoins : Baby et Croissance (de 6 mois à 3 ans), Viva (aux 10 vitamines), Silhouette (sans matières grasses), Candy 'Up (aromatisé) et Le lait de ma Région (lait local). Candia propose également du lait frais (Grand Lait frais), du lait fermenté (Elben) et du lait de chèvre (Fraimont).

D'après www.candia.fr

Annexe 2 : Les produits phares de la marque Candia

APPLICATION 3 Caractériser les composantes d'une offre globale : Qatar Airways

1. Identifiez et caractérisez les deux composantes de l'offre globale proposée par Qatar Airways.

2. Expliquez pourquoi la compagnie Qatar Airways a décidé de proposer des « services d'excellence » aussi importants.

Annexe : Qatar Airways, élue meilleure compagnie aérienne au monde

L'organisme de consultation Skytrax a établi le classement 2021 des meilleures compagnies aériennes du monde, un palmarès qu'elle dresse chaque année depuis 1999. Qatar Airways est toujours en tête de ce classement depuis deux ans. En peu de temps, la compagnie a franchi la barre des 150 destinations dans le monde entier, offrant des services d'excellence qui lui ont permis d'obtenir le titre de meilleure compagnie au monde. Pour établir son palmarès, Skytrax a interrogé des millions de passagers, de plus de 100 nationalités différentes. La compagnie Qatar Airways a été très bien notée sur diverses questions relatives à la qualité du service en cabine, la qualité du vol (confort du siège, qualité des repas, choix des programmes audiovisuels, etc.), l'expérience avant et après le vol (facilité de réservation en ligne, temps d'attente, livraison des bagages).

Delagrave, 2022.

APPLICATIONS

APPLICATION 4 Caractériser les composantes d'une offre globale : H&M

1. Présentez l'offre proposée par l'entreprise H&M.
2. Identifiez et présentez la stratégie de marque adoptée par H&M.
3. D'après vous, quels avantages retirent H&M, les designers et les consommateurs de cette stratégie de marque ?

Annexe : Collaborations entre H&M et des *designers*

En 2004, H&M (chaîne de magasins suédoise de prêt-à-porter pour femme, enfant et homme) a lancé sa première collaboration avec Karl Lagerfeld. Aujourd'hui, ses collaborations avec des *designers* n'ont fait que croître pour devenir un phénomène mondial et fort attendu, que ce soit par la presse, les *designers* eux-mêmes ou les « fashionistas » et « fashionistas » en herbes ! En effet, des personnes n'hésitent pas à passer des heures à faire la file pour ressortir avec des pièces de la collection. À l'occasion de la [...] collaboration H&M et Moschino, dévoilée en novembre 2019, Stylight a mis toutes les collaborations de Karl Lagerfeld, en passant par Jimmy Choo, Erdem ou Balmain en avant pour un aperçu de 14 années de « Fashion Revolution ». Les plus organisés repartent avec des sacs entiers d'articles signés par les *designers*. De vrai accros au shopping ? Pas toujours ! Ils sont parfois plutôt des vrais *business men/women* ! En effet, quelques heures ou jours après le lancement des collections, les pièces s'arrachent déjà sur des sites de deuxième main.

www.stylight.fr

APPLICATION GRAND ORAL Se préparer progressivement à l'épreuve

Question 1.1 : La personnalisation de l'offre est-elle incontournable ?

Entraînement à partir d'une recherche documentaire.

	Étapes de l'entraînement	Conseils
1	Choisissez une organisation (possibilité de retenir plusieurs organisations si l'étude vise à comparer deux ou plusieurs organisations).	Il peut s'agir d'une entreprise, association, locale, nationale ou internationale.
2	Collectez des informations concernant la personnalisation de l'offre de cette organisation, à partir des notions clés des trois premiers chapitres et en sélectionnant les documents les plus intéressants.	Pour cela, je mène une veille documentaire concernant la segmentation, le ciblage, les composantes et la conception de l'offre à l'aide de la fiche méthode 2 (étapes 1 à 3) p. 188.
3	Rédigez le résumé des idées essentielles de ces documents.	J'applique la méthode de la fiche 2, p. 188, étape 4.

QUESTION 1.2 Toute consommation crée-t-elle de l'expérience ?

Chapitre 4

L'expérience de consommation

NOTIONS

- Expérience de consommation, valeur perçue, satisfaction client.
- Marketing expérientiel.

CAPACITÉS

- Montrer la pertinence entre l'acte de consommation et l'expérience de consommation.

DÉCOUVRIR LE CONTEXTE L'Atelier du Chocolat

VIDÉO INTERACTIVE POUR COMMENCER

L'ouverture du magasin *Gâteaux d'émotions* 2'10"

www.lienmini.fr/31020-ouv04

En 1951, Joseph et Madeleine Andrieu fondent une pâtisserie chocolaterie à Bayonne (Pyrénées-Atlantiques). En 1995, leur fils Serge crée le Bouquet de Chocolat®, un cornet composé de fines feuilles de chocolat présentées dans un emballage spécialement conçu. En 2006, un parcours-découverte sur l'histoire et la transformation du chocolat est ouvert à Bayonne. Ce musée du Chocolat accueille 25 000 visiteurs chaque année. **L'Atelier du Chocolat** se développe aujourd'hui autour du concept d'atelier-boutique, centré sur la fabrication artisanale et la vente de chocolats de qualité. En 2021, l'enseigne compte un réseau de 35 ateliers-boutiques implantés dans toute la France et propose 10 collections saisonnières.

1. Quelle est l'activité principale de l'entreprise ? Son activité associée ?
2. Quel est le produit phare de l'entreprise ?
3. Que veut mettre en avant le concept d'atelier-boutique ?
4. En quoi ce concept de boutique est-il unique ?

1 L'expérience de consommation

L'Atelier du Chocolat offre à ses clients une expérience individuelle de découverte et de dégustation du chocolat dans ses ateliers-boutiques.

NOTIONS

Marketing expérientiel : technique visant à faire vivre une expérience unique au client en agissant sur ses émotions.

Théâtralisation de l'offre : démarche qui consiste à mettre en scène l'offre dans le point de vente.

A Les composantes de l'expérience de consommation

DOC. 1 Parcours d'un consommateur de l'Atelier du Chocolat

a. Recherche d'un atelier-boutique PIX

L'Atelier du Chocolat Toulouse

Nous vous proposons de partager avec nous l'amour du chocolat en assistant au tablage dans votre chocolatier à Toulouse.

Adresse
1 Rue du Rempart Villeneuve
31000 Toulouse

Horaires
Du Lundi au Samedi de 10h00 à 19h00

Contact
05 62 27 28 89

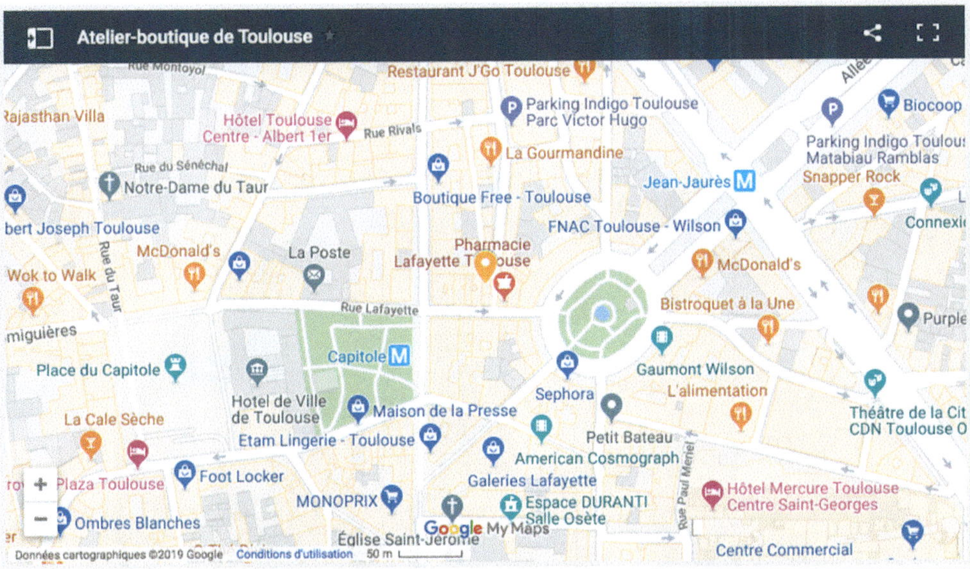

www.atelierduchocolat.fr

b. Démonstration de tablage du chocolat devant la clientèle de l'atelier-boutique

c. Avis de clients de l'Atelier du Chocolat PIX

Avis clients **ATELIER DU CHOCOLAT**

Bien - 9/10
Note globale / 49 notes

5 étoiles	42
4 étoiles	4
3 étoiles	2
2 étoiles	1
1 étoile	0

Trier par : Le plus récent — Filtrer par : Toutes les étoiles — **Donner mon avis**

www.ebuyclub.com

1 En quoi le client peut-il vivre une expérience différente et unique en choisissant cette boutique de chocolat plutôt qu'une autre ?

....

....

2 Indiquez à quelle phase de l'expérience de consommation correspond chacun des documents.

- **Doc 1 a :** ....
- **Doc 1 b :** ....
- **Doc 1 c :** ....

3 Complétez le tableau suivant en décrivant le comportement du client à chacune des phases de l'expérience de consommation.

	Phases	Comportements
Doc 1 a		
Doc 1 b		
Doc 1 c		

B Les techniques du marketing expérientiel

DOC. 2 **Vitrines d'un atelier-boutique**

4 Décrivez les éléments visuels qui incitent le client à entrer dans cette boutique.

....

....

5 Peut-on parler de « théâtralisation de l'offre » ? Justifiez votre réponse.

....

....

DOC. 3 L'éveil des sens à L'Atelier du Chocolat

« Tous les sens sont en éveil quand je fabrique le chocolat. La matière est belle, les couleurs sont belles, l'odeur est extraordinaire... »

« Les teintes sont douces et chaleureuses. Les matières naturelles (osier, raphia, jute) soulignent la beauté du produit sans ostentation. Les bouchées, bonbons et grandes feuilles de chocolat se livrent avec gourmandise en vrac dans de grands paniers. »

« Fabriquer et vendre ce produit-là, un beau produit, un produit noble, c'est quelque chose de magique. »

D'après www.atelierduchocolat.fr.

NOTION

Marketing sensoriel : ensemble de techniques qui visent à utiliser un ou plusieurs des cinq sens du consommateur, dans les points de vente, afin de favoriser l'acte d'achat.

6 Montrez l'influence exercée par le marketing sensoriel sur l'expérience de consommation dans un atelier-boutique, en compétant le tableau suivant. Justifiez vos réponses.

Sens sollicités	Nature de la sollicitation à L'Atelier du Chocolat	Influence sur le consommateur
	Variété des formes et textures de chocolats (« bouchées, bonbons, feuilles... »).	
	Bruit du chocolat chaud versé sur la plaque de marbre réfrigérée.	
	Vision de la matière et des couleurs (« La matière est belle. Les couleurs sont belles. Les teintes sont douces et chaleureuses... »)	
	La variété des bouchées, des bonbons et des grandes feuilles de chocolat réveillent la gourmandise.	
	Bonne odeur de chocolat fondu (« odeur extraordinaire »).	

DOC. 4 La personnalisation des chocolats

Osez offrir un cadeau personnalisé à vos proches grâce à notre gamme de chocolats personnalisables !

7 Montrez comment L'Atelier du Chocolat rend ses produits uniques.

2 La valeur perçue par le client

Une fois vécue l'expérience d'achat à L'Atelier du Chocolat, le client va pouvoir attribuer de la valeur à l'offre de l'entreprise.

8 Listez cinq éléments qui créent de la valeur pour le client lorsqu'il vit son expérience d'achat à L'Atelier du Chocolat.

....

....

....

....

....

> **NOTION**
>
> **Valeur perçue :** elle correspond à la valeur que revêt un produit ou service dans l'esprit du consommateur. Subjective, elle n'a pas de lien direct avec la valeur réelle ou le coût de fabrication.
> La valeur perçue d'une offre résulte de la combinaison d'au moins trois composantes :
> - **la valeur d'usage :** quelle utilité va m'apporter le produit ?
> - **la valeur hédonique :** quelles sensations va m'apporter le produit ?
> - **la valeur de signe :** quelle image vais-je renvoyer aux autres en consommant ce produit ?

DOC. 5 Le Bouquet de chocolat®, produit phare de L'Atelier du Chocolat

Nos habitués le savent : la marque de fabrique de L'Atelier du Chocolat, ce sont nos Bouquets, feuilles de notre savoureux chocolat artisanal.

Présentés sous la forme de fragments de feuilles de chocolat déposés dans un cornet finement décoré, nos Bouquets sont faits pour être partagés. (...) Comme toutes nos créations, nos Bouquets sont fabriqués de manière artisanale à partir de chocolat 100 % pur beurre de cacao. Certains préfèrent les chocolats noirs corsés, d'autres les chocolats au lait réconfortants, d'autres encore la douceur angélique du chocolat blanc. Alors nous avons imaginé des feuilles de chocolat pour tous les profils de gourmands.

www.atelierduchocolat.fr.

9 Identifiez, dans le document, les composantes de la valeur perçue par le client.

- Valeur d'usage : ....
- Valeur hédonique : ....

....

- Valeur de signe : ....

....

....

10 Trouvez les expressions qui caractérisent la valeur perçue par le client en reliant les parties de phrases.

Elle est relative ●	● car elle est spécifique à chaque client de la boutique.
Elle est personnelle ●	● car elle peut changer avec le temps.
Elle est contextuelle ●	● car elle est liée au lieu et au type de bien ou de service.
Elle est dynamique ●	● car elle dépend de l'idée et de l'exigence de chaque client.

3 La satisfaction client

L'expérience de consommation et la valeur que le client a attribué à l'offre lui permettent de dégager des éléments de satisfaction ou d'insatisfaction. Sa fidélisation dépendra de son niveau de satisfaction.

NOTION

Satisfaction : opinion d'un client qui résulte de la différence entre ses attentes et son expérience de consommation. Elle est le reflet de la valeur globale de l'offre perçue diminuée des coûts que le client a engagés : coûts monétaires (prix payé), coûts psychologiques (peur d'être déçu), coûts de transaction (temps, distance…).

DOC. 6 Avis de clients sur le parcours-découverte du musée du Chocolat de Bayonne

La visite est payante : 6 € par adulte et 3 € pour les enfants à partir de 4 ans. Tarif excessif pour cette visite qui est à faire seul et sans guide. Nous avons les mêmes explications sur le site ou sur Internet.

Très belle découverte. Site perdu au milieu d'une zone d'activité mais facilement accessible depuis Bayonne par un bus direct. On y trouve toute l'histoire du chocolat et son arrivée à Bayonne avec une vue directe sur les différents ateliers et la bonne odeur qui s'en dégage. La visite se termine par une excellente dégustation et explication des différents crus. Passage obligé par la boutique.

Une visite très bien organisée, par petits groupes. Vue sur les ateliers de fabrication, dans un décor agréable, conçu avec goût, exposition de machines anciennes pour tout connaître du chocolat.

Visite intéressante et chocolat super bon.
Je retire tout de même deux étoiles car le personnel ne fait pas respecter les gestes barrières (une dame était à la caisse sans masque). Beaucoup trop de monde dans la boutique malgré la jauge et les tables pour la dégustation ne sont pas nettoyées…

L'odeur du chocolat vous enveloppe dès l'entrée. La visite commence par des grands panneaux explicatifs. La présence des machines rend la visite plus claire. La vue sur les ateliers permet de comprendre le travail du cacao au chocolat. L'histoire du chocolat y est également retracée. Et pour finir la dégustation… Un délice…

Delagrave, 2022.

11 Soulignez dans le document 6 les éléments qui traduisent une augmentation de la valeur perçue.

12 À l'aide de la définition de la notion « satisfaction », relevez les différents coûts supportés par les visiteurs de L'Atelier du chocolat à Bayonne.

- Coûts monétaires : ……………………………………………………………
- Coûts psychologiques : ……………………………………………………………

……………………………………………………………
- Coûts de transaction : ……………………………………………………………

……………………………………………………………

13 Concluez quant à la satisfaction des clients de cette boutique.

……………………………………………………………

……………………………………………………………

……………………………………………………………

L'ESSENTIEL

L'expérience de consommation

SKETCHNOTE
Accédez à la vidéo
www.lienmini.fr/31020-sk04

OBSERVATION | ESSENTIEL | APPLICATIONS

1 L'expérience de consommation

L'entreprise provoque plaisirs et émotions chez le consommateur

↓

en utilisant les techniques du marketing expérientiel

- Marketing sensoriel : agir sur les cinq sens
- Théâtralisation de l'offre
- Personnalisation du produit
- Contact avec le personnel

L'expérience de consommation se déroule en trois phases

↓

Avant l'achat : Expérience d'anticipation → **Pendant l'achat** : Expérience d'achat → **Après l'achat** : Expérience du souvenir

2 La valeur perçue par le client

L'expérience de consommation

↓

crée de la valeur perçue

- Valeur d'usage
- Valeur hédonique
- Valeur de signe

3 La satisfaction client

Valeur globale perçue de l'offre – **Coûts supportés** = **SATISFACTION**

Coûts supportés :
- Coûts monétaires
- Coûts psychologiques
- Coûts de transaction

APPLICATIONS

QCM POUR COMMENCER
Testez vos connaissances avec ce QCM interactif à flasher !
www.lienmini.fr/31020-qcm04

APPLICATION 1 Montrer la pertinence du marketing sensoriel dans le nouveau concept de boutique Millet

Millet réinvente ses boutiques en utilisant le marketing sensoriel pour faire vivre aux clients une expérience de consommation unique.

1. Relevez les outils du marketing sensoriel utilisés dans la boutique Millet de Chamonix. Justifiez le choix des odeurs hiver et printemps/été dans le magasin Millet.

2. Caractérisez le positionnement de la marque.

3. Montrez qu'il y a une adéquation entre les choix de marketing sensoriel et le positionnement de la marque aux trois étapes de l'expérience de consommation.

4. Précisez comment l'enseigne crée de la valeur perçue dans ce nouveau concept de boutique, en plus du marketing sensoriel.

Annexe : Le nouveau concept de Millet pour porter son développement

Montrer la montagne dans le magasin

Pour porter son ambition, Millet, spécialisée dans les outils et le textile technique pour l'alpinisme, a imaginé une nouvelle coque de magasin, qui s'adapte en partie à sa localisation. À l'intérieur du point de vente de Chamonix, ouvert en décembre 2020, l'identité montagnarde s'exprime : la cordée constitue, au sens propre, le fil rouge du point de vente, le mobilier reprend le design des blocs de pierres et affiche des noms et les hauteurs de monts mythiques. Enfin, cinq écrans ponctuent le parcours d'achat dont les contenus sont adaptés à chaque point de vente. Ici, des écrans sont truffés de vues vertigineuses, de nature et d'exploits sportifs aux côtés de descriptifs de produits techniques.

Travail des sens

Pour ce nouveau concept, la marque a voulu travailler les sens. Elle s'est associée pour cela avec la société Deepidoo, spécialisée dans le marketing olfactif. Le prestataire a élaboré avec les équipes de Millet les boucles des écrans, a initié une playlist énergique propice au sport et a intégré des fragrances actuellement testées dans le magasin de Chamonix [...]. Cet hiver, des senteurs boisées ont accueilli les visiteurs. Pour le printemps et l'été, Millet a étonnamment sélectionné une odeur... iodée !

La grande table centrale du magasin, pourtant de taille modeste avec 136 m², entend valoriser la notion de communauté chère à la marque. Le meuble comporte un écran permettant de voir l'étendue de l'offre en ligne et intègre aussi la zone d'encaissement. Un coin détente, rappelant le design rocheux, a été imaginé dans la partie basse du magasin. Les vidéos et les livres de cet espace traitent... de la montagne. À côté, un espace dédié au recyclage composé d'un panier propose de reprendre les produits usagés de la marque.

Julie Delvallée, www.lsa-conso.fr, 26 mars 2021.

APPLICATION 2 Analyser les composantes de la valeur perçue par les clients

Yeezy est la marque née d'un partenariat de longue date entre le rappeur américain Kanye West et Adidas. Aujourd'hui, les produits de la marque Yeezi sont devenus les chaussures de luxe les plus recherchées au monde.

1. Identifiez les composantes de la valeur perçue des baskets Yeezy.
2. Recherchez quelle composante est la plus importante dans ce produit et expliquez en les raisons.

Annexe : Le prix et l'image des produits Yeezy

Les sandales Yeezy sont la preuve définitive que Kanye West, en partenariat avec Adidas, a non seulement révolutionné le monde des baskets, mais aussi celui des chaussures en général.

En effet, apposer le nom du rappeur sur un produit, quelle que soit sa nature, est synonyme de files d'attente virtuelles interminables, de ruptures de stock en un temps record [...].

En ce qui concerne les sandales Yeezy, leur succès ne peut être contesté. Lancé pour la première fois en avril 2020, ce modèle a été le premier de la ligne de Kanye West pour Adidas à voir son prix baisser considérablement : de la fourchette de 200-250 euros, où l'on trouve habituellement les baskets Yeezy, à 60 euros. Résultat ? Elles se sont vendues en quelques minutes et, sans surprise, certaines paires sont réapparues sur le marché de la seconde main pour cinq fois le prix initial. La magie de l'offre et la demande.

Néstor Parrondo, www.gqmagazine.fr, 15 juillet 2021.

APPLICATION 3 Comprendre la satisfaction du client

Tout dans la stratégie marketing de McDonald's France tend à offrir une expérience client irréprochable et, le plus souvent, inédite.

1. Décrivez comment McDonald's mesure la satisfaction de ses clients grâce au digital.
2. Expliquez la phrase : « L'obsession de la satisfaction du client et l'obsession de l'innovation font partie intégrante de la culture de McDonald's depuis le premier jour » (annexe 2).
3. Relevez les services proposés par McDonald's à ses clients et montrez les bénéfices qu'ils en retirent.
4. Identifiez les avantages de l'application mobile pour McDonald's.

Annexe 1 : La mesure de la satisfaction

WEB
McDo et moi
www.lienmini.fr/31020-mcdo

APPLICATIONS

Annexe 2 : L'évolution des services apportés aux clients

Depuis sa création, **McDonald's est pionnier dans l'évolution des services apportés à ses clients** : le drive, le Wi-Fi gratuit, les bornes de commande, le *clic & collect*, le service à table et la livraison à domicile ont été imaginés grâce à l'écoute et à l'observation des clients. « L'obsession de la satisfaction du client et l'obsession de l'innovation » font partie intégrante de la culture de McDonald's depuis le premier jour. Les opportunités technologiques sont aussi une source d'inspiration mais exigent d'arriver au bon moment, ni trop tôt, ni trop tard...

Le **Wi-Fi gratuit** est ainsi arrivé en 2005. C'était en rupture car n'oublions pas qu'aujourd'hui encore certains acteurs le font payer. Le ***clic & collect***, lancé en 2013, est sans doute arrivé un peu tôt mais il a permis d'obtenir une forte adhésion par la création de comptes qui sont venus nourrir une base de données clients aujourd'hui très conséquente (1 foyer sur 3), et les bons résultats de zones spécifiques ont permis d'évaluer le potentiel à moyen terme. Le **service à table** enfin, dont l'impact positif pour l'expérience des familles était attendu et s'est largement confirmé, a démontré d'autres atouts comme la capacité à fluidifier le service dans les moments de fort trafic, ce qui était plus difficile à imaginer.

Eloïse Cohen, www.e-marketing.fr, 6 janvier 2020.

Le principe du service à table est simple : le client passe sa commande sur une borne, il récupère un chevalet et va s'asseoir. Grâce à l'écran, le personnel repère l'emplacement du chevalet et va servir la personne. Grâce à l'architecture du comptoir, le client a une vue sur les cuisines et se sent rassuré.

Delagrave, 2022.

Annexe 3 : Une application mobile pour personnaliser l'espace client

Depuis son lancement, l'application mobile de McDonald's rencontre un franc succès. Elle permet aux clients de **commander et de payer très facilement via leurs téléphones**.

De son côté, **McDonald's profite d'un accès en temps réel** à de précieuses données. La firme peut notamment savoir où et quand les clients vont dans ses restaurants, et ce qu'ils consomment. Ces informations peuvent être exploitées pour proposer des promotions personnalisées à chaque client, et donc pour les encourager à revenir régulièrement.

Bastien L., www.lebigdata.fr, 3 mai 2021.

APPLICATION GRAND ORAL Se préparer progressivement à l'épreuve

● Question 1.2 : Toute consommation crée-t-elle de l'expérience ?

Entraînement à partir d'une recherche de « terrain ».

	Étapes de l'entraînement	Conseils
1	Choisissez une organisation dans votre environnement proche.	Je privilégie les petites structures.
2	Rédigez un guide d'entretien et/ou une grille d'observation afin d'obtenir des informations sur les notions clés du chapitre : expérience de consommation en lien avec la valeur perçue, satisfaction client, marketing expérientiel, marketing sensoriel.	Je prends rendez-vous au préalable avec le responsable du point de vente.
3	Rendez-vous sur le terrain afin de récolter un maximum d'informations.	Je prends des notes et des photos.
4	Rédigez le résumé des idées essentielles que vous avez obtenues.	J'applique la méthode de la fiche 2 p. 188, étape 4.

QUESTION 1.3 Le prix : entre raison et illusion ?

Chapitre 5

La diversité des politiques de prix

NOTIONS

- Politiques tarifaires : prix unique, prix différencié, gestion des capacités (*yield management*), prix forfaitaire.

CAPACITÉS

- Caractériser les choix en matière de politique de prix ou de tarifs.

VIDÉO INTERACTIVE POUR COMMENCER

Le *yield management* dans l'hôtellerie (chiffres 2014) jusqu'à 1'00"

www.lienmini.fr/31020-ouv05

DÉCOUVRIR LE CONTEXTE Parc du Griffon

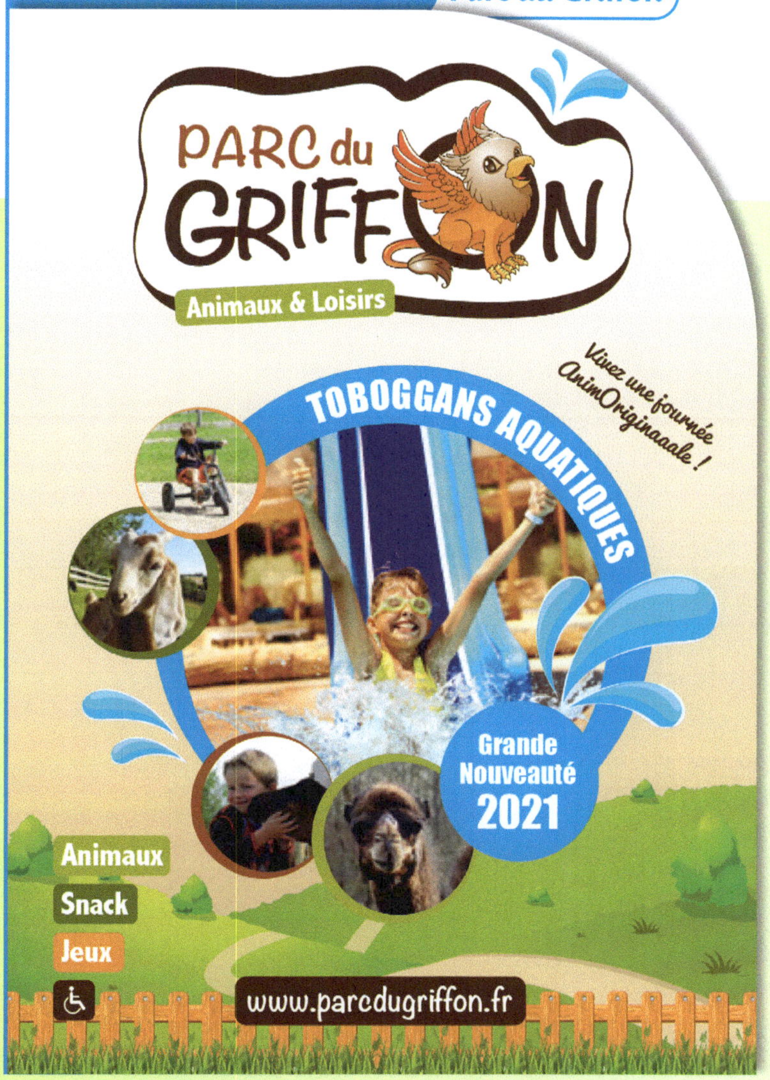

Le **parc du Griffon**, situé à Caubont-Saint-Sauveur (Lot-et-Garonne), à proximité de Marmande, est un parc animalier et de loisirs destiné à un public familial. Sur quatre hectares de prairies vallonnées, il propose la découverte de plusieurs espèces d'animaux domestiques. S'y ajoutent des activités ludo-sportives sur un parcours de plus d'1 km incluant des jeux de piste, des jeux gonflables, une tyrolienne de 30 mètres, des trampolines géants, un snack, des aires de pique-nique. Le parc réalise un chiffre d'affaires annuel d'environ 50 000 euros.

Dalila, titulaire d'un master 2 en Économie, effectue un stage de *price manager* au parc du Griffon. À ce titre, elle propose de travailler sur la politique de prix du parc.

Tarifs

Journée	
Petits (-2 ans)	Gratuit
Petite saison (basse)	8 €
Grande saison (haute)	10 €
Pass annuel (année civile)	
Moyens (2 à 14 ans)	30 €
Grands (+ 14 ans)	35 €

1. Quelles sont, selon vous, les charges du parc du Griffon ?
2. Quelles sont les différentes contraintes à prendre en compte pour fixer le prix des entrées et les prix du snack ?
3. Quels sont les critères de différenciation retenus pour fixer les prix dans le parc ?

OBSERVATION ESSENTIEL APPLICATIONS

1 Le prix unique

Le prix des consommations au snack est affiché à l'entrée du parc. Le consommateur retrouve ces prix sur le menu qui lui est proposé quand il s'installe.

NOTION

Prix unique : politique de prix consistant à proposer, à un moment déterminé, à tout consommateur, un prix unique pour un produit précis.

DOC. 1 Les prix envisagés au restaurant du parc

Le snack

Panini montagnard	4 €
Hamburger	4 €
Salade fermière	5 €
Gaufre	2 €
Glace	2 €

Les boissons

- Oasis, Coca-Cola, Schweppes, Orangina, Fanta, Ice Tea, Perrier, Capri-Sun, Panaché, Volvic fraise	1 €
- Eau	0,50 €
- Cappucino	2,50 €

Delagrave, 2022.

1 Démontrez, à l'aide de la notion, en quoi ces prix constituent des prix uniques.

....

2 Indiquez, pour chacun des exemples suivants, s'il s'agit ou non de prix uniques, et justifiez vos réponses.

Exemples	
Coupe homme chez le coiffeur	....
Billet TGV de la SNCF	....
Big Mac chez McDonald's	....
Consultation chez un médecin généraliste	....
Location de voitures chez Hertz	....
Le dernier livre de Maurice Pons, *Le Passager de la nuit*	....

3 Indiquez les avantages et les inconvénients du prix unique du point de vue du consommateur et du point de vue de l'entreprise.

Points de vue	Avantages du prix unique	Inconvénients du prix unique
Consommateur	....	....
Entreprise	....	....

2 Le prix forfaitaire

Afin d'attirer un maximum de clients et donner un aspect festif au parc, Dalila propose à la direction la mise en place d'un « pack » de services autour du concept d'anniversaire.

NOTION

Prix forfaitaire : prix fixé pour un regroupement de produits, similaires ou non, généralement inférieur à la somme des prix de tous les produits vendus séparément.

DOC. 2 L'offre forfaitaire « Journée d'anniversaire »

Viens fêter ton anniversaire !

Tu as entre 2 et 14 ans et tu veux passer ta journée d'anniversaire dans un endroit fun et rigolo ?
Pour les enfants de 2 à 14 ans, du lundi au samedi, sur réservation 15 jours à l'avance, avec un minimum de 6 enfants.

Si tu veux fêter ton anniversaire avec tes copains et tes copines, glisser sur le toboggan géant, faire la course dans le parcours gonflable, être le plus rapide à la tyrolienne… alors viens fêter ton anniversaire au parc du Griffon.

On te prépare un gâteau fait maison, au chocolat ou à l'ananas et on prévoit aussi une boisson par enfant et des bonbons.

Tarif : 10 € par enfant comprenant

* entrée offerte pour l'adulte accompagnant
* gâteau d'anniversaire fait maison (au choix, chocolat ou à l'ananas)
* boisson (un capri-Sun par enfant)
* bonbons d'anniversaire
* invitation à imprimer
* accès illimité au parc et aux aires de jeux (tyrolienne de 30 mètres, balançoires, toboggan géant, parcours gonflable…)

POUR UNE JOURNÉE D'ANNIVERSAIRE INOUBLIABLE

www.parcdugriffon.fr, septembre 2021.

4 Expliquez, en vous appuyant sur la notion, en quoi le tarif de 10 € par enfant constitue un prix forfaitaire.

....

....

5 Montrez les avantages et les inconvénients de l'ajout de prix forfaitaires à la politique de tarification, du point de vue du consommateur et du point de vue de l'entreprise.

Points de vue	Avantages du prix forfaitaire	Inconvénients du prix forfaitaire
Consommateur, client du parc Griffon	....	....
Parc Griffon	....	....

Les parents de Louis organisent l'anniversaire de leur fils de 9 ans. 12 enfants invités sont présents, auxquels s'ajoutent Louis et sa sœur Chloé. Au prix forfaitaire de l'anniversaire s'ajoutera un animateur facturé 100 €. Les coûts liés à l'organisation de l'anniversaire pour le parc sont de 3,92 € hors taxes par enfant ; l'animateur est payé 75 € hors taxes. La TVA est de 20 %.

6 Calculez le chiffre d'affaires réalisé par le parc à cette occasion en vous aidant d'un tableur.

Téléchargez le fichier Excel
www.lienmini.fr/31020-tableaux

Éléments de coûts	Prix unitaire	Quantités	TOTAL (avec calculs)
Entrées	10 €	14	....
Animateur	100 €	1	....
	Chiffre d'affaires TTC		....

7 Calculez la marge que le parc réalise sur cette opération, en vous aidant du tableau ci-dessous et en réalisant vos calculs sur un tableur. **PIX**

	Unitaire	Quantités	TOTAL
CA TTC	240 €		....
CA hors taxes	....		....
Coûts liés à l'organisation	3,92 €	14	....
Coût de l'animateur	75 €		....
TOTAL des coûts			....
MARGE = CA HT - Total des coûts			....

8 Les coûts liés à l'organisation passent à 4,17 euros par personne du fait d'une augmentation du prix de la boisson, ainsi que de la farine et des œufs pour le gâteau. À l'aide de votre tableur, calculez la marge réalisée par le parc avec ces nouveaux coûts. **PIX**

	Unitaire	Quantités	TOTAL
CA TTC	240 €		....
CA Hors taxes	....		....
Coûts liés à l'organisation	4,17 €	14	....
Coût de l'animateur	75 €		....
TOTAL des coûts			....
MARGE = CA HT - Total des coûts			....

9 Compte tenu des résultats de la question 8, indiquez quelle est l'influence d'une hausse des coûts sur la marge de l'entreprise.

....

....

....

3 Les prix différenciés et la gestion des capacités

OBSERVATION ESSENTIEL APPLICATIONS

Dalila analyse les prix différenciés actuellement proposés par le parc du Griffon.

NOTION

Prix différencié : prix obtenu en appliquant une tarification spécifique à un segment de clientèle. La différenciation peut se faire selon les types de clients (nouveaux clients/clients fidèles, particuliers/professionnels, tarifs jeunes/séniors, etc.), selon les périodes (heures, jours, saisons, etc.), selon les canaux de distribution (en magasin, drive, Internet, etc.) ou encore selon les degrés de participation des clients (livraison, montage, etc.).

10 Indiquez les avantages et les inconvénients des prix différenciés actuellement pratiqués par le parc, du point de vue du consommateur et du point de vue de l'entreprise.

Points de vue	Avantages des prix différenciés	Inconvénients des prix différenciés
Client du parc de loisirs (le consommateur)	....	....
Parc de loisirs	....	....

Dalila souhaite convaincre le responsable du parc d'améliorer la politique de différenciation de prix en s'inspirant du *yield management*.

VIDÉO + 3'27"
Qu'est-ce que le *yield management* ?
www.lienmini.fr/31020-yield

DOC. 3 La pratique du *yield management*

Cette politique de tarification joue sur l'équilibre entre le prix et le taux d'occupation (chambres d'un hôtel, sièges d'un avion, d'un train, entrées d'un parc de loisirs…). Ainsi, les prix changent d'une journée, voire d'une heure à l'autre. Cette technique marketing est particulièrement utilisée par les entreprises ayant des coûts et des capacités fixes, et commercialisant des services non stockables. Par exemple, lorsqu'une chambre d'hôtel ou une place d'avion n'est pas vendue, elle est définitivement perdue. En définitive, mieux vaut la vendre moins cher que pas du tout. Apparu aux États-Unis dans les années 1980 dans le transport aérien, le *yield management* s'est étendu à d'autres secteurs tels que l'hôtellerie, le transport ferroviaire (SNCF notamment), les parcs d'attractions ou encore les entreprises de location de voitures.

Delagrave, 2022.

11 Précisez l'objectif essentiel de la pratique du *yield management*.

....

12 Expliquez en quoi le *yield management* constitue une politique de prix différenciés.

....

....

13 Le parc du Griffon remplit-il les critères permettant le recours au *yield management* dans les exemples ci-dessous ?

Exemples de recours possibles au *yield management*	Oui	Non
Difficulté d'adaptation des capacités du snack en volume et en qualité (lorsque la demande est forte, on ne peut pas augmenter la capacité pour y répondre).	....	....
Impossibilité de stockage (une entrée non vendue à une date donnée est définitivement perdue).	....	....
Possibilité de prévoir son activité.	....	....

14 À votre avis, comment la direction peut-elle prévoir la fréquentation du parc ?

....

....

DOC. 4 **Les opportunités apportées par le *yield management***

Selon Dalila, le *yield management* n'est pas qu'un outil au service de la rentabilité des entreprises. « Nos clients peuvent aussi s'en saisir pour dénicher nos bonnes affaires. Il pourrait permettre à ceux qui pensent à réserver longtemps à l'avance, par exemple les seniors, d'obtenir des réductions "famille". On peut également prendre en compte la saisonnalité de notre activité. »

Delagrave, 2022.

15 D'après Dalila, quels autres critères le parc du Griffon pourrait-il utiliser pour différencier les prix ?

....

....

....

....

....

....

....

....

Convaincue par les arguments de Dalila, la direction du parc lui communique les statistiques afin d'affiner la politique de *yield management*. Elles portent sur le deuxième trimestre de l'année en cours (avril, mai, juin).

16 Pour chaque journée d'ouverture du parc, calculez les pourcentages quotidiens et le taux de transformation du snack (nombre d'entrées au snack/nombre d'entrées au parc). Soulignez les jours d'affluence et entourez les jours creux.

Jours de semaine	Nombre moyen d'entrées au parc	% quotidien	Nombre moyen d'entrées au snack	Taux de transformation
Lundi	25	....	5	....
Mardi	27	....	6	....
Mercredi	52	....	20	....
Jeudi	20	....	2	....
Vendredi	32	....	8	....
Samedi	74	....	10	....
Dimanche	88	....	12	....
TOTAL SEMAINE	....	100 %	....	....

17 Que constatez-vous concernant le nombre des entrées ?

....

....

18 Que constatez-vous concernant le taux de transformation ?

....

19 Proposez quelques solutions à Dalila pour différencier les prix et augmenter la fréquentation du parc et du snack les jours creux.

....

....

....

....

L'ESSENTIEL

La diversité des politiques de prix

SKETCHNOTE
Accédez à la vidéo
www.lienmini.fr/31020-sk05

1 Le prix unique

Prix unique proposé pour un produit à tous les clients

- **qui aboutit à** : une non-différenciation des prix
- **qui favorise** : la clarté et la lisibilité des prix

2 Le prix forfaitaire

Prix forfaitaire proposé pour un regroupement de produits ou services (pack) à tous les clients

- **qui comprend** : des produits ou des services complémentaires
- **avec l'objectif de** : faire économiser de l'argent au client et vendre des produits ou des services complémentaires

3 Les prix différenciés et la gestion des capacités

Prix différenciés selon différents critères :

- types de clients
- périodes de consommation
- participation des clients

avec l'objectif de

- mieux segmenter le portefeuille clients
- maximiser le chiffre d'affaires

La gestion des capacités par le *yield management* permet une tarification et une offre flexibles

APPLICATIONS

QCM POUR COMMENCER
Testez vos connaissances avec ce QCM interactif à flasher !
www.lienmini.fr/31020-qcm05

APPLICATION 1 Analyser la pratique du prix unique du livre

1. Précisez à quelle date et pour quelles raisons a été instauré le prix unique du livre.
2. Indiquez l'intérêt du prix unique.
3. Expliquez les nouvelles menaces qui pèsent sur le prix unique du livre.
4. Pensez-vous que le prix unique pourrait être étendu à d'autres secteurs d'activités ? Justifiez votre réponse.

Annexe : La loi Lang : une égalité d'accès aux livres

La règle du prix unique de vente au public s'applique toute l'année, sur tout le territoire et à tous les détaillants : hypermarché, maison de la presse, grossiste, librairie traditionnelle ou en ligne depuis 1981 (Loi LANG). [...] Mais cette réforme ne s'est pas déroulée sans heurts. Avant 1981, la vente de livres est soumise à la libre concurrence. Chaque libraire décidait seul des prix en appliquant le plus souvent le «*prix conseillé*» [...] Dans les années 1970, la FNAC et les grandes surfaces lancent les prix *discount* sur les livres populaires (jusqu'à 40 % de réduction). Les conséquences sur les librairies sont immédiates et les fermetures nombreuses. [...] Le constat est simple : le livre est un bien culturel et non pas un produit de consommation comme les autres. Brader les prix conduit à une raréfaction du nombre de titres disponibles, au profit des ouvrages à rotation rapide, touchant un vaste public (*best-sellers*, guides...), au détriment de la diversité des œuvres et de la création [...]. Les grandes surfaces, opposées au projet, dénoncent la rupture du principe de libre concurrence et le risque d'inflation. [...] En 2020, la densité de la création littéraire et du réseau de librairies est toujours plus riche en France, pays qui compte le plus de librairies au monde par habitant avec environ 3 500 librairies indépendantes. D'ailleurs, ce modèle a été imité dans de nombreux pays (14 pays, principalement européens, ont instauré un prix unique du livre). [...] Malgré la situation sanitaire, le *click and collect* et les aides de l'État ont permis en général le maintien de l'activité des libraires, soutenus par les lecteurs. [...]

Les nouveaux défis de l'ère numérique

Ces 20 dernières années, la filière du livre a été confrontée aux mutations liées à l'explosion du numérique et du commerce en ligne. Bien que les ventes de livres numériques progressent, notamment avec l'arrivée de la liseuse sur le marché, la disparition annoncée du livre papier n'a pas eu lieu. Surtout, le prix du livre numérique est encadré au même titre que le livre papier depuis 2011. En revanche, le e-commerce d'ouvrages menace l'équilibre instauré depuis 1981 [en raison des] frais de port. [...] De nombreuses librairies disposent d'un site internet et proposent un service de commande et de livraisons, mais l'envoi des livres a un coût élevé (6,50 euros en moyenne). Dans le même temps, les plateformes de vente de livres en ligne, comme *Amazon*, proposent des frais d'envoi d'un montant très faible, à un centime d'euro, afin de respecter l'interdiction d'expédition gratuite (loi du 8 juillet 2014). [...]

Y a-t-il trop de livres ?

Dans deux appels publiés dans *Le Monde* du 14 mai 2020, un collectif d'éditeurs et de libraires évoquait la surproduction de livres, trop souvent retournés dans un délai très court et mis au pilon. Avec plus de 250 nouveaux livres par jour, les libraires « passent plus de temps à vider et remplir des cartons qu'à choisir, conseiller et vendre des livres. » Cette vision à court terme favorise les best-sellers au détriment des ouvrages à faible tirage et des nouveaux auteurs. [...]

www.vie-publique.fr/eclairage/280026-le-prix-unique-du-livre-40-ans-apres-la-loi-lang © Dila, 2021.

APPLICATION 2 PIX Réaliser des calculs de base sur les prix

Vous trouverez ci-dessous la structure de coût comparée d'un livre papier et d'un livre numérique. Après avoir recherché le taux de TVA commun applicable au livre, vous procéderez aux calculs demandés (utilisez le tableur).

Téléchargez le fichier Excel
www.lienmini.fr/31020-tableaux

1. Calculez le prix de vente HT.
2. Calculez le pourcentage de marge d'exploitation.
3. Calculez en euros les différents coûts HT du livre papier.
4. Qu'en concluez-vous ?

Structure de coût	Livre papier en %	Livre papier en €	Livre numérique en %	Livre numérique en €
Prix de vente TTC		20,00		12,00
Prix de vente HT		....		....
Coûts de commercialisation (distributeur) (en % du HT)	55	....	50	5,69
Fabrication (en % du HT)	15	....	7	0,80
Communication (en % du HT)	5	....	5	0,57
Droits d'auteur (en % du HT)	10	....	20	2,27
Marge d'exploitation (en % du prix de vente HT)	....	....	....	2,05
Total (HT)	100 %	....	100 %	11,37 €

APPLICATION 3 PIX Retrouver la politique de prix pratiquée par la SNCF

Vous souhaitez effectuer un trajet en train de Bordeaux à Lyon. Vous faites votre recherche sur le site de la SNCF, https://www.oui.sncf Vous obtenez le résultat pour un voyageur de 22 ans avec carte de réduction jeune et programme de fidélité (annexe).

VIDÉO 3'11"
Thomas, responsable Revenue Management SNCF
www.lienmini.fr/31020-sncf

1. Indiquez la politique de prix mise en œuvre par la SNCF. Justifiez votre réponse.
2. Calculez l'écart relatif (en %) entre le prix le moins élevé et le prix le plus élevé.
3. Quel impact ces différences de tarifs peuvent-elles avoir sur les usagers ?
4. Expliquez de telles différences de tarifs dans le temps et selon les passagers.

Annexe : Résultat de la recherche d'offres de trains sur le site de la SNCF

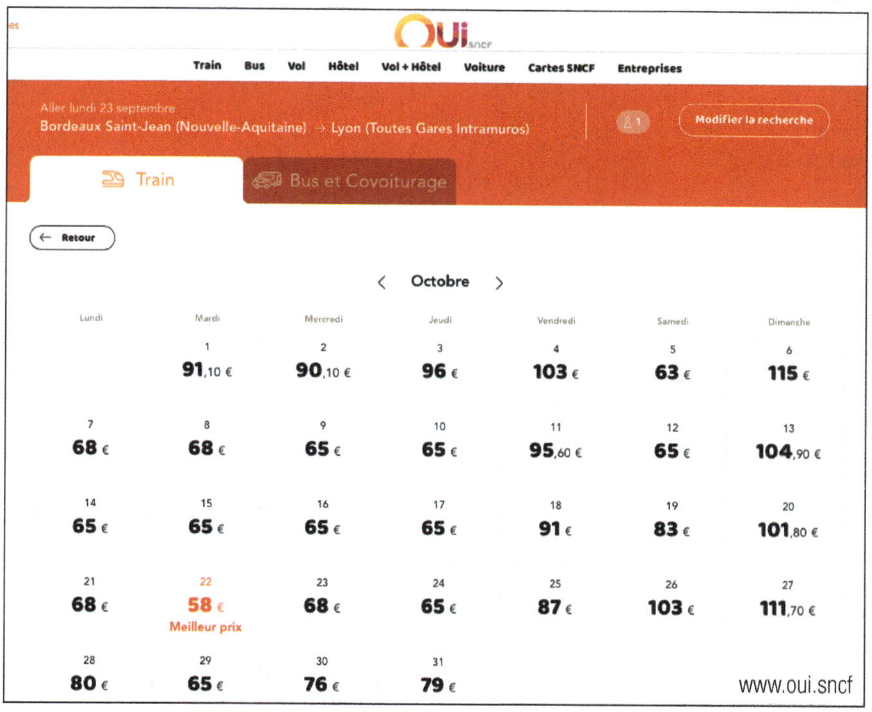

APPLICATIONS

APPLICATION 4 PIX Déterminer et analyser une politique de prix

Consultez le site Internet du parc Disneyland Paris et répondez aux questions suivantes.

1. Retrouvez les politiques tarifaires mises en œuvre par Disneyland Paris, dans le cadre de ses pass annuels.
2. Si on prend une base de billet unique à 54 euros, combien faut-il de visites pour amortir le pass Infinity ? Commentez ce résultat.
3. Expliquez pourquoi les pass ne sont pas valables 365 jours par an (hormis le pass infinity).
4. Indiquez la politique tarifaire dans le cas d'un billet classique.

Annexe 1 : La pass annuel du parc Disneyland Paris

	DISCOVERY	MAGIC FLEX	MAGIC PLUS	INFINITY
DECOUVREZ NOS PASS ANNUELS ! Pour adulte ou enfant[1]	**11€**/mois* après un versement initial de 60€ OU **179€**	**19€**/mois* après un versement initial de 60€ OU **259€**	**22€**/mois* après un versement initial de 60€ OU **299€**	**36€**/mois* après un versement initial de 60€ OU **449€**
Jours d'accès aux 2 Parcs Disney Sous réserve de disponibilité et dans la limite de 3 réservations de visites simultanées (voir CGA)	**150** jours / an Sauf les 2ème et 3ème jours suivant la production du Pass Annuel définitif. Voir les jours d'accès	**300** jours / an Voir les jours d'accès	**350** jours / an Voir les jours d'accès	**365** jours / an Voir les jours d'accès
Validité des Avantages	Avantages et réductions valables du 9 juin 2021 au 3 novembre 2021	Avantages et réductions valables du 9 juin 2021 au 3 novembre 2021	Avantages et réductions valables du 9 juin 2021 au 3 novembre 2021	Avantages et réductions valables du 9 juin 2021 au 3 novembre 2021
Parking Disney[2]	En option pour **60€**	✔	✔	✔
Boutiques de Disneyland Paris[3]	–	-10%	-10%	-20%
Hôtels Disney[4] Contactez notre centrale de réservation pour connaître votre offre Nuitée Pass Annuel du moment	–	✔	✔	✔

www.disneylandparis.com

Annexe 2 : Le billet classique pour le parc

WEB
La gamme de billets
www.lienmini.fr/31020-disney

QUESTION **1.3** Le prix, entre raison et illusion ?

Chapitre 6

La fixation du prix selon une logique rationnelle

NOTIONS

- Sensibilité-prix.
- Coûts.
- Taux de marge.
- Prix cible.

CAPACITÉS

- Caractériser les choix en matière de politique de prix ou de tarifs.

DÉCOUVRIR LE CONTEXTE Andrésy Confitures

VIDÉO INTERACTIVE POUR COMMENCER

Andrésy Confitures, une entreprise familiale qui exporte 3'05"

www.lienmini.fr/31020-ouv06

Andrésy Confitures fabrique des confitures sous deux marques (Les Confitures à l'Ancienne et Andrésy Origines) et propose des recettes spéciales et originales (tomates vertes, roses, etc.). Avec ses deux marques, l'entreprise s'est positionnée sur le haut de gamme, le prestige et le bio. Les confitures sont conditionnées sous différents formats (du très petit pot individuel de 28 cl au pot de 1 kg pour les collectivités).

Andrésy utilise plusieurs canaux de distribution, comme la vente à des hôtels, à des grossistes et à des épiceries fines. L'entreprise réalise en moyenne 20 millions d'euros de chiffre d'affaires et produit plus de 20 millions de pots de confiture par an. Andrésy Confitures fait face à de nombreux concurrents et souhaite mener une réflexion sur la fixation de ses prix.

1. Indiquez les raisons pour lesquelles l'entreprise propose autant de formats de pots.
2. Analysez les contraintes de gestion que pose une telle diversité de références.
3. Étant donné que l'entreprise Andrésy est seulement en contact avec des distributeurs, comment peut-elle connaître les attentes de ses clients en matière de prix ?

1 Le prix de vente fixé selon les coûts, la marge et le taux de marge

Comme toute entreprise, Andrésy Confitures doit calculer ses coûts pour mieux les maîtriser et, surtout, pour fixer ses tarifs. Ses prix de vente doivent lui permettre de réaliser des bénéfices, qui assureront la pérennité de l'entreprise.

NOTION

Prix de vente pour un **producteur** :
Prix de vente HT = Coût de revient + Marge
Marge nette = Prix de vente HT - Coût de revient

(Pour un **distributeur**, le coût de revient est remplacé par un prix d'achat hors taxes.
Dans ce cas :
Prix de vente HT = Prix d'achat HT + Marge
Marge nette = Prix de vente HT - Prix d'achat HT)

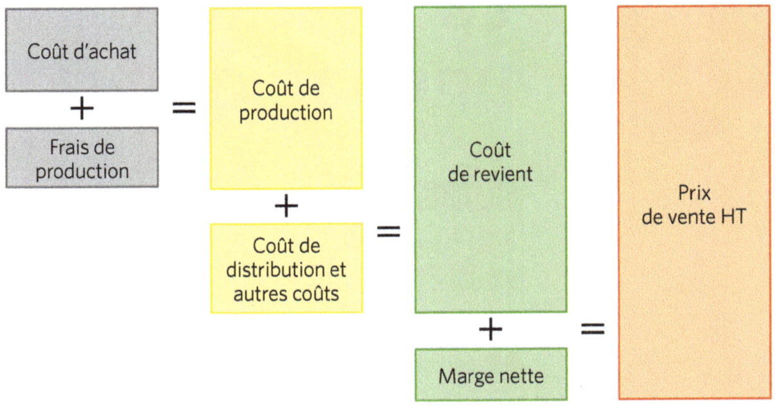

DOC. 1 Le coût de revient de la confiture de fraise

Éléments du coût de revient	Coût au kg
Coût d'achat des fraises (achat + transport)	1,33 €
Coût de production ou de transformation (main-d'œuvre + emballage + cuisson + amortissement du matériel)	3,50 €
Coût de distribution et coûts administratifs Acheminement vers le client + communication	1,23 €

1 Calculez le coût de revient des pots de confiture de fraise selon leur poids et complétez le tableau ci-dessous. Détaillez vos calculs. **PIX**

Éléments du coût de revient	Par kg	Pot de 46 g	Pot de 125 g	Pot de 260 g	Pot de 850 g
Coût d'achat des fraises (achat + transport)	**1,33 €**	....	....	....	....
Coût de production ou de transformation (main-d'œuvre + emballage + cuisson + amortissement du matériel)	**3,50 €**	....	....	....	....
Coût de distribution et de communication (acheminement + communication)	**1,23 €**	....	....	....	....
TOTAL	**6,06 €**	....	....	....	....

L'entreprise se sert également du taux de marge afin de fixer rationnellement son prix de vente.

NOTION

Taux de marge : pourcentage de marge appliqué au coût de revient. Ainsi, un taux de marge de 30 % signifie que l'entreprise applique 30 % de marge au coût de revient.
Exemple : si le coût de revient est de 12 €, la marge sera :
12 x (30 / 100) = 12 x 0,3 = 3,60 €.
Cette **marge permet de calculer le prix de vente** en l'ajoutant au coût de revient.
Exemple : Prix de vente = 12 + 3,60 = 15,60 €.
On peut aussi calculer directement le prix de vente en appliquant le coefficient multiplicateur :
(1 + Taux de marge) x Coût de revient.
Exemple : Prix de vente = 12 x 1,3 = 15,60 €.

2 Supposons que l'entreprise applique un taux de marge de 40 % à l'ensemble de ses confitures. Calculez le prix de vente aux clients. Complétez le tableau ci-dessous en détaillant vos calculs. **PIX**

	Pour 1 kg	Pour 46 g	Pour 125 g	Pour 260 g	Pour 850 g
Coût de revient	**6,06 €**	....	....	....	....
Prix de vente avec marge de 40 %	....	....	....	....	....

DOC. 2 **Le prix, du producteur au consommateur**

Entre le producteur et le consommateur, le prix est en général multiplié par 2 ou 3, voire bien davantage. Le consommateur n'a pas toujours connaissance de cette évolution du prix entre les différents intermédiaires, sauf lorsque, par exemple, les agriculteurs dénoncent les marges successives entre le producteur et le consommateur.

Schéma de la distribution de confitures

Andrésy Confitures (producteur) → Grossistes → Épiceries fines (hôtels prestigieux) → Consommateur final

3 Calculez les différents prix, du producteur au consommateur, pour la confiture de fraise (pour un pot de 850 g). Complétez le tableau ci-dessous en détaillant vos calculs. **PIX**

Du producteur au consommateur	Prix de vente
Coût de revient du **producteur** (HT)	**5 €**
Prix de vente HT **du producteur au grossiste** si le producteur a un taux de marge de 60 %	....
Prix de vente HT **du grossiste au magasin** si le grossiste a un taux de marge de 25 %	....
Prix de vente HT **du magasin au client** si le magasin a un taux de marge de 40 %	....
Prix de vente TTC **en magasin** avec un taux de TVA à 5,5 %	....

4 Selon vous, qu'est-ce qui justifie la différence de prix entre le producteur et le client final ?

....

....

....

5 Précisez quelle est la valeur ajoutée respective du grossiste et du magasin.

Le grossiste ....

Le magasin ....

....

6 Pour conclure, indiquez les éléments qui font varier le prix du pot de confiture de fraise du producteur au consommateur.

....

....

....

....

....

DOC. 3 La fixation du prix de vente de trois produits d'Andrésy Confitures

Produits	 Épicerie fine	 Format buffet	 Gamme bio
Coût de revient	6 €	4 €	....
Marge brute	1,20 €	....	....
Taux de marge	....	....	40 %
Prix de vente HT	....	12 €	7,50 €

7 Réalisez les calculs, puis reportez vos résultats dans le tableau (doc. 3).

- Épicerie fine : Prix de vente = ... Taux de marge = ...
- Format buffet : Marge brute = ... Taux de marge = ...
- Gamme bio : Coût de revient = ...

....

....

D'où la marge brute = ...

8 Commentez les disparités des taux de marge.

....

....

....

....

2 La sensibilité au prix des consommateurs

Andrésy Confitures cherche à connaître les réactions de sa clientèle face à une diminution ou une hausse des prix de la confiture. Pour évaluer cette sensibilité au prix des clients, l'entreprise effectue des simulations afin d'observer l'évolution des ventes à la suite d'une hausse ou d'une baisse des prix.

DOC. 4 **L'élasticité des prix**

VIDÉO + 4'40"
L'élasticité-prix de la demande
www.lienmini.fr/31020-elastic

9 À l'aide de la vidéo (doc 4), complétez le texte ci-dessous avec les expressions suivantes : un prix élevé ; montrer leur richesse ; sensible au prix ; insensible au prix ; moins acheter ; acheter davantage

Lorsque les prix augmentent sur les produits superficiels (dits inférieurs), les gens vont moins acheter.

Dans ce cas on parle de produits avec une demande ....

Dans d'autres cas, par exemple sur les produits de première nécessité, la demande est

.... car il faut les acheter pour survivre.

L'effet Veblen est un effet bien connu en matière de sensibilité au prix et décrit le mécanisme qui pousse

des consommateurs à .... pour ....

en payant .... qui renvoie une image de prix statutaire.

DOC. 5 **Le coffret Andrésy confitures**

Les coffrets cadeau sont devenus un « must » pour les entreprises agroalimentaires et les consommateurs sont prêts à y consacrer en moyenne 29 euros TTC par achat. Le prix n'est cependant pas un frein pour ce type d'achat car c'est le caractère artisanal et authentique, très apprécié, qui l'emporte.

Ainsi, Andrésy offre un coffret transparent en 46 g de trois recettes : confit d'oignons, confit de figues, confit de cidre confitures. Idéal pour un cadeau d'entreprise, une vente additionnelle en boutique ou une présentation sur table en hôtellerie-restauration, ce coffret accompagne toutes les étapes du repas, de l'entrée de fête aux fromages en passant par le plat principal. Le coffret est vendu en moyenne 24 euros hors taxes par des boutiques de proximité (TVA de 10 %).

Delagrave, 2022.

10 Indiquez à partir du document 5 si le prix du coffret est en accord avec les attentes du consommateur.

....

....

DOC. 6 La mesure de la sensibilité de la demande au prix (élasticité-prix)

La sensibilité au prix se mesure en établissant le rapport taux d'évolution de la demande / taux d'évolution du prix. Par exemple, si Andrésy confiture augmente son prix et vend 8 557 pots de confiture à 10 euros et 7 552 à 12 euros, alors l'élasticité sera de :

Taux d'évolution de la demande = (7 552 – 8 557) / 8 557 = - 0,12 %
Taux d'évolution du prix = (12 – 10) / 10 = + 0,20 %
Élasticité = - 0,12 / 0,20 = - 0,60

DOC. 7 L'impact de la variation du prix de la confiture sur les ventes

Simulation des ventes d'Andrésy Confitures sur deux semaines, en fonction de la variation du prix

	Prix du pot de 46 g 3 agrumes	Ventes de pots de 46 g 3 agrumes
Semaine 1	1,41 €	500 pots
Semaine 2	1,69 €	480 pots

11 Calculez l'élasticité-prix dans le cas du pot de 46 g aux 3 agrumes (doc. 7) à partir de l'exemple du document 6.

....

....

....

DOC. 8 L'interprétation de l'élasticité-prix

Si l'élasticité est proche de 0	On dit que la demande est peu sensible aux variations de prix (cas des produits de première nécessité).	
Si l'élasticité est fortement négative (< 0)	La demande évolue en sens inverse au prix, donc si on augmente le prix, la demande baisse (cas de la plupart des produits).	Ainsi une élasticité de -5,2 signifie que si on augmente les prix de 10 %, les quantités vendues baisseront de 10 x -5,2 soit -52 %.
Si l'élasticité est positive (> 0)	La demande augmente quand le prix augmente (cas des produits de luxe ou avec effet Veblen).	Ainsi une élasticité de + 1,7 signifie que si on augmente les prix de 10 %, la demande progressera de 10 x 1,7 soit 17 %.

12 Interprétez cette élasticité-prix en vous aidant du document 8.

....

....

13 Expliquez l'intérêt que présentent les calculs relatifs à l'élasticité de la demande par rapport au prix pour le chef d'entreprise.

....

....

....

3 Le prix cible

Andrésy Confitures envisage de référencer une dizaine de produits exclusifs bio en supermarché. Les négociations avec le distributeur sont bien avancées et le prix pour les pots de 200 g en rayon a été fixé à 5,99 € TTC.

NOTION

Prix cible : il est établi à partir d'études sur la demande (prix acceptable pour les consommateurs) et sur l'offre (prix pratiqué par les concurrents et/ou souhaité par les distributeurs). Une fois ce prix cible défini, les différents coûts et la marge sont ajustés pour correspondre au prix cible.

DOC. 9 La fixation du prix cible d'Andrésy Confitures pour les supermarchés

Le prix cible de 5,99 € pour un pot de confiture bio aux framboises de 200 g a été fixé en fonction de relevés de prix effectués dans les supermarchés et d'éléments connus sur les attentes des clients en matière de prix de la confiture premium (sondage réalisé le mois dernier). Il a été convenu qu'Andrésy Confitures fournira à chaque supermarché un meuble spécifique pour mettre en avant ses produits.

Delagrave, 2022.

14 Expliquez pourquoi 5,99 € est un prix cible.

....

....

....

....

15 Expliquez en quoi la détermination d'un prix cible diffère de la méthode plus classique de la détermination d'un prix en fonction du coût de revient.

....

....

....

....

DOC. 10 Le calcul du coût de revient cible à partir du prix cible

Données pour un pot de confiture bio aux framboises de 200 g

Prix de vente TTC en supermarché	**5,99 €**	
Prix de vente HT en supermarché	....	Taux de TVA à 20 %
Prix d'achat HT du supermarché à Andrésy Confitures	....	Cas où le magasin souhaite une marge de 1 € par pot de confiture
Coût de revient cible pour Andrésy Confitures	....	Cas où le taux de marge d'Andrésy Confitures est de 60 %

16 Présentez vos calculs du prix de vente HT en magasin avec un taux de TVA de 20 %, puis reportez le résultat dans le tableau (doc. 10).

17 Présentez vos calculs du prix d'achat HT du supermarché, puis, après avoir rappelé la formule, reportez le résultat dans le tableau (doc. 10).

18 Présentez vos calculs du taux de marge du distributeur, après avoir rappelé la formule.

19 Présentez vos calculs du coût de revient pour Andrésy Confitures pour un prix cible de 5,99 €, puis reportez le résultat dans le tableau (doc. 10).

20 En conclusion, expliquez pour quelles raisons on peut dire que la fixation du prix des produits vendus en supermarché selon le prix cible obéit à une logique rationnelle de la part d'Andresy Confitures.

L'ESSENTIEL

La fixation du prix selon une logique rationnelle

SKETCHNOTE
Accédez à la vidéo
www.lienmini.fr/31020-sk06

1 Le prix de vente fixé selon les coûts, la marge et le taux de marge

Le prix de vente peut être fixé selon les coûts, la marge et le taux de marge

Les producteurs (industriels) et les distributeurs utilisent ces notions de coûts, de marge (PV HT - PA HT) et de taux de marge (Marge / PA HT)

Le producteur calcule son prix de vente de la manière suivante :
PV HT = Coûts en € + Marge en €

Le distributeur calcule son prix de vente de la manière suivante :
PV HT = PA HT + Marge
ou
PV HT = PA HT x (1 + Taux de marge)

2 La sensibilité au prix des consommateurs

La sensibilité au prix désigne la réaction des consommateurs à une variation de prix (à la hausse comme à la baisse)

Elle se mesure en élasticité-prix, de la manière suivante :
Taux d'évolution des quantités vendues /
Taux d'évolution du prix

3 Le prix cible

Le prix cible est défini après une étude de marché

L'étude de marché permet d'observer le prix des concurrents, le prix des distributeurs et le prix accepté par les clients

Ensuite, le prix cible permet de fixer les coûts, la marge et le taux de marge

APPLICATIONS

QCM POUR COMMENCER
Testez vos connaissances avec ce QCM interactif à flasher !
www.lienmini.fr/31020-qcm06

APPLICATION 1 Analyser la fixation du prix sur les plateformes de streaming

1. Expliquez pourquoi Netflix doit prendre en compte l'offre sur son marché.
2. Donnez un exemple d'étude de la demande cité dans le texte.
3. Précisez quelles études de l'offre ont été réalisées pour fixer les prix.
4. Commentez la phrase en gras.

Annexe : Le prix acceptable pour un abonnement à Netflix

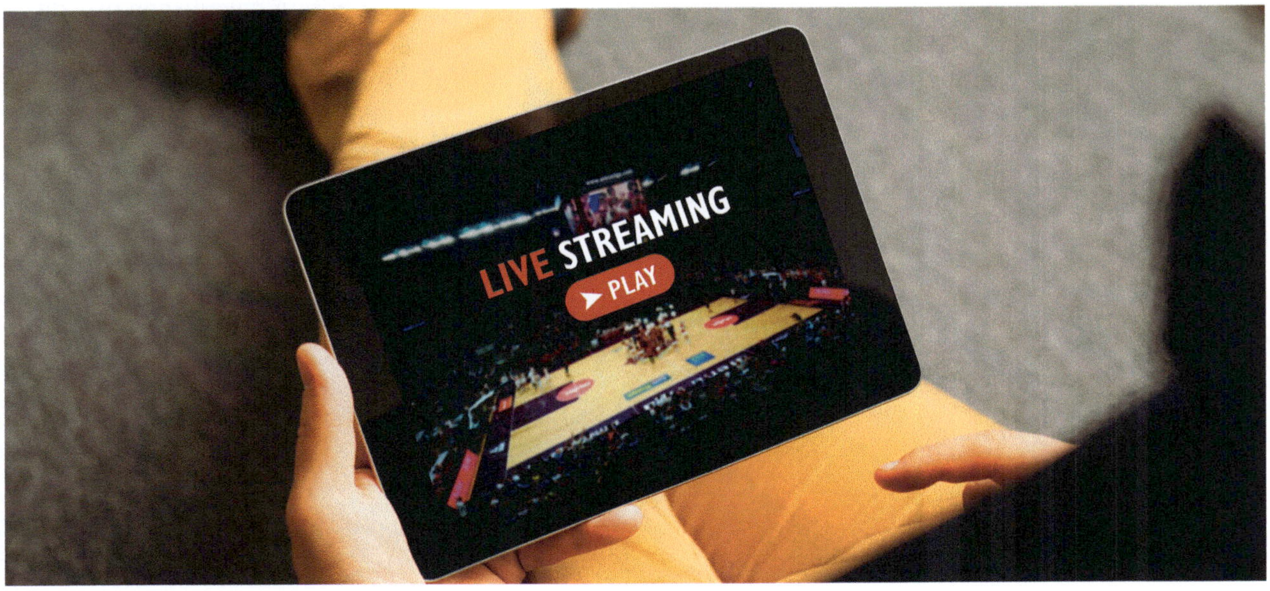

Longtemps précurseur, dominant le marché mondial avec 152 millions d'abonnés dans le monde, Netflix va devoir apprendre à cohabiter sur son marché avec des géants de l'industrie des contenus, offensifs. Si Amazon Prime Video et Hulu étaient déjà de sérieux rivaux, surtout aux États-Unis, Netflix va voir arriver en novembre Apple TV+, juste avant Disney+.

Dans ce contexte, Netflix semble pour l'instant bien positionné au niveau des prix avec des forfaits à 7,99 euros, 11,99 euros et 15,99 euros. D'ailleurs, la croissance des abonnés en France se poursuit : ils sont désormais 6 millions. Selon le sondage, effectué auprès d'un échantillon de 1 012 personnes représentatives de la population française, les Français considèrent comme « acceptable » de payer jusqu'à 10 euros par mois pour accéder à un média en ligne ou à des loisirs digitaux – Netflix, Spotify, Deezer, Molotov, etc. Dans le détail, au moins 80 % des Français jugent acceptable de payer 4,99 euros par mois, et au moins 50 % de détenir un abonnement mensuel à 9,99 euros pour accéder à ce type de service.

Cette étude prouve que les Français reconnaissent désormais la valeur de ce service. D'ailleurs, l'élasticité prix pourrait à terme devenir un facteur clé. Ainsi, 50 % au plus des personnes interrogées et intéressées par ce type de service jugent que 14,99 euros est un prix « cher ». **« Il y a une sensibilité prix moindre entre 5 euros et 10 euros. En revanche, au-delà, on est sur du contenu premium pour les Français, qui nécessite des contenus de qualité exclusifs »**, assure Alix Nepveux.

[...] La bataille se jouera sur le contenu, les séries et films disponibles pour lesquels les milliards affluent : 12 milliards de dollars investis pour Netflix en 2019, 6 milliards de dollars pour Apple. Mais les gens n'auront pas les moyens financiers de s'abonner à tous les services, tant en matière de coûts que de temps disponible. « Il y aura une bataille du temps de visionnage. »

Thomas Giraudet, « Les Français estiment que 10 € par mois est "un prix acceptable" pour s'abonner à Netflix », www.businessinsider.fr, 27 septembre 2019.

APPLICATION 2 Caractériser le prix cible pour une paire de sneakers

Monsieur Benzerga exploite un magasin de chaussures de sport dans le centre très fréquenté de Lyon avec une vive concurrence dans sa rue. Il s'interroge sur la fixation de ses prix, plus particulièrement sur les sneakers qui rencontrent un vif succès chez les moins de 25 ans. Il vous communique les informations suivantes sur le prix de la paire de sneaker la plus vendue :
Prix d'achat HT = 72 euros. Prix de vente TTC = 150 euros. TVA à 20 %.
Taux de marge moyen du marché de la chaussure = 50 %.

1. Calculez la marge et le taux de marge.

2. Calculez le prix de vente TTC si Monsieur Benzerga s'aligne sur le taux de marge moyen du marché de la chaussure.

3. Vérifiez vos calculs à l'aide d'un tableur.

Prix d'achat HT	72 €
Marge	....
Taux de marge	....
Prix de vente HT	....
Prix de vente TTC	150 €

4. Indiquez le taux de réduction que ce nouveau prix TTC, représente par rapport à l'ancien prix de vente TTC de 150 euros.

5. Expliquez à Monsieur Benzerga les éléments à prendre en compte s'il veut se fixer un prix cible.

6. Calculez à l'aide d'un tableur le PVTTC si le prix cible est de 130 euros.

Prix d'achat HT	72 €
Marge	....
Taux de marge	....
Prix de vente HT	....
Prix de vente TTC (CIBLE)	**130 €**

7. Indiquez comment Monsieur Benzerga peut augmenter sa marge avec un prix cible de 130 euros.

Les temps sont durs et Monsieur Benzerga se rend compte en étudiant la concurrence qu'il lui faut fixer son prix de vente à 99 euros pour rester compétitif sur le modèle phare de sneaker.

8. Expliquez à Monsieur Benzerga les deux hypothèses qui s'offrent à lui en matière de taux de marge et de prix d'achat, en complétant le texte ci-dessous avec les mots CONSERVE - NÉGOCIE - BAISSE.

Hypothèse 1 : Il .... son taux de marge et il .... le PAHT avec son fournisseur.

Hypothèse 2 : Il .... son taux de marge et il .... son PAHT avec le fournisseur.

APPLICATIONS

APPLICATION 3 Caractériser la fixation du prix dans un hôtel

L'hôtel Beau Rivage est situé sur l'île d'Oléron. Il propose 70 chambres. L'établissement est classé 3 étoiles pour son confort et ses prestations.

1. Calculez le prix de vente HT d'une nuitée si le taux de marge est fixé à 40 % (annexe 1).
2. Calculez la marge et vérifiez le calcul du taux de marge. Détaillez vos calculs.
3. Indiquez le prix affiché pour le public (prix de vente TTC) avec un taux de TVA de 20 %.
4. Indiquez, à partir de l'annexe 2, si les clients de cet hôtel sont sensibles au prix. Justifiez votre réponse avec des calculs appropriés.

Annexe 1 : La composition du coût d'une nuitée

Composition du coût d'une nuitée	Coût par chambre (en € HT)
Coût du personnel	39
Coût d'équipement de la chambre	8
Coût de distribution (rémunération des intermédiaires)	20
Coût administratif	1

Annexe 2 : Le nombre de chambres louées selon le prix de vente

Évolution du prix à l'occasion d'une opération promotionnelle au mois de janvier.

Mois	Prix par nuitée (en € TTC)	Nombre de chambres louées
Décembre	114,24	1 500
Janvier	79,95	2 100

QUESTION 1.3 Le prix, entre raison et illusion ?

Chapitre 7

Les modèles de gratuité

NOTIONS

- Modèles de gratuité.

CAPACITÉS

- Caractériser les choix en matière de politique de prix ou de tarifs.

VIDÉO INTERACTIVE POUR COMMENCER

Les produits gratuits le sont-ils vraiment ? 3'16''

www.lienmini.fr/31020-ouv07

DÉCOUVRIR LE CONTEXTE Les entreprises du web

Google

Incontournable lorsqu'on cherche des informations, le moteur de recherche et navigateur Google se rémunère en majeure partie via la publicité en ligne. Ce géant du web (qui possède également Youtube) monnaye le nombre de pages vues et le temps passé par les utilisateurs.

Deezer

Le site français d'écoute de musique en ligne a été fondé en 2007. La plateforme propose au grand public un accès gratuit à sa librairie musicale mais l'écoute est régulièrement entrecoupée de publicité audio et l'interface parsemée d'annonces publicitaires. Les abonnés payants peuvent écouter leur musique sans pub audio ou visuelle et avec un son de meilleure qualité. Deezer se rémunère aussi via la vente de produits dérivés autour du monde de la musique.

Wikipédia

Wikipédia est la preuve que le financement par la communauté fonctionne. Aucune publicité et pourtant l'encyclopédie en ligne couvre chaque année ses besoins financiers grâce aux dons.

Google, Deezer, Wikipédia, autant de modèles et de moyens différents de gagner de l'argent.

1. À quel univers commun appartiennent ces trois entreprises ?
2. D'après votre expérience, quels sont les services proposés gratuitement par les entreprises citées ?
3. Quels sont leurs services payants ?

1 Le marché tripartite

Comme la plupart des internautes, vous utilisez souvent le moteur de recherche Google mais aussi Google Chrome, Google Play, Google Earth, Google Drive... Mais savez-vous comment fonctionne ce géant d'Internet ?

NOTION

Marché tripartite : il implique trois parties : le consommateur, le diffuseur et l'annonceur. Dans ce modèle, le consommateur accède gratuitement à 100 % des biens et services proposés par l'entreprise qui, elle, se rémunère via des recettes publicitaires. Les coûts sont, en partie ou entièrement, couverts par l'argent versé par les annonceurs. En échange, ces derniers peuvent afficher des contenus publicitaires sur les supports du diffuseur.

DOC. 1 Comment fonctionne Google

Le business model de Google consiste à vendre des publicités sur ses plateformes les plus utilisées, notamment Gmail, Youtube et son moteur de recherche. C'est pourquoi tous ces services sont gratuits. De cette manière, Google peut récupérer vos données et les revendre à des annonceurs. De leur côté, les annonceurs utilisent ces données pour mieux vous comprendre et prendre des décisions judicieuses.

https.//mailfence.com, 23 août 2021.

1 Qui sont les 3 parties impliquées dans le fonctionnement de Google ?

....

....

2 Indiquez quelles sont les deux sources de revenu de Google.

....

....

3 Expliquez le fonctionnement de la publicité sur Google.

....

....

DOC. 2 Comment se rémunère Google

Si une entreprise veut figurer sur la première ligne des résultats de recherche pour le mot-clé « *secure email* » (« e-mail sécurisé » en anglais), elle doit payer 7,06 dollars par clic à Google. Imaginez que 5 000 personnes cliquent sur une annonce et faites le calcul : pour une entreprise, cela peut représenter une somme importante à payer à Google. Si cette entreprise accepte de payer, chaque fois que vous mentionnerez les mots « *secure email* » ou d'autres mots-clés associés dans vos communications (e-mails, recherches dans le moteur de recherche de Google, etc.), vous recevrez des annonces faisant la promotion de cette entreprise. 84 % des revenus de Google proviennent des annonceurs et cela représente beaucoup d'argent : 128 milliards de dollars !

https.//mailfence.com, 23 août 2021.

4 Calculez le gain réalisé par Google quand 5 000 internautes cliquent sur le lien proposé en annonce (à 7,06 dollars le clic). Combien cela représente-t-il en euros ?

....

....

5 Précisez l'origine des revenus autres que ceux de la publicité puis indiquez quel pourcentage ils représentent dans le chiffre d'affaires de Google.

....

....

DOC. 3 Les arguments de Google pour justifier les cookies

Un cookie est un fichier texte envoyé au navigateur de l'utilisateur par le site web consulté. Grâce à ce cookie, le site web mémorise des informations sur la visite de l'utilisateur. Cela peut renforcer l'utilité de ce site et faciliter sa visite suivante. Par exemple, les cookies sont utilisés pour mémoriser les préférences linguistiques, améliorer la pertinence des annonces, connaître le nombre de visiteurs reçus sur une page, aider l'utilisateur à s'inscrire aux services, protéger ses données et mémoriser ses paramètres d'annonces.

Google utilise des cookies liés à la publicité, y compris pour diffuser et afficher des annonces, les personnaliser, limiter le nombre de fois qu'une annonce s'affiche pour un utilisateur, bloquer les annonces que ce dernier ne veut pas voir et évaluer l'efficacité des annonces.

Certains cookies servent à identifier un utilisateur connecté à son compte Google sur des sites n'appartenant pas à Google et à mémoriser ses préférences de personnalisation des annonces. Ces cookies restent actifs pendant deux semaines.

D'après www.google.com

6 Quelle est l'utilité des cookies pour l'internaute ?

....

....

7 Expliquez l'intérêt des cookies pour Google et la contrepartie offerte aux internautes : la gratuité.

....

....

....

....

....

....

8 Précisez pourquoi les cookies liés à des sites n'appartenant pas à Google sont effacés après 15 jours.

....

....

....

....

OBSERVATION ESSENTIEL APPLICATIONS

2 Les subventions croisées directes

Les jeux vidéo en téléchargement gratuit « *free to play* », accessibles sur un navigateur Internet ou sur terminaux mobiles, connaissent un succès grandissant. Ils s'imposent peu à peu comme un complément du jeu traditionnel payant.

NOTION

La **subvention croisée** est **directe** lorsque le client achète un produit principal en dessous de son coût de revient ou ne le paie pas, mais paie le prix fort sur des produits complémentaires. Exemple : jeux vidéo gratuits mais qui incitent le joueur à payer certaines options/abonnements pour pouvoir progresser à partir d'un certain niveau.

DOC. 4 **Les jeux vidéo gratuits**

Les investissements nécessaires au développement des jeux vidéo traditionnels s'élèvent en moyenne entre 10 M € et 40 M €. Mais un nouveau type de jeux se développe à un coût de production relativement faible car ils n'ont ni la puissance graphique, ni le réalisme poussé des jeux traditionnels et coûtent en moyenne 30 fois moins chers à concevoir qu'un jeu traditionnel pour console ou PC. Nombre d'entre eux sur smartphones et tablettes sont accessibles en ligne à un prix infime, de l'ordre de 1 € (0,99 €) Mais ces nouveaux jeux ne sont pas tous entièrement gratuits : d'autres moyens ont été inventés pour faire payer les joueurs. Si la publicité est bien sûr présente, c'est surtout le micropaiement qui s'avère être une source de revenus astucieuse et très rémunératrice pour les éditeurs. En effet, entre 5 % et 30 % de l'ensemble des joueurs effectuent des microtransactions.

Le jeu vidéo a réussi le pari de passer d'une économie de valeur (prix élevés des titres et marché étroit) à une économie des volumes (prix d'accès infime voire gratuit, mais volume de joueurs important). L'audience ainsi obtenue peut aujourd'hui autoriser des productions qui rivalisent avec celle des titres classiques à grand spectacle.

D'après www.schole.fr, 13 novembre 2021.

9 Expliquez en quoi les jeux vidéo en *Free to play* constituent un modèle de gratuité de subvention croisée directe ?

....

....

....

....

10 Retrouvez les éléments qui permettent de justifier la gratuité de ces jeux.

....

....

....

....

....

11 Expliquez la phrase soulignée dans le texte.

....

....

3 Les subventions croisées indirectes

Créé en 2005 et racheté par Google en 2006, YouTube est un site web d'hébergement de vidéos et média social, sur lequel les internautes envoient, regardent, commentent, évaluent et partagent des vidéos en streaming.

NOTION

La **subvention croisée** est **indirecte** lorsque les utilisateurs payants vont payer à la fois pour eux et pour les utilisateurs non-payants.
Exemples :
- Les sites de rencontre : l'inscription y est souvent payante pour les garçons et offerte pour les filles. En réalité, le prix d'adhésion des hommes recouvre celui des femmes.
- Les transports lorsque les adultes paient plein tarif et financent la gratuité pour les enfants en dessous de 3 ans.

DOC. 5 La gratuité de YouTube

Éligibilité aux abonnements étudiant YouTube

YouTube

Pour souscrire un abonnement étudiant YouTube, vous devez répondre aux critères suivants :

- Être inscrit en tant qu'étudiant dans un établissement d'enseignement supérieur approuvé par SheerID, dans un pays où les abonnements étudiant YouTube sont proposés. L'éligibilité de l'établissement est déterminée par SheerID.

  Pour savoir si votre établissement propose les abonnements étudiant :
  1. Accédez à la page de destination de l'abonnement étudiant pour YouTube Premium ou YouTube Music Premium.
  2. Sélectionnez **Essayer gratuitement**.
  3. Saisissez le nom de votre établissement dans le formulaire SheerID. S'il apparaît à l'écran, cela signifie que vous pouvez bénéficier d'un abonnement étudiant.
- Vous devez disposer d'un statut étudiant validé par SheerID. Pour obtenir de l'aide concernant le processus de validation, envoyez un e-mail à SheerID à l'adresse customerservice@sheerid.com.

Si vous remplissez tous les critères d'éligibilité, vous bénéficierez d'un abonnement étudiant pendant une période maximale de quatre ans. Vous devrez confirmer à nouveau votre éligibilité tous les ans.

https://support.google.com

12 Montrez en quoi cette offre de gratuité est basée sur le modèle de la subvention croisée indirecte.

....

....

....

13 Expliquez quel est l'objectif de YouTube avec cette offre.

....

....

....

....

14 Recherchez sur Internet quel est le coût d'un abonnement à YouTube pour les étudiants, une fois l'offre gratuite terminée.

....

....

4 Le modèle freemium

Le succès de plusieurs acteurs du Net dans le domaine de la diffusion de contenus musicaux (Spotify, Netflix ou Deezer) repose sur un modèle économique original : le freemium.

NOTION

Freemium : service dont la version de base est gratuite, tandis qu'une version plus complète est payante. Pour que ce modèle soit un succès, il faut que l'offre payante apporte une réelle plus-value, que le nombre d'utilisateurs payants soit conséquent et que le prix de la version payante suffise à couvrir l'ensemble des coûts.

DOC. 6 La gratuité chez DEEZER

Comparez nos offres

Gratuit		Premium
1	Nombre de comptes indépendants	1
✓	Plus de 90 millions de titres	✓
✓	Des milliers de podcasts	✓
✓	Mix personnalisés & playlists	✓
-	Zéro publicité	✓
-	Tous les titres de votre choix	✓
-	Mode hors connexion	✓
-	HiFi Son Haute Fidélité	✓

www.deezer.com

15 Indiquez en quoi cette offre répond aux caractéristiques du modèle freemium.

....

....

....

....

16 Citez trois autres offres freemium que vous connaissez ou que vous avez trouvé sur Internet en remplissant le tableau suivant :

Nom de l'entreprise	Caractéristiques de l'offre gratuite	Caractéristiques additionnelles de l'offre payante
....	....	....
....	....	....
....	....	....

5 Le modèle du don

L'encyclopédie numérique Wikipédia illustre parfaitement le modèle du don. En effet, sa plateforme propose aux internautes de collaborer au contenu des pages de l'encyclopédie et d'enrichir ainsi le partage de la connaissance. Ces dons sous forme de savoirs des contributeurs financent le coût de maintenance et d'hébergement du site.

NOTION

Don : le modèle du don consiste à offrir le bien ou le service gratuitement à l'utilisateur. En contrepartie, l'utilisateur est libre de faire des dons au fournisseur dans la limite de ses moyens. Il n'a aucune obligation. Les recettes dépendent de la générosité du consommateur.

DOC. 7 Pourquoi faire un don à Wikipédia ?

https://fr.wikipedia.org

DOC. 8 Le fonctionnement de Wikipédia

Wikipédia est une encyclopédie collective en ligne, universelle, multilingue et fonctionnant sur le principe du wiki : elle offre un contenu librement réutilisable, objectif et vérifiable, que chacun peut modifier et améliorer. Wikipédia fournit tous ses contenus gratuitement, sans publicité, et sans recourir à l'exploitation des données personnelles de ses utilisateurs. Les rédacteurs des articles de Wikipédia sont bénévoles. Ils coordonnent leurs efforts au sein d'une communauté collaborative, sans dirigeant. Wikipédia compte 18 500 contributeurs actifs en France. Chacun peut publier immédiatement du contenu en ligne, à condition de respecter les règles essentielles établies par la Fondation Wikimédia et par la communauté (exemple : vérifiabilité du contenu, admissibilité des articles et attitude courtoise). De nombreuses pages d'aide sont mises à disposition, notamment pour créer un article, modifier un article ou insérer une image.

Delagrave, 2022.

17 Expliquez en quoi Wikipédia fonctionne selon le modèle de gratuité du don.

....

....

18 Citez d'autres plateformes collaboratives ou basées sur le modèle du don.

....

....

19 Précisez ce qu'est un wiki.

....

....

....

6 La vente de données personnelles

Le groupe Radio France collecte des informations sur ses auditeurs internautes lorsque ceux-ci veulent recevoir sa newsletter numérisée. Le groupe s'est engagé dans une politique de transparence concernant la vente des données personnelles ainsi collectées.

DOC. 9 PIX L'inscription aux newsletters de Radio France

Nous n'utilisons pas ni ne communiquons vos données personnelles sans votre autorisation.

Informations et actualités de Radio France (*lives* antenne, émissions, événements)
◯ J'accepte ◯ Je refuse

Informations sur les concerts
◯ J'accepte ◯ Je refuse

Informations sur les activités jeune public
◯ J'accepte ◯ Je refuse

Informations ou offres promotionnelles des partenaires
◯ J'accepte ◯ Je refuse

NOTION

Vente de données : elle est encadrée par le RGPD (Règlement général sur la protection des données), qui impose aux sites Internet de s'assurer du consentement explicite des utilisateurs à la collecte de leurs données personnelles, notamment à des fins de ciblage publicitaire et lorsque cette collecte se fait pour des entreprises tierces.

20 Indiquez qui est le destinataire de ce formulaire.

21 D'après ce formulaire, le groupe Radio France s'autorise-t-il à communiquer les données personnelles de ses auditeurs ?

22 Qualifiez les informations collectées.

23 Citez les partenaires de Radio France qui pourraient être intéressés par ces données personnelles.

DOC. 10 Le Règlement général sur la protection des données (RGPD)

Pour que les données personnelles de l'internaute puissent être utilisées, ce dernier doit expressément avoir donné son consentement. À tout instant, il pourra revenir sur son accord, s'opposer à tout usage de ses données et demander à l'entreprise de lui fournir l'ensemble des informations le concernant qu'elle a collecté.

L'entreprise ne devra collecter que les données indispensables pour atteindre ses objectifs, et après en avoir clairement informé les utilisateurs. En outre, des mesures de sécurité devront être mises en œuvre pour s'assurer de la sûreté des données collectées et stockées.

D'après www.cnil.fr.

24 Citez les principaux dispositifs qui encadrent la vente des données personnelles des internautes.

L'ESSENTIEL

Les modèles de gratuité

SKETCHNOTE
Accédez à la vidéo
www.lienmini.fr/31020-sk07

1 Le marché tripartite

Le marché tripartite concerne 3 parties

- un consommateur qui bénéficie de la gratuité
- un diffuseur qui propose la gratuité
- un annonceur qui finance la gratuité

→ avec pour objectif de financer la gratuité pour le consommateur grâce à la publicité de l'annonceur

2 et 3 Les subventions croisées

Les subventions croisées permettent de subventionner un produit (subvention directe) ou un autre client (subvention indirecte)

La subvention est directe lorsque le consommateur subventionne un produit principal par l'achat de produits complémentaires

La subvention est indirecte lorsque le consommateur achète un produit ou un service qui sert à financer d'autres produits ou services pour d'autres utilisateurs

4 Le freemium

Le freemium est un produit ou un service avec une version de base mise à disposition gratuitement et une version améliorée (premium) payante

- aboutit à la coexistence entre une offre gratuite (simple) et une offre payante (élaborée)
- permet de recruter facilement des clients pour l'offre gratuite, avec l'espoir de les transformer en clients payants

5 Le modèle des dons

Le don permet de financer la gratuité

- avec un donateur (celui qui donne) et un donataire (celui qui reçoit)
- le don peut être matériel, monétaire ou humain

6 La vente de données personnelles

La vente des données des clients permet de financer la gratuité des services

- Elle est encadrée par la loi
- Elle doit respecter le RGPD

APPLICATIONS

QCM POUR COMMENCER
Testez vos connaissances avec ce QCM interactif à flasher !
www.lienmini.fr/31020-qcm07

APPLICATION 1 PIX Analyser le financement de la gratuité sur Internet par la publicité

Après avoir observé une bannière publicitaire sur un site commerçant de votre choix, répondez aux questions suivantes à l'aide des annexes 1 et 2.

1. Retrouvez le modèle de gratuité auquel fait référence cet article (annexe 1).
2. Donnez une définition synthétique de « bannière publicitaire » et indiquez le terme anglais correspondant.
3. Indiquez comment est facturée une bannière publicitaire à l'annonceur (annexe 2).
4. Calculez le nombre de vues nécessaire sur une page pour récolter 1 000 euros de recettes si le CPM (coût pour 1 000 impressions) est de 0,50 euro.
5. Expliquez comment un annonceur mesure la rentabilité de son annonce publicitaire dans le cadre d'un marché tripartite.

Annexe 1 : La bannière publicitaire

Une bannière publicitaire (bandeau publicitaire ou fenêtre *pop-up*) est une publicité constituée d'une image fixe ou d'une animation flash sur laquelle on peut cliquer. Les bannières publicitaires se rattachent à la publicité *display* qui désigne toutes les formes de publicité sur Internet utilisant des éléments graphiques, visuels : bannières, habillage... La publicité *display* s'oppose à la publicité sous forme de liens commerciaux, que l'on retrouve par exemple dans les annonces *AdWords* affichées en haut des pages de résultats de Google. Les bannières publicitaires web peuvent s'afficher en haut, en bas ou sur les côtés (dans les *sidebars*) de la page d'un site web. Lorsque l'internaute clique sur une bannière, il est redirigé vers une *landing page* qui lui permet d'acheter un produit, de souscrire un abonnement, de s'inscrire à un événement, en fonction de l'objet de la publicité.

« Combien coûte une bannière publicitaire web », www.lafabriquedunet.fr

Annexe 2 : Le modèle économique de ce format publicitaire

Le modèle économique utilisé pour calculer le coût des bannières publicitaires web est le coût pour 1 000 impressions (CPM). À chaque fois que la bannière s'affiche à l'écran d'un internaute lors de sa navigation, une impression est comptabilisée. Ce CPM varie selon plusieurs critères comme la taille des bannières et leur emplacement, leur attractivité, l'intérêt qu'elle présente pour l'internaute. Certains CPM sont fixés à des prix très bas, 50 centimes ou moins. Cela signifie que l'annonceur est facturé 50 centimes pour 1 000 impressions de sa bannière. La performance d'une bannière se mesure également et surtout par le nombre de clics. Le taux de clics (CTR, pour *click through rate*, « taux de conversion des clics ») définit le nombre de clics pour 1 000 impressions. Plus le CTR est élevé, mieux c'est.

« Combien coûte une bannière publicitaire web », www.lafabriquedunet.fr

APPLICATION 2 PIX Décrire un modèle de gratuité

À partir de vos recherches sur Internet et de l'annexe, répondez aux questions suivantes.

1. Décrivez l'application Waze.
2. Décrivez les fonctionnalités du logiciel Waze fournies gratuitement aux utilisateurs.
3. Expliquez les raisons de son succès auprès des conducteurs, notamment le partage des données entre conducteurs.
4. Indiquez à quel modèle de gratuité correspond cette application.
5. Quel est le groupe propriétaire de Waze et comment en tire-t-il avantage ?

Annexe : L'application Waze

Dans les faits, ce sont des millions d'euros que Waze gagne, chaque année. Et ce, grâce aux utilisateurs uniquement. Retour sur le **business model de Waze, l'appli de navigation GPS**. Il faut dire qu'en France, **12,5 millions d'utilisateurs** utilisent cette application, chaque **semaine**.

Une application gratuite : C'est justement sur ce point précis que Waze plaît avant tout. Pour activer le GPS, une simple inscription via Facebook, ou avec son numéro de téléphone. En outre, **Waze propose des mises à jour constantes**. Grâce aux utilisateurs eux-mêmes, qui sont invités à signaler les bouchons, accidents ou autres radars en temps réel. Sur le papier, tout semble parfait. Mais les utilisateurs ne savent pas forcément que derrière Waze se cache Google. Et que les données des conducteurs sont utilisées pour la vente de publicités. Sur un plan mondial, **la France est le troisième pays où l'application est le plus utilisée**. Juste derrière les États-Unis et le Brésil.

Avec Waze, ce sont **4 200 accidents signalés, et pas moins de 32 100 voitures vues sur le bas-côté**. Chaque jour. Des chiffres qui prouvent le succès de l'application. De plus, même **la vitesse de circulation est affichée**, grâce aux **données GPS des conducteurs**.

Cependant, attention, puisque le business model de Waze propose une gratuité qui cache bien des publicités. Si les données ne seront jamais vendues, elles sont cependant très utilisées pour envoyer un maximum de pubs diverses aux utilisateurs. Des publicités qui permettent d'atteindre un chiffre d'affaires incroyable, à hauteur de **plusieurs centaines de millions d'euros chaque année**. Et plusieurs **formats de publicités sont utilisés pour capter l'attention du conducteur**.

De la même façon, ce sont les habitudes des utilisateurs qui sont surveillées, et cela permet de savoir avec exactitude ce que recherche l'utilisateur. Et donc de proposer des **publicités ciblées à la perfection**. Sans oublier les publicités de **ventes flashs** s'affichant lors d'un arrêt à un feu rouge.

Hervé Didier, www.tixup.com, 22 octobre 2021.

VIDÉO 1'24''
Comment Waze brasse des millions grâce à vous
www.lienmini.fr/31020-waze

APPLICATIONS

APPLICATION 3 PIX Présenter un modèle de don

Web Prizle est une application qui permet aux internautes de déclencher un don à une association chaque fois qu'ils sont sur un site e-commerce.
À partir de vos recherches sur Internet et de l'annexe, répondez aux questions suivantes.

1. Expliquez le principe de fonctionnement de l'application web Prizle.
2. Complétez le schéma du fonctionnement de cette application en indiquant les quatre parties prenantes.

.... → .... → .... → ....

3. Expliquez le succès de cette application, ainsi que les motivations du client lorsqu'il fait un don.
4. Citez des associations qui ont adhéré à cette nouvelle source de financement.
5. Citez quelques e-commerçants ouverts à la démarche proposée par Prizle.
6. Indiquez de quel modèle de gratuité se sont inspirés les fondateurs du site Prizle.
7. Justifiez l'intérêt pour une entreprise partenaire de faire appel à Prizle.

L'application Prizle

L'année 2015, exceptionnelle au regard du nombre et de l'ampleur des catastrophes naturelles et des crises migratoires et humanitaires, a incité les fondateurs du site Prizle à se tourner vers l'entreprenariat social. Parce que les solutions aux problèmes majeurs de société doivent être aussi portées par des acteurs de la société civile, Prizle a décidé d'épauler notamment les associations et les ONG dans leur mission. Prizle leur propose un moyen pour les aider : mettre le don gratuit à la portée de tous, sans perte de temps, afin que ceux qui le souhaitent puissent collecter gratuitement des fonds pour mener à bien leurs actions.

D'après www.prizle.com

APPLICATION 4 PIX Analyser le règlement général sur la protection des données (RGPD)

À partir de vos recherches sur Internet, réalisez une présentation synthétique des obligations des entreprises en matière de traitement des données personnelles.

Rendez-vous sur les sites suivants :
- www.cnil.fr
- www.legifrance.gouv.fr

APPLICATION GRAND ORAL S'entraîner progressivement à l'épreuve

Question 1.3 : Le prix, entre raison et illusion ?

	Étapes de l'entraînement	Conseils
1	Collectez des informations sur la politique de prix ou de tarifs d'une organisation.	Il s'agit, à partir des informations collectées : - de préciser la politique de prix pratiquée (unique, différencié, forfaitaire, *yield management*, modèles gratuits) ; - d'illustrer au moyen d'exemples. J'applique la méthode de la fiche 2 p. 187 étapes 1 à 3.
2	Rédigez une fiche de synthèse de votre projet.	J'applique la méthode de la fiche 4 p. 189.

QUESTION 2.1 Distribution de l'offre : peut-on se passer d'intermédiaires ?

Chapitre 8 Les stratégies de distribution de l'offre

NOTIONS

- Intermédiation, désintermédiation, réintermédiation.
- Canal, distribution directe et indirecte.
- Distribution intensive, sélective, exclusive.
- Unités commerciales physiques et virtuelles.

CAPACITÉS

- Qualifier et apprécier les enjeux d'une stratégie de distribution.
- Caractériser les types de réseaux de distribution et montrer leur complémentarité.

DÉCOUVRIR LE CONTEXTE O'Tera

VIDÉO INTERACTIVE POUR COMMENCER

Le concept des magasins O'Tera 2'47"

www.lienmini.fr/31020-ouv08

Créée en 2006 par le fondateur de Décathlon, la chaîne O'Tera compte 6 magasins dans les Hauts-de-France ainsi qu'un site de vente en ligne : O-Tera.com. L'enseigne qui compte aujourd'hui 120 collaborateurs et 160 partenaires-fournisseurs, revendique un assortiment composé aux deux tiers de produits issus de circuits courts et locaux, notamment pour les fruits et légumes et les produits frais. Le concept O'Tera repose ainsi sur deux engagements : des produits de qualité et un bon rapport qualité prix pour ses clients, une juste rémunération et pas de mise en concurrence des producteurs. O'Tera est une nouvelle vision du commerce qui considère ses clients et ses fournisseurs comme des partenaires durables.

1. Quelles sont les caractéristiques de l'offre de O'Tera ?
2. Pourquoi les producteurs-fournisseurs sont-ils qualifiés de partenaires ?
3. Quels sont les intérêts d'un circuit court par rapport à un circuit classique :
   a. pour les producteurs-fournisseurs ?
   b. pour les consommateurs ?

1 Les canaux de distribution

Afin de répondre à la demande des consommateurs qui souhaitent acheter des produits de leur région, O'Tera a choisi de commercialiser ses produits en circuit court.

DOC. 1 **O'Tera, des magasins en canal de distribution court**

Les magasins O'Tera proposent 60 % de leurs produits en circuit court, c'est-à-dire avec un seul intermédiaire entre les producteurs et les consommateurs. Il n'y a donc pas de centrale d'achats nationale et les magasins sont indépendants les uns des autres pour leur approvisionnement. Chaque unité commerciale a ainsi son propre réseau de producteurs locaux. Pour répondre à la demande des consommateurs, les magasins proposent également des produits non saisonniers et non régionaux en s'approvisionnant hors de la région auprès de grossistes nationaux.

Cette stratégie de distribution est en phase avec une plus grande préoccupation des consommateurs concernant la traçabilité des produits et la juste rémunération des producteurs. Chez O'Tera, 50 % du prix de vente leur est reversé.

Delagrave, 2022.

NOTION

Distribution : ensemble des opérations qui permettent de mettre à disposition du consommateur final des produits ou des services.

Le canal de distribution est composé des intermédiaires physiques ou virtuels qui permettent aux produits ou aux services de passer du producteur au consommateur. La distribution peut être qualifiée de :
- **directe** (aucun intermédiaire entre le producteur et le consommateur) ;
- **indirecte** (un ou plusieurs intermédiaires).

1 Représentez les canaux de distribution utilisés par O'Tera en indiquant les acteurs concernés dans le schéma ci-dessous.

Canal de distribution des produits régionaux

.... → Magasin O'TERA → ....

Canal de distribution des produits non régionaux

.... → .... → Magasin O'TERA → ....

2 Complétez le tableau suivant en justifiant vos réponses.

	Nombre d'intermédiaires	Type de canal (direct, court, long)	Type de distribution (directe ou indirecte)
Canal de distribution des produits régionaux	....	....	....
Canal de distribution des produits non régionaux	....	....	....

3 Reliez chacune de ces situations à la notion qui lui correspond.

A. O'Tera intègre des grossistes nationaux dans son circuit de distribution. •

B. O'Tera achète en direct pour ne plus avoir de centrale d'achats. •

C. O'Tera ouvre une unité commerciale virtuelle en remplacement de ses unités physiques. •

• **1.** Désintermédiation : suppression d'un intermédiaire dans un circuit de distribution.

• **2.** Intermédiation : introduction d'un intermédiaire dans un circuit de distribution.

• **3.** Ré-intermédiation : remplacement dans un circuit de distribution d'un intermédiaire physique par un intermédiaire virtuel.

2 Les politiques de distribution

O'Tera propose dans ses points de vente des glaces artisanales de la marque Promis Juré. C'est Baptiste Deleplanque, le créateur de la marque, qui, sur des critères qualitatifs, a sélectionné l'enseigne pour distribuer ses produits.

DOC. 2 Les glaces Promis Juré, le défi de l'entreprise éco-responsable

En 2017, à l'initiative de Baptiste Deleplanque, jeune entrepreneur nordiste, naît l'entreprise Promis Juré. Son ambition : proposer des glaces gourmandes issues d'une production artisanale et vendues localement dans les Hauts-de-France. Deux ans après sa création, le défi est relevé puisque le célèbre guide gastronomique Gault & Millau classe la glace à la vanille de la marque en 3e position des meilleures crèmes glacées à la vanille.

Aujourd'hui, 1800 pots de glace sortent chaque jour du laboratoire de Sainghin-en-Mélantois et la marque distribue ses glaces (11 parfums différents) dans 70 points de vente de la région, dans des enseignes telles que Carrefour, Match, Monoprix et O'Tera. L'entreprise compte aussi parmi ses clients une quarantaine de restaurateurs et de salons de thé.

Delagrave, 2022.

NOTION

Pour un distributeur :
- **la distribution intensive** consiste à faire distribuer ses produits dans le plus grand nombre de points de vente possible ;
- **la distribution sélective** repose sur un processus de sélection des distributeurs ;
- **la distribution exclusive** garantit une exclusivité au distributeur.

DOC. 3 L'installation d'un maraîcher O'Tera à Amiens

O'TERA

En plus de travailler avec des producteurs locaux, O'Tera souhaite installer un maraîcher à proximité du magasin d'Amiens, qui ouvrirait prochainement. Le projet consisterait alors à fournir une parcelle de terre de deux ou trois hectares à un agriculteur, celui-ci s'engageant en contrepartie à vendre la totalité de sa production au magasin O'Tera.

Delagrave, 2022.

4 Présentez les caractéristiques de la politique de distribution de la marque Promis Juré. Justifiez le choix de cette politique.

....

....

....

....

....

....

5 Quelle est la politique de distribution du maraîcher O'Tera ? En quoi est-elle différente de celle des glaces Promis Juré ? Quel en est l'intérêt principal pour le producteur ?

6 Précisez l'intérêt pour l'entreprise O'Tera de référencer des producteurs présentant des politiques de distribution différentes.

DOC. 4 **Les Paysans de Rougeline**

L'entreprise Les Paysans de Rougeline, qui regroupe environ 230 producteurs français de fruits et légumes, figure parmi les leaders nationaux dans plusieurs filières agricoles. Cette organisation de maraîchers commercialise sa production en empruntant tous les canaux de distribution classiques : grossistes et distributeurs alimentaires indépendants (dont les magasins O'Tera), grande distribution, hard discount, industrie agroalimentaire. Cette entreprise, présente à l'international, exporte aujourd'hui 10 % de sa production.

D'après www.rougeline.com

7 Quelle est la politique de distribution de l'entreprise Les Paysans de Rougeline ? Pourquoi cette entreprise a-t-elle opté pour cette politique ?

8 Reliez chaque entreprise à la politique de distribution qu'elle privilégie.

A. Promis Juré •	• **1.** Distribution intensive
B. Maraîcher O'Tera •	• **2.** Distribution sélective
C. Les Paysans de Rougeline •	• **3.** Distribution exclusive

3 Les unités commerciales physiques et virtuelles

O'Tera s'intéresse particulièrement à deux de ses concurrents : La Ruche qui dit oui ! et le poids lourd du secteur de l'alimentaire, Grand Frais.

NOTION

Unité commerciale : l'offre des entreprises est proposée à la vente aux consommateurs au sein d'**unités commerciales physiques** (magasins) et/ou **virtuelles** (e-commerce).

DOC. 5 La plateforme La Ruche qui dit oui !

Entreprise commerciale issue de l'économie collaborative, La Ruche qui dit oui ! met à disposition des agriculteurs producteurs une plateforme leur permettant d'écouler leur production localement. 800 « ruches » proposent chaque jour des produits à des consommateurs qui les commandent en ligne puis viennent les chercher dans un lieu donné, à un moment donné.

https://laruchequiditoui.fr

DOC. 6 Devenir responsable de Ruche

LA RUCHE QUI DIT OUI !

VIDÉO 3'37"

Les 5 ingrédients clés pour créer une Ruche

www.lienmini.fr/31020-ruche

DOC. 7 Grand Frais, un concept novateur

Grand Frais est un réseau de 244 magasins spécialisés dans la vente de fruits et légumes frais, produits exotiques, boucherie, épicerie d'ici et d'ailleurs, fromagerie et poissonnerie. Inspirés de l'ambiance et de la configuration des halles traditionnelles et des marchés couverts, ils réunissent en un seul et même lieu 5 domaines de l'alimentation : primeur, épicerie d'ici et d'ailleurs, boucherie-charcuterie, fromagerie et une poissonnerie.

9 Après avoir visionné la vidéo du doc. 6, citez les ingrédients clés pour créer une Ruche.

....

....

....

....

....

10 Qualifiez le type d'unité commerciale auquel appartient chacune des deux enseignes.

La Ruche : ....

Grand Frais : ....

11 Complétez le tableau ci-dessous.

	LA RUCHE QUI DIT OUI !	GRAND FRAIS
Concept de l'entreprise		
Avantages pour le consommateur		
Inconvénients pour le consommateur		

DOC. 8 **Le réseau de commerce de détail O'Tera**

Le réseau de commerce de détail O'Tera est constitué d'un ensemble de points de vente franchisés coordonnés par une tête de réseau (le franchiseur), située à Villeneuve-d'Ascq. L'intérêt de s'organiser en réseau pour ces commerçants indépendants est de permettre aux différentes unités commerciales de former une communauté d'intérêts et d'entretenir entre elles des relations durables. L'enseigne, commune à l'ensemble des magasins, ainsi que la gestion globale des communications permettent aussi de diminuer les coûts (économies d'échelle) tout en développant la notoriété de l'entreprise. Ainsi, si l'on peut reprocher à l'enseigne – comme à de nombreux réseaux – de ne pas permettre une totale autonomie décisionnelle pour les franchisés, ces derniers bénéficient toutefois d'une coordination qui pallie le manque de responsabilisation par une augmentation de l'efficacité. Petit bémol à l'intérêt majeur du réseau O'Tera : le risque pour le consommateur de se lasser de magasins toujours identiques.

Delagrave, 2022.

12 Dans le texte, soulignez les avantages et entourez les inconvénients pour un commerce de détail d'appartenir à un réseau tel que O'Tera.

Les stratégies de distribution de l'offre

SKETCHNOTE
Accédez à la vidéo
www.lienmini.fr/31020-sk08

1 Les canaux de distribution

Canal direct	Canal court	Canal long
Producteur	Producteur	Producteur
↓	↓	Grossiste ou centrale d'achats
↓	Détaillant	Détaillant
Consommateur	Consommateur	Consommateur
Distribution directe	**Distribution indirecte**	

2 Les politiques de distribution

- **Distribution intensive** → Distribution dans un grand nombre d'unités commerciales
- **Distribution sélective** → Distribution dans des unités commerciales sélectionnées sur certains critères
- **Distribution exclusive** → Distribution dans des unités commerciales sous contrat d'exclusivité

3 Les unités commerciales

Unité commerciale

- **Distribution en magasin** → Unité commerciale physique
- **Distribution via Internet : e-commerce** → Unité commerciale virtuelle

APPLICATIONS

QCM POUR COMMENCER
Testez vos connaissances avec ce QCM interactif à flasher !
www.lienmini.fr/31020-qcm08

APPLICATION 1 Qualifier une stratégie de distribution

Chaque semaine, le chef cuisinier renommé, Alain Passard, sélectionne pour ses clients les meilleurs légumes de ses potagers.

1. Schématisez le canal de distribution utilisé par le chef cuisinier Alain Passard.
2. Qualifiez le canal de distribution choisi.

Annexe : Les paniers du jardin d'Alain Passard

Le chef triplement étoilé du restaurant l'Arpège a ouvert ses potagers de l'Eure et de la Sarthe aux parisiens en proposant des paniers composés d'une dizaine de variétés différentes de légumes et de fruits de saison 100 % naturels (sans pesticides ni engrais).

Chaque jour les jardiniers récoltent la production et l'expédient directement à l'Arpège, permettant ainsi aux clients un accès aux mêmes produits que ceux cuisinés par le chef.

Les jardiniers composent ainsi trois tailles de paniers, le Panier Simple (3,5 à 5 kg – 40 €), le Panier Double (6,5 à 8 kg – 60 €) et le fameux Panier Bébé (3,5 à 5 kg – 40 €) composé uniquement de légumes à purées et à compotes.

Pour commander un panier, il faut se connecter sur le site lespaniersd'alain.com et récupérer ses légumes au restaurant l'Arpège, 84 rue de Varenne, Paris 7e, le jeudi entre 17 h et 20 h.

Delagrave, 2022

APPLICATION 2 Apprécier les enjeux d'une stratégie de distribution

Une nouvelle tendance se développe sur le marché du vêtement : l'achat de vêtements d'occasion.

1. Quelles sont les raisons économiques, sociales et sociétales qui expliquent que les Français achètent de moins en moins de vêtements neufs ?
2. Quelles sont les conséquences de ce changement de comportement d'achat pour la distribution dans le secteur de l'habillement ?

Annexe : Les vêtements d'occasion, une nouvelle habitude de consommation

L'Institut Français de la Mode évalue le marché du vêtement de seconde main à 1 milliard d'euros. 30 % des Français ont acheté un vêtement d'occasion en 2018 soit deux fois plus qu'en 2010. En 2028, ce marché devrait atteindre celui du vêtement neuf. En cause la perte de pouvoir d'achat, mais aussi un souci écologique et éthique. Les milléniaux (25-37 ans) forment le groupe de tête avec 33 % des achats réalisés en France suivis par les 18-24 ans avec 16 % des achats. Ce sont ceux qui se convertissent le plus à cette tendance.

Internet joue désormais un rôle considérable pour faire se rencontrer l'offre et la demande. En France, le succès de l'application Vinted en est un exemple frappant.

Face à ce constat, plusieurs marques et détaillants se lancent dans la vente du vêtement d'occasion. H&M a investi dans une société suédoise de vente de vêtements d'occasion Sellpy. Pimkie teste quatre RE.love (corners de vente de vêtements d'occasion) dans ces boutiques de Bordeaux, Paris, Lyon et Rouen. Place2Swap, place de marché dédiée aux enseignes, propose aux marques de vêtements de vendre leurs retours-client.

Delagrave, 2022

APPLICATION 3 Analyser une stratégie de distribution

Georges, producteur de yaourts et de crèmes, a créé son entreprise il y a cinq ans. À chaque étape du développement de son entreprise, il a adapté sa stratégie de distribution. Vous analyserez les évolutions de cette stratégie.

Annexe : La stratégie de distribution de Georges

Simulation

Simulation réalisée avec Jacques Mathé, économiste au CerFrance Poitou-Charentes.

Il ajuste ses débouchés à chaque étape de son activité

Jeune agriculteur, Georges vient de s'installer en tant que producteur de yaourts et de crèmes.

1 Six mois après son installation ▶ Il ne dispose que d'un seul circuit de distribution pour démarrer son activité.

Circuit	Intérêt	Impératif de développement
Vente à la ferme	Il s'est appuyé sur son réseau d'amis et de voisins pour réaliser ses premières ventes.	Trouver de nouveaux clients.

Chiffre d'affaires total **6 000 €**

2 Deux ans après ▶ Georges s'est associé à un magasin de producteurs et a diversifié ses débouchés. Son chiffre d'affaires augmente tous les mois dans chaque circuit, hors vente à la ferme.

Circuits	Chiffre d'affaires	Part CA	Intérêt	Nécessité d'ajustement
Vente à la ferme	6 000 €	20 %	Circuit historique. Essentiellement un réseau d'amis et de voisins.	Il a besoin de gagner du temps. La vente à la ferme lui en prend trop.
Magasin de producteurs	9 000 €	30 %	Permet de faire passer des volumes : l'équivalent d'environ 300 €/semaine.	Il entend rester associé du magasin de producteurs.
La Ruche qui dit oui (2 ruches)	6 000 €	20 %	Permet de se faire connaître. Peu de ventes hebdo par ruche mais bon potentiel en les multipliant (forte demande).	Il veut développer les ventes en ruches pour élargir sa zone de chalandise, mais ne peut plus assurer les livraisons toutes les semaines.
Supermarché voisin	6 000 €	20 %	Un circuit d'avenir pour augmenter ses volumes.	Le supermarché lui permettrait d'augmenter son CA, à condition d'élargir sa gamme et d'innover et pour proposer des produits originaux.

Chiffre d'affaires total **27 000 €**

3 Cinq ans après ▶ Il a abandonné la vente à la ferme pour gagner en efficacité et en temps de travail.

Circuits	Chiffre d'affaires	Part CA	Intérêt	Ajustements opérés
Magasin de producteurs	25 000 €	25 %	Il conserve assez d'activité pour profiter du dynamisme du magasin.	Réduction de la part du chiffre d'affaires.
La Ruche qui dit oui (6 ruches)	25 000 €	25 %	Multiplication des ruches, élargissement de la zone de chalandise.	4 ruches en plus, organisation des livraisons à plusieurs.
Supermarché voisin	50 000 €	50 %	Croissance du chiffre d'affaires.	Création d'une gamme de yaourts aux fruits.

Après une recherche tous azimuts de clients, Georges a retenu les débouchés lui permettant d'atteindre les 100 000 € de CA.

Chiffre d'affaires total **100 000 €**

www.lafranceagricole.fr

● Complétez le tableau ci-dessous après l'avoir reproduit.

	Canal de distribution	Type de distribution	Type d'unité commerciale
Vente à la ferme			
Magasin de producteurs			
La Ruche qui dit oui !			
Supermarché voisin			

APPLICATIONS

APPLICATION 4 Caractériser un réseau de distribution

Le géant Amazon innove dans le domaine de la distribution en expérimentant des unités commerciales originales.

1. Identifiez les différentes unités commerciales de l'entreprise Amazon.

2. Quels sont, selon vous, les avantages attendus par l'entreprise de ces choix de distribution ?

Annexe 1 : Amazon et sa boutique éphémère à Paris

En 2018, Amazon a ouvert sa première boutique au cœur de Paris. Il s'agissait d'une boutique éphémère à l'occasion du Black Friday, le plus gros événement commercial avant les fêtes de fin d'année. Le géant américain du e-commerce proposait les produits les plus prisés de sa plateforme. Cette boutique, baptisée Amazon Loft for Xmas (« La Maison de Noël Amazon en France »), a permis aux Parisiens de découvrir des centaines de produits et de tester les appareils Amazon, comme les tablettes Fire, les liseuses Kindle ou les assistants vocaux Echo.

Delagrave, 2022.

Annexe 2 : Amazon Go, supermarché physique sans caisse

Le géant du e-commerce a ouvert aux États-Unis, puis à Londres sa première supérette « intelligente », Amazon Go. Le client n'a plus besoin de passer à la caisse.

C'est une supérette de 170 m² qui vend des sodas, des sandwiches, des salades et des plats à emporter. En entrant dans le magasin, les clients passent un portique et doivent scanner un code-barres affiché sur leur smartphone. Puis ils peuvent remplir leur sac de courses. Ici, il n'y a ni caisses ni caissiers. Les salariés sont au réapprovisionnement ou aident les clients. Les comptes bancaires des clients sont automatiquement débités.

Delagrave, 2022.

APPLICATION GRAND ORAL PIX Préparer son projet d'orientation

● Acheteur

Visionnez la vidéo, puis réalisez une fiche sur le métier d'acheteur selon le modèle ci-dessous, à l'aide d'un traitement de texte.

VIDÉO + 1'59''
Le métier d'acheteur-vendeur en fruits et légumes
www.lienmini.fr/31020-acheteur

L'acheteur

Sa mission	
Ses tâches au quotidien	
Les compétences requises	
Le niveau de diplôme requis	

QUESTION **2.1** Distribution de l'offre : peut-on se passer d'intermédiaires ?

Chapitre 9

Les relations producteurs-distributeurs

NOTIONS

- Réponse optimale au client (*Efficient Consumer Response*).

CAPACITÉS

- Identifier les relations de coopération ou de conflit entre producteur et distributeur.

VIDÉO INTERACTIVE POUR COMMENCER

Visite du magasin La Route des empires 2'53"

www.lienmini.fr/31020-ouv09

DÉCOUVRIR LE CONTEXTE Le Marché asiatique de Cheng

Cheng Liang est un grossiste importateur en produits alimentaires et non alimentaires asiatiques, situé en Île-de-France. La clientèle de son entreprise, **Le Marché asiatique de Cheng**, est constituée à 85 % de détaillants indépendants : restaurateurs et magasins revendeurs. Cheng Liang les approvisionne en produits chinois, japonais, vietnamiens ou thaïlandais, à des prix très concurrentiels. Son catalogue en ligne présente 820 références : pâtes, riz, galettes, sauces, conserves, produits déshydratés, fruits et légumes exotiques. Ses ateliers de fabrication produisent un large assortiment de plats préparés frais et surgelés, comme les nems et les sushis. Ils ont nécessité d'importants investissements, qu'il faut aujourd'hui rentabiliser. Fort de sa notoriété et de sa réussite, Cheng Liang projette de proposer ses produits cuisinés aux rayons traiteur de la grande distribution.

1. Quelle est la double activité de l'entreprise de Cheng Liang ?
2. Quels sont les canaux de distribution utilisés aujourd'hui par son entreprise Le Marché asiatique de Cheng pour commercialiser ses produits ?
3. Pourquoi projette-t-il de cibler les enseignes de la grande distribution ?

1 La réponse optimale au client (*Efficient Consumer Response*)

Cheng Liang rencontre pour la première fois la responsable des achats du rayon traiteur d'une grande surface proche de Saint-Denis.

NOTION

Réponse optimale au client (ECR) : ensemble des actions conjointes menées par les producteurs et les distributeurs pour apporter les meilleures réponses possibles aux attentes des consommateurs.

DOC. 1 Les attentes respectives des deux interlocuteurs

Rose Almeida, responsable des achats pour le rayon traiteur d'une grande surface, soucieuse d'offrir le bon produit, au bon moment et au bon prix.

« Notre rayon traiteur marche bien, car nos clients sont sûrs d'avoir des produits frais et d'y trouver leurs plats préférés.
Évidemment, nos prix sont calculés au plus juste, car les clients trouvent ailleurs des plats asiatiques de plus en plus facilement.
Pouvez-vous nous garantir des livraisons régulières ? C'est bientôt le Nouvel An Chinois. Nous ferons des offres promotionnelles à cette occasion. »

....

Cheng Liang, directeur du Marché asiatique de Cheng, soucieux de ....

....

« Nos plats sont cuisinés chaque jour dans nos propres ateliers de fabrication. Nous vous invitons à les visiter.
J'ai remarqué que votre rayon offre essentiellement des nems en barquettes et des brochettes de poulets. Peut-être pourriez-vous enrichir votre assortiment ? Comme les grandes surfaces du secteur ?
Peut-être pourriez-vous proposer de nouveaux plats vapeur comme les raviolis aux saveurs exotiques, très tendance. »

....

1. Indiquez sous chaque partie du dialogue qui est le fournisseur-producteur et qui est le distributeur.

2. Surlignez les termes qui expriment la préoccupation essentielle de la responsable des achats.

3. Identifiez la préoccupation principale de Cheng Liang et inscrivez-la sous sa présentation.

4. Quel intérêt présente cette première rencontre :
   - pour Le Marché asiatique de Cheng ? ....

   ....

   ....
   - pour la responsable des achats ? ....

   ....

   ....

5. Déduisez de ce dialogue trois actions conjointes que peuvent mener les deux acteurs pour apporter de meilleures réponses aux attentes des consommateurs. Précisez qui les aborde ; avec quels arguments.

....

....

....

....

....

....

DOC. 2 L'optimisation de la gestion des approvisionnements (GPA) chez le distributeur

Rose Almeida, la responsable des achats d'une grande surface

Elle s'attarde longuement sur les méthodes d'approvisionnement :

« Notre enseigne applique des procédures d'échanges de données informatisées (EDI), qui permettent de faire communiquer directement notre système d'information avec ceux de tous nos fournisseurs. Cela suppose un processus d'harmonisation des données et de codifications des produits.

Pour le rayon traiteur, il est souhaitable de pouvoir passer automatiquement les commandes en fonction de nos ventes pour éviter des ruptures dans les rayons, surtout si nous étendons notre assortiment. »

Cheng Liang, directeur du Marché asiatique de Cheng

« Nous sommes aussi spécialisés dans l'import de produits tels que arts de la table, emballages, produits bien-être, objets de décoration, jouets.

Fini le papier ! Nos gros clients du hard discount non alimentaire comme GIFI (480 magasins) ou La Foir'Fouille (240 magasins) nous passent directement commandes grâce à l'EDI. Nous leur envoyons dès réception les factures et les offres promotionnelles, et nous livrons sous 48 heures.

Nos clients apprécient la sécurisation de nos échanges, nos informations sur les tendances générales du marché et sur les réactions des clients à nos produits. Cela leur permet d'affiner la sélection des produits qui composent leur assortiment. »

6 Résumez en quoi consiste l'échange de données informatisées (EDI) entre distributeurs et fournisseurs.

....

....

....

....

7 À l'aide du document 2 et de vos connaissances, donnez des exemples d'informations échangées entre le fournisseur et le distributeur.

....

....

8 Donnez des exemples de documents commerciaux échangés par EDI.

....

....

9 Citez les avantages de l'EDI.

....

....

....

....

....

10 Indiquez les avantages de la passation automatique des commandes pour le distributeur.

....

....

2 Les accords de coopération commerciale entre producteurs et distributeurs

Cheng Liang a compris que des propositions concrètes, sous forme de recommandations, montreront que son entreprise est favorable à des accords de coopération commerciale avec les différentes enseignes de la grande distribution.

NOTION

Contrat de coopération commerciale : accord par lequel, moyennant une rémunération, un distributeur apporte des services spécifiques à son fournisseur, comme la mise en valeur des produits fournis et leur commercialisation dans les meilleures conditions possibles (affiches, promotions, têtes de gondoles).

DOC. 3 **Extraits du contrat de coopération commerciale passé entre Le Marché asiatique de Cheng et le distributeur**

Les actions promotionnelles	La publicité sur le lieu de vente (PLV)
« Le Marché asiatique de Cheng » participe à la politique promotionnelle de ses produits à l'initiative du distributeur lors des opérations « un acheté, un offert », « 3 produits pour 2 achetés », « Nouvel An chinois ». Le coût est partagé entre Le Marché asiatique de Cheng et le distributeur.	« Le Marché asiatique de Cheng » contribue à la PLV en fournissant des animateurs qui proposent des dégustations dans le rayon traiteur. Le planning de ces opérations est programmé conjointement, à hauteur de dix demi-journées par an, au minimum. Le coût du matériel de PLV et des produits offerts à la dégustation sont à la charge du fournisseur.
11 En quoi cette clause du contrat établit-elle un véritable partenariat ?	**12** Citez les garanties apportées à chacun des partenaires par cette clause du contrat.
....	....
....	....
....	....
....	....
....	....
....	....
....	....
....	....
Le choix et le placement des produits dans le rayon traiteur	**La communication d'informations sur les tendances du marché**
Les recommandations émises par Le Marché asiatique de Cheng portent sur le positionnement des produits dans le rayon, la part de linéaire occupée par chaque produit, la signalétique visuelle des produits. Des tests seront effectués par l'enseigne pour apprécier l'impact d'un changement dans l'assortiment : effet sur le chiffre d'affaires et réactions des consommateurs aux modifications.	Pour définir l'assortiment du rayon traiteur, le distributeur disposera des recommandations de M. Liang, susceptible de mieux connaître l'évolution du marché des produits en question que lui.
13 Indiquez la nature de l'échange, c'est-à-dire ce qu'apporte chacun des partenaires.	**14** Indiquez les moyens dont dispose Cheng Liang pour fournir des informations au distributeur.
....	....
....	....
....	....
	....
	....
	....

15 Indiquez pour chacune des deux opérations commerciales les engagements de chaque partenaire, conformément à l'accord signé (doc. 3), puis calculez les coûts pour chacun des acteurs.

Coût de l'opération

Pendant trois jours, pour la fête du Nouvel An chinois, « 3 produits pour le prix de 2 » : 450 €.

Présence d'un animateur dans le rayon durant dix demi-journées pour une dégustation des nems. Rémunération : 85 € par demi-journée.

Effort financier du producteur-fournisseur

L'action promotionnelle.

....

....

La publicité sur le lieu de vente (PLV).

....

....

....

....

....

....

Engagement du distributeur en contrepartie

....

....

....

....

....

16 Déduisez, à partir de l'ensemble de vos réponses, quelles sont les trois conditions requises pour qu'un accord de coopération renforce le rapport de confiance entre le producteur-fournisseur et le distributeur.

....

....

....

....

....

3 Les rapports de force entre producteurs et distributeurs

Les interlocuteurs que Cheng Liang rencontre dans les différentes enseignes de la grande distribution poursuivent des objectifs de rentabilité et de qualité de l'offre. La plupart du temps, un rapport de force s'établit avant de parvenir à un accord de coopération commerciale.

DOC. 4 Les sources de conflits entre fournisseur et distributeur

	Des pratiques sources de conflits	Les explications
1	Les pratiques tarifaires des distributeurs	La concurrence entre distributeurs les conduit à pratiquer des prix très bas pour vendre leurs produits.
2	La revente à perte des distributeurs	Les grandes surfaces alimentaires, grâce au très grand nombre de références mises en vente, compensent les pertes réalisées sur certains produits à des fins promotionnelles par les gains réalisés sur d'autres.
3	Les primes de référencement demandées par les distributeurs	Le distributeur demande une prime à son fournisseur en échange de son engagement sur les quantités commandées à venir.
4	Le refus de vente des producteurs-fournisseurs aux distributeurs	Les producteurs-fournisseurs refusent d'approvisionner certains distributeurs, sans explication, sauf dans le cas où ils occupent une position dominante.

17 Soulignez la(es) source(s) de conflits provoquée(s) par les distributeurs, et entourez la(es) source(s) de conflits provoquée(s) par les producteurs.

18 Analysez les situations suivantes et caractérisez la pratique commerciale qui est source potentielle de conflits.

Situations	Pratiques commerciales sources potentielles de conflits
Une grande surface (distributeur) demande une remise de 15 % pour vendre les produits de la marque Le Marché asiatique de Cheng moins cher que ses concurrents du secteur.	....
Une grande surface (distributeur) demande à Cheng Liang une participation financière pour que ses produits soient vendus dans le magasin, pour « couvrir » des frais de référencement et de stockage, sans s'engager sur la quantité minimale qu'il commandera dans l'année. Cheng Liang n'a donc aucune idée de la proportion de la participation financière demandée par rapport au CA qu'il va réaliser avec cette grande surface.	....
M. Liang ne veut plus fournir les 45 détaillants de la chaîne O Délices d'Asie au motif que leurs points de vente ne mettent pas en valeur les produits qu'ils commercialisent afin de réduire le plus possible leurs coûts et proposer des prix très bas.	....

Les relations producteurs-distributeurs

SKETCHNOTE
Accédez à la vidéo
www.lienmini.fr/31020-sk09

1 La réponse optimale au client

Efficient Consumer Response

Un mode de collaboration entre fournisseurs-producteurs et distributeurs pour apporter une réponse optimale au client

Des outils
- échange de données informatisées (EDI)
- gestion partagée des approvisionnements (GPA)

Des axes de collaboration
- gestion optimale de l'espace de vente
- assortiment et offre de qualité
- communication commune efficace

2 Les accords de coopération commerciale entre producteurs-fournisseurs et distributeurs

Un contrat de coopération commerciale pour assurer la transparence des échanges et limiter les risques de conflits

- Les actions promotionnelles
- Le choix et le placement des produits dans le point de vente
- La publicité sur le lieu de vente (PLV)
- L'échange d'informations commerciales et de conseils

3 Les rapports de force entre producteurs et distributeurs

Les principales sources de conflits

provoquées par les distributeurs
- Pratique tarifaire abusive
- Revente à perte
- Prime de référencement

provoquées par les producteurs
- Refus de vente au distributeur

APPLICATIONS

QCM POUR COMMENCER
Testez vos connaissances avec ce QCM interactif à flasher !
www.lienmini.fr/31020-qcm09

APPLICATION 1 Identifier les relations de coopération entre producteur et distributeur

Les deux « géants » L'Oréal et Auchan coopèrent depuis plusieurs années.
Visionnez la vidéo (de 1' 35'' à 3' 18'') et répondez aux questions suivantes.

1. Résumez l'activité principale de chacun des acteurs.
2. Quels sont les enjeux de la collaboration ?
3. Citez le principal axe de collaboration entre l'enseigne Auchan et L'Oréal.
4. Décrivez l'apport des technologies dans cette relation.
5. Indiquez les résultats et les bénéfices retirés par chacun des acteurs de ce partenariat.

Annexe : Le partenariat entre L'Oréal (fournisseur) et Auchan (distributeur)

VIDÉO 1'43''
Les rapports entre producteurs et distributeurs
www.lienmini.fr/31020-partenaire

APPLICATION 2 Montrer les apports d'un partenariat entre producteur et distributeur

À partir de l'annexe ci-après, répondez aux questions suivantes.

1. Définissez le terme « *corner* ».
2. Présentez les avantages pour MobArt d'occuper un espace de vente dans une grande surface de bricolage.
3. Présentez les avantages pour Brico+.
4. Présentez les modalités de cette collaboration entre producteur et distributeur.

Annexe : Le partenariat entre un fabricant de meubles en bois et une grande surface de bricolage

- **Lucien Demon**, fabricant de meubles en bois sur-mesure, vient de transmettre son entreprise à **son fils Nicolas**. Celui-ci a fait évoluer la distribution de la production en créant une start-up (**MobArt**), qui propose à une clientèle jeune, via son site de e-commerce, de composer et monter soi-même ses meubles.
- Nicolas vient de négocier l'obtention d'un espace de 20m^2 (*corner*) dans une grande surface de bricolage, **Brico+**. Cet espace, situé à l'entrée du magasin, est animé par un vendeur rémunéré par Brico+.

Pour Nicolas, il devenait essentiel d'avoir un point de contact physique avec ses clients car ils ont, pour la plupart, besoin de conseils pour être rassurés avant d'acheter. En deux semaines, l'espace a réalisé 15 000 € de chiffre d'affaires. Nicolas se fixe un objectif ambitieux pour l'année suivante : réaliser 300 000 € de ventes – objectif atteignable compte tenu de l'important trafic de clientèle généré par la grande surface ouverte 7 jours sur 7. Le montant de la redevance versée par MobArt à Brico+ est fixée à 8 % du CA.

Delagrave, 2022.

APPLICATION 3 PIX Caractériser un conflit opposant producteurs et distributeurs

À partir de l'annexe ci-après, répondez aux questions suivantes.

1. Expliquez la tension entre les producteurs (éleveurs de porc) et les distributeurs exprimée dans cette photographie prise en 2015.

2. Vérifiez et illustrez à l'aide de vos recherches sur Internet si les conflits entre les producteurs de la filière agricole et la grande distribution sont toujours d'actualité.

Annexe : Action de protestation des éleveurs de la région de Sarlat à l'encontre d'un grand distributeur en 2015

Pour protester contre les prix trop bas pratiqués par Casino, les éleveurs ont lâché des porcelets dans une allée du supermarché de Sarlat, le 20 août 2015.

APPLICATION 4 PIX Préparer un exposé oral sur une question d'actualité concernant les relations conflictuelles entre producteur et distributeur

À partir de recherches sur Internet, choisissez un thème d'exposé parmi les trois propositions ci-après.

Préparez votre exposé, qui s'appuiera sur quelques diapositives réalisées avec le logiciel de présentation assistée par ordinateur PowerPoint.

- **Thème 1** Étudiez les difficultés rencontrées par les producteurs pour vendre leurs produits dans les grandes surfaces.
- **Thème 2** Caractérisez l'influence des centrales d'achat[1] sur la relation entre producteurs et distributeurs.
- **Thème 3** Résumez la façon dont les lois[2] encadrent les négociations entre producteurs et distributeurs pour limiter les causes de conflits.

1. Organisations qui regroupent les commandes de leurs adhérents, détaillants ou grossistes, pour obtenir, à leur usage exclusif, de meilleures conditions d'achat (grâce aux économies d'échelle).

2. La Loi de modernisation de l'économie, adoptée en août 2008, ainsi que la Loi Sapin II, adoptée en décembre 2016.

APPLICATIONS

APPLICATION GRAND ORAL S'entraîner progressivement à l'épreuve

● Question 2.1 : Distribution de l'offre : peut-on se passer d'intermédiaires ?

Objectif : s'entraîner à exposer oralement devant un auditoire

	Étapes de l'entraînement	Conseils
1	Collectez des informations sur l'une de ces deux problématiques dans une organisation : - les difficultés rencontrées par les producteurs pour vendre leurs produits dans les grandes surfaces ; - ou l'influence des centrales d'achat.	Je me réfère à l'application 4. Je relie ces problématiques à une question, par exemple : Les producteurs peuvent-ils se passer des intermédiaires de la grande distribution ? J'applique la méthode de la fiche 2 p. 187 étapes 1 à 3.
2	Rédigez une fiche de synthèse de votre projet.	J'applique la méthode de la fiche 4 p. 189.

APPLICATION GRAND ORAL Préparer son projet d'orientation

● Chef de rayon

Visionnez la vidéo, puis réalisez une fiche sur le métier de chef de rayon dans la grande distribution en vous appuyant sur le témoignage de Bertrand, 23 ans. Présentez cette fiche selon le modèle ci-dessous.

VIDÉO + 3'18''
Le métier de chef de rayon
www.lienmini.fr/31020-rayon

Le chef de rayon	
Sa mission	
Ses tâches au quotidien	
Les compétences requises	
Le niveau de diplôme requis	
La trajectoire professionnelle envisageable	

QUESTION 2.2 Le consommateur dicte-t-il les choix de distribution ?

Chapitre 10

La prise en compte du choix des consommateurs par la distribution

NOTIONS

- ROPO (*Research online, Purchase offline*).
- Omnicanalité.
- Distribution cross-canal.
- Distribution collaborative.

CAPACITÉS

- Caractériser les types de réseaux de distribution et montrer leur complémentarité.
- Analyser les stratégies de numérisation et porter un regard critique sur l'apport des technologies numériques en matière de distribution.

VIDÉO INTERACTIVE POUR COMMENCER

Le paiement omnicanal pour une expérience client simplifiée 2'06'
www.lienmini.fr/31020-ouv10

DÉCOUVRIR LE CONTEXTE Auchan

Depuis l'ouverture du premier magasin **Auchan** à Roubaix (Hauts-de-France) en 1961, le concept de « tout sous le même toit » a bien évolué. En effet, entre le 100 % digital et le 100 % physique, la relation client s'est complexifiée. Désormais, de nombreux consommateurs s'informent en ligne avant de réaliser leurs achats en magasin. D'autres s'inspirent en magasin avant d'acheter *online*. Aujourd'hui, la direction nationale d'Auchan s'interroge sur l'évolution du comportement des consommateurs. Elle fait appel à Pierre, directeur d'un magasin du réseau, expérimenté dans la gestion des canaux de distribution, pour l'analyser et contribuer à la mise en place de nouvelles stratégies de distribution.

1. Expliquez les expressions « 100 % digital » et « 100 % physique ».
2. Que recherche Auchan en testant de nouvelles stratégies de distribution ?
3. Comment a évolué le comportement des consommateurs au moment de réaliser un achat ?

1 La notion de ROPO (*Research online, Purchase offline*)

Le consommateur inscrit de plus en plus son comportement d'achat dans une démarche dite « ROPO ». Pierre présente à la direction ce parcours client, devenu de plus en plus complexe.

DOC. 1 ROPO : des parcours d'achat « sans frontières »

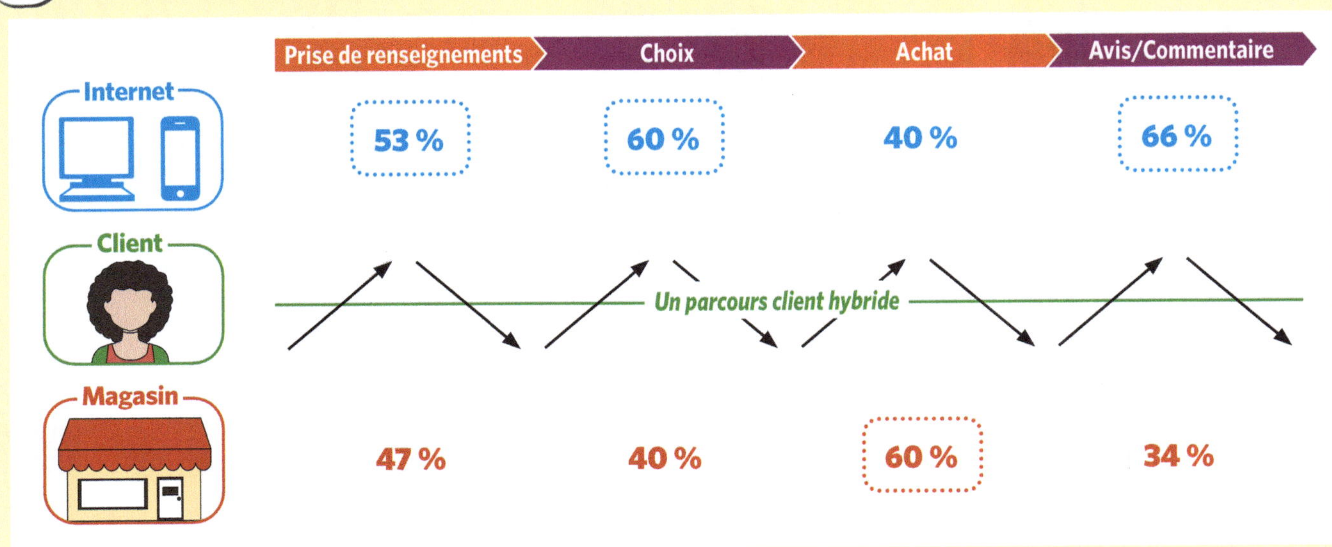

D'après l'enquête IFOP, juillet 2017, www.alteem.fr

DOC. 2 L'effet ROPO

Avec l'avènement d'Internet et du mobile, les clients sont devenus « multicanaux » : ils peuvent très bien effectuer des recherches et des comparaisons en ligne, dans un magasin virtuel, pour ensuite acheter dans un magasin physique. C'est ce que l'on appelle l'effet ROPO (*Research online, Purchase offline*). De même, un consommateur peut se rendre dans un magasin pour relever les prix et évaluer les produits qu'il achètera ensuite en ligne, souvent moins cher, parfois grâce à l'utilisation de comparateurs de prix. C'est ce que l'on appelle le repérage en magasin, ou *showrooming*.

Delagrave, 2022.

1 Traduisez les expressions *Research online* et *Purchase offline*.

....

....

2 Analysez les résultats de l'enquête sur les différents parcours d'achat des clients (doc. 1).

....

....

....

....

3 Précisez pourquoi les parcours d'achat deviennent de plus en plus « sans frontières ».

....

....

....

....

4 Complétez le tableau suivant en précisant, pour chaque étape du comportement d'achat, si le canal utilisé par le consommateur correspond à un magasin physique ou un magasin virtuel.

Les étapes du comportement d'achat	ROPO (recherche en ligne/achat hors ligne)	Repérage en magasin (*showrooming*)
Recherche d'informations	....	....
Choix	....	....
Achat	....	....

DOC. 3 **La démarche ROPO chez Auchan**

Le commerce de détail fait face à l'avènement du web et du mobile. Jusqu'à présent, dans l'univers physique des grandes surfaces, il s'agissait d'avoir les meilleurs emplacements, souvent dans des zones commerciales, et les meilleurs parkings. Aujourd'hui, de nombreux clients empruntent en priorité des « routes digitales ». Si une enseigne n'est pas visible sur ces routes, elle perd du trafic. Être présent sur Internet, c'est vital. Aussi la marque Auchan est-elle déclinée sur plusieurs formats. Le site Internet *auchan.fr* joue le rôle de portail en fournissant au client toutes les informations dont il a besoin, notamment sur ses produits. La stratégie est d'accompagner le parcours d'achat du client.

Delagrave, 2022.

DOC. 4 **L'évolution de la stratégie de distribution chez Auchan**

Le site *auchan.fr* enregistre environ 120 millions de visites par an, et 170 millions si l'on additionne l'ensemble des portails de la marque. Ce score le situe au 15e rang des sites Internet français les plus fréquentés. La mesure de l'effet ROPO permet d'affirmer que la première création de valeur, c'est d'avoir une offre claire et complète sur le digital et de permettre aux clients de finaliser leurs achats où ils le veulent. Cela permet de ne pas perdre de chiffre d'affaires.

Delagrave, 2022.

5 Indiquez pourquoi l'offre d'Auchan doit être présente sur Internet.

....

....

....

....

....

....

....

6 Précisez comment Auchan renforce sa visibilité sur le web.

....

....

....

7 Indiquez pourquoi Auchan attache de l'importance à mesurer l'effet ROPO.

....

....

....

OBSERVATION ESSENTIEL APPLICATIONS

2 La distribution cross-canal et omnicanal

Les parcours d'achat multicanaux se développent. Aussi, Pierre propose à la direction d'Auchan de s'orienter vers l'omnicanalité. Il s'appuie sur le rapport de stage d'un étudiant de l'École supérieure de commerce de Lille dont il a assuré le tutorat.

DOC. 5 Conclusion du rapport de stage

L'enjeu de la distribution multicanale consiste à multiplier les contacts entre l'enseigne et ses clients pour entrer en relation avec eux sur différents canaux, chaque canal restant autonome. Cependant, cette stratégie connaît ses limites comme le risque de cannibalisation entre ses réseaux de vente. Aussi, l'enseigne Auchan a su revoir son approche : le cross-canal lui a ouvert une voie intermédiaire satisfaisante. En effet, le cross-canal a pour but de faire fonctionner les différents canaux ensemble, de créer une complémentarité qui permet de fluidifier le passage d'un magasin physique au magasin virtuel. Mais les clients vont plus loin encore : ils utilisent successivement ou simultanément les différents canaux créés par la marque Auchan pour vivre une expérience : site web, application, point de vente physique, e-mail, SMS, réseaux sociaux. L'omnicanal s'est ainsi imposé en permettant de fusionner les canaux pour offrir au client une expérience globale, unifiée. La barrière entre physique et digital disparaît.

Delagrave, 2022.

NOTIONS

Cross-canal : stratégie qui a pour but de relier les différents canaux de distribution, physiques et digitaux. Elle fluidifie ainsi l'expérience d'achat des clients.

Omnicanalité : un client peut essayer un produit en magasin et l'acheter sur Internet (*store to web*), ou sélectionner un produit sur un site de e-commerce et le retirer en magasin (*web to store*), ou même encore commander un produit en ligne sur le point de vente (*web in store*).

8 Soulignez dans le document 5 les différents canaux créés par la marque Auchan.

9 Repérez les limites du développement du multicanal.

....

....

....

10 Expliquez en quoi consiste le cross-canal à partir de l'exemple d'Auchan.

....

....

....

11 Précisez la différence entre le cross-canal et l'omnicanal.

Le cross-canal ....

L'omnicanal ....

12 Reliez chacun de ces comportements d'achat à la pratique d'omnicanalité qui lui correspond.

A. Paul repère régulièrement en magasin les produits du rayon multimédia avant de finaliser ses achats sur le site *auchan.fr*. •

B. Esteban a pris l'habitude utiliser les bornes interactives dans le magasin Auchan pour payer ses achats. •

C. Lila utilise son application mobile Auchan pour commander des produits qu'elle retire ensuite en magasin. •

• **1.** *Web in store*

• **2.** *Web to store*

• **3.** *Store to web*

3 La distribution collaborative

L'habitude de partager ou d'échanger des biens et des services entre consommateurs *via* une plateforme d'échanges s'amplifie. Pierre est persuadé que ce nouveau phénomène doit être pris en compte par Auchan pour dynamiser l'activité des magasins et leur performance globale.

DOC. 6 La livraison collaborative

VIDÉO + 1'58"

Une plateforme spécialiste de la livraison collaborative du drive

www.lienmini.fr/31020-drive

NOTION

Distribution collaborative : elle consiste à associer le client au processus de vente, par l'intermédiaire de la plateforme e-commerce du distributeur. Le client commande en ligne, sur Internet, et sa commande lui est livrée à domicile, souvent sur rendez-vous, pour tenir compte de sa disponibilité.

DOC. 7 L'évolution de l'offre de services des magasins

Le distributeur propose un service supplémentaire à ses clients : la livraison collaborative du drive au domicile. Ce choix du collaboratif s'explique par une volonté de réduire des coûts d'infrastructures et d'accroître sa capacité à livrer plusieurs clients en même temps, ce qui ne peut pas se faire par camion. Avec l'intégration du collaboratif, un distributeur gagne entre 20 et 30 % de nouveaux clients. Il élargit l'offre des produits proposés à la livraison (hors gros volume), favorise l'acte d'achat de dernière minute et réduit les délais de livraison. Les magasins de périphérie améliorent leur livraison en centre-ville. Enfin, les acteurs du commerce de proximité font le choix de la livraison collaborative à domicile car ils constatent une augmentation de leur activité. Chaque magasin tend à devenir une plateforme e-commerce performante, grâce au déploiement d'un service de livraison à domicile sans coût d'infrastructure, avec un impact social et environnemental positif, tout en résistant aux assauts des acteurs *pure-player* comme Amazon ou Alibaba.

« Comment l'économie collaborative transforme l'offre de service des magasins », www.lsa-conso.fr, 7 février 2019.

13 Indiquez comment la livraison collaborative améliore l'offre de services des distributeurs comme Auchan (doc. 6 et 7).

....

....

....

14 Montrez comment la livraison collaborative contribue à la performance des magasins Auchan.

....

....

DOC. 8 Une forme alternative de distribution collaborative : le réseau AMAP

L'AMAP (Association pour le maintien de l'agriculture paysanne) est une collaboration entre le producteur et le consommateur, qui se manifeste notamment par l'engagement financier des consommateurs finaux, via un contrat établi à l'avance. Le producteur s'engage à cultiver sainement, dans le respect des hommes, des saisons, de l'environnement et de l'animal. Il n'y a pas d'intermédiaire. Des consommateurs, bénévoles, se mobilisent pour aider le paysan à prendre en charge la distribution.

Réseau amap ILE DE FRANCE

Delagrave, 2022.

DOC. 9 Cœur Paysan et la distribution collaborative

Des agriculteurs alsaciens se sont regroupés pour créer Cœur Paysan, un magasin tenu par plusieurs paysans (pisciculteurs, maraîchers, apiculteurs, éleveurs, agriculteurs-boulangers ou encore... choucroutiers). Ce magasin connaît un réel succès. Proximité, bio et qualité des produits sont les grands principes de cette initiative. L'objectif est de répondre aux attentes du consommateur tout en préservant un savoir-faire et en utilisant un circuit très court : les produits en rayon sont directement apportés par les différents paysans-producteurs, installés pour la plupart dans la région alsacienne. Cela assure au consommateur d'avoir à disposition des produits locaux et de saison. En plus de l'intérêt financier pour les paysans puisque ce circuit direct élimine deux ou trois intermédiaires, l'initiative permet aux agriculteurs de retrouver un sens et une fierté dans leur métier qu'ils peuvent faire connaître davantage aux consommateurs.

Delagrave, 2022.

15 Précisez quels sont les points communs entre une AMAP et Cœur Paysan.

....

....

16 Indiquez comment les AMAP et Cœur Paysan prennent en compte les attentes des consommateurs.

....

....

17 Peut-on affirmer que ces deux réseaux pratiquent une forme de distribution collaborative ? Justifiez votre réponse.

....

....

....

....

DOC. 10 Auchan propose des produits locaux et un lien plus direct entre producteurs et consommateurs

Les magasins Auchan, comme d'autres groupes, se lancent dans des innovations comme les plateformes avec les producteurs : on retrouve donc l'enseigne sur Direct Market, qui fluidifie les processus d'achat. Les clients souhaitant consommer davantage de produits locaux de qualité, la plateforme propose des produits cherchés directement chez le producteur, sans négocier les prix, avec livraison en magasin.

Des corners fermiers sur un modèle de *shop in shop* commencent également à se développer : A2pas d'ici par exemple propose un nouveau concept de place de marché implantée au cœur de la Grande Distribution, où les producteurs locaux peuvent promouvoir et proposer leurs produits en vente directe auprès des consommateurs.

Delagrave, 2022.

18 Peut-on considérer que ces initiatives chez Auchan sont une réponse au développement des AMAP ?

....

....

19 Ce concept répond-il au développement des nouvelles formes de distribution ? Justifiez votre réponse.

....

....

L'ESSENTIEL

La prise en compte du choix des consommateurs par la distribution

OBSERVATION
ESSENTIEL
APPLICATIONS

SKETCHNOTE
Accédez à la vidéo
www.lienmini.fr/31020-sk10

1 La notion de ROPO (*Research online, Purchase offline*)

Le consommateur est de plus en plus informé, exigeant et connecté

↓

Il varie ses parcours d'achat et pratique de plus en plus le ROPO

2 La distribution cross-canal et omnicanale

Ces évolutions du comportement du consommateur poussent les distributeurs à s'adapter en développant 3 stratégies

Multicanale	Cross-canal	Omnicanale
Mutiplication des points de contact, indépendants les uns des autres	Intégration des différents canaux de distribution au parcours client, sans concurrence	Création de synergie et utilisation simultanée des différents canaux de distribution d'une entreprise

3 La distribution collaborative

Les modèles de distribution classiques sont remis en cause par les consommateurs et les producteurs

→ **Les nouvelles formes de distribution collaboratives** se développent pour répondre à ces exigences de consommation et de distribution

→ **Le consommateur** est associé au processus de distribution, depuis la plateforme de e-commerce jusqu'à la livraison

APPLICATIONS

QCM POUR COMMENCER
Testez vos connaissances avec ce QCM interactif à flasher !
www.lienmini.fr/31020-qcm10

APPLICATION 1 Mesurer l'impact de l'effet ROPO chez un grand distributeur

L'entreprise française Fnac-Darty, spécialisée dans la distribution de matériel électroménager, électronique et de produits culturels, est un leader européen de la distribution omnicanale.

1. Précisez comment Fnac-Darty espère augmenter ses ventes grâce à l'effet ROPO.
2. Présentez le moyen de communication utilisé par Fnac-Darty pour augmenter le traffic des clients dans ses magasins.
3. Montrez en quoi cela peut renforcer l'effet ROPO de la marque.

Annexe : Le parcours d'achat des clients de Fnac-Darty

Les distributeurs sont de plus en plus nombreux à miser sur la publicité web pour augmenter le nombre de leurs visites en magasin et les ventes qui y sont effectuées. Et pour cause : le parcours d'achat des internautes combine de plus en plus le *online* et les magasins physiques, un comportement appelé ROPO (*Research online, Purchase offline*) par les spécialistes du marketing. Sur l'ensemble des catégories de produits commercialisées chez Fnac-Darty, ce serait même, selon Google, le comportement dominant des consommateurs. Pour booster ces visites génératrices de ventes, Fnac-Darty mise sur différents canaux publicitaires, comme par exemple la publicité locale via Google, envoyée aux clients passant à proximité des magasins, fournissant à l'internaute des informations comme la disponibilité ou non du produit recherché en boutique, son prix dans ladite boutique et la distance en mètres de l'espace de vente. Désormais, les entreprises qui utilisent les différents outils publicitaires proposés par Google pour maximiser leur ROPO peuvent aussi mesurer l'impact réel en magasin de ces campagnes en ligne. (...) Un client X peut par exemple effectuer une recherche de machine à laver sur Internet et visionner une publicité de Darty sur ce produit. Il se rend ensuite dans le magasin de Darty, quelques jours plus tard et achète son article. Le client peut être identifié en caisse s'il dispose d'une carte de fidélité ou s'il passe par un vendeur équipé d'une tablette, qui lui demande son adresse mail pour lui livrer sa machine ou encore lui envoyer sa garantie.

www.lsa-conso.fr, 20 mars 2019.

APPLICATION 2 Analyser les stratégies de numérisation d'un grand distributeur

Sport 2000 est un regroupement de commerces indépendants spécialisés dans la distribution d'articles de sport et de loisirs.

1. Décrivez quelle est l'utilité principale du logiciel OneStock utilisé par Sport 2000.
2. Présentez les différents services proposés aux clients par Sport 2000 grâce au logiciel OneStock.
3. Précisez quels seront les avantages pour Sport 2000 de développer l'unification des stocks.
4. Peut-on affirmer que Sport 2000 développe avec ce logiciel OneStock une stratégie omnicanale ? Justifiez votre réponse.

Annexe : Sport 2000 unifie ses stocks et digitalise ses points de vente

Comment unifier la gestion de ses stocks quand son réseau de magasins est réparti entre plusieurs centaines d'adhérents ? Pour résoudre ce casse-tête, Sport 2000 a fait appel à l'entreprise OneStock. À la clé : optimiser la logistique et mettre en place des services de livraison innovants, puis lancer un site e-commerce unique pour tout le réseau.

OneStock, entreprise spécialisée dans l'optimisation des commandes omnicanales et la rupture de stocks, a été choisie par Sport 2000 en amont du lancement de son site marchand, dans le cadre de son plan de transformation Cup 2024. Objectif : unifier les stocks de ses magasins (de 1000 à 1200 mètres carrés de surface) et doter chacun d'entre eux d'un outil de prise de commande *Order in Store*. Il s'agit, avant l'ouverture du site e-commerce grand public, de munir chaque magasin d'un accès aux références proposées par l'ensemble du réseau et de permettre ainsi aux clients de commander même en cas de rupture. Un projet qui a nécessité un an de production. Le dispositif va également permettre de proposer, en fonction des articles mis au panier, différents modes de livraison : à domicile (standard ou express), Click&Collect express, retrait en magasin ou en point relais. La plate-forme de OneStock permet d'orchestrer les commandes omnicanales vers le point de stock le plus prompt à servir la commande. [...] L'avantage de Sport 2000 est donc de se lancer en e-commerce en étant doté immédiatement d'un stock unifié, permettant de limiter au maximum l'indisponibilité des références, qui constitue à ce jour un point de friction majeur... en magasin comme en ligne. Autre bénéfice très concret pour l'enseigne : honorer des ventes même lorsqu'un produit a été commandé de manière timide par un point de vente... en comptant sur un autre magasin où les stocks sont suffisamment importants.

Aude Chardenon, www.usine-digitale.fr, 20 janvier 2020.

APPLICATION 3 Caractériser un nouveau réseau de distribution

La supérette coopérative et collaborative La Meute est une association loi 1901 qui propose une alternative à la grande distribution.

1. Indiquez l'objectif poursuivi par la coopérative La Meute.
2. Décrivez le fonctionnement de la coopérative.
3. Peut-on affirmer que ce modèle de distribution coopératif pourrait contribuer à réduire l'attractivité de la grande distribution ?

VIDÉO + 3'00"
Coopérative alimentaire de Grasse, la nouvelle distribution ?
www.lienmini.fr/31020-grasse

Annexe : La coopérative La Meute, à Grasse

APPLICATIONS

APPLICATION 4 Caractériser les canaux de distribution et montrer leur complémentarité

L'enseigne Maisons du Monde, spécialisée dans la distribution de meubles et d'articles de décoration, est implantée dans le monde entier. 40 % de ses ventes sont réalisées à l'international et 23 % sur le Web.

1. Précisez quel objectif poursuit Maisons du Monde en déployant une nouvelle plateforme.
2. Décrivez comment la plateforme va permettre la refonte des canaux de distribution de Maisons du Monde.
3. Analysez les conséquences sur le parcours d'achat du client.
4. Peut-on affirmer que le développement de la plateforme va renforcer la complémentarité entre les magasins et le site marchand ? Justifiez votre réponse.

Annexe : Comment Maisons du Monde accélère sur l'omnicanal

Depuis octobre 2020, l'enseigne d'ameublement et de décoration a déployé en France une nouvelle plateforme ayant pour objectif de fluidifier les canaux physiques et digitaux de ses magasins en supprimant les frontières. Cet outil s'inscrit dans le cadre du plan stratégique dont l'échéance est prévue pour 2024. En 2019, 75 % du chiffre d'affaires de l'enseigne était encore effectué sur le réseau physique. La refonte complète de l'interface e-commerce facilite désormais un parcours d'achat qui peut débuter sur le web et se terminer en magasin, puis se poursuivre en ligne. Elle permet aux vendeurs de récupérer une commande web et de la traiter notamment grâce aux tablettes dont sont équipés les vendeurs. L'outil est performant aussi bien sur l'offre digitale en ligne que sur les dispositifs en *click-and-collect* de l'enseigne. On observe déjà des taux de croissance du mobile bien supérieurs au trafic du site. Les ventes ont ainsi progressé de 58 % et le trafic de 47 % sur ce canal spécifique durant l'année écoulée.

Delagrave, 2022.

APPLICATION GRAND ORAL S'entraîner progressivement à l'épreuve

Question 2.2 : Le consommateur dicte-t-il le choix des distributeurs ?

	Étapes de l'entraînement	Conseils
1	Collectez des informations sur une organisation concernant : - sa stratégie de distribution ; - la prise en compte des consommateurs au niveau de ses choix de distribution.	Je sélectionne en fonction de leur intérêt les documents descriptifs de la stratégie de distribution. J'applique la méthode de la fiche 2 p. 190.
2	Rédigez une fiche de synthèse de votre projet.	J'applique la méthode de la fiche 4 p. 189.
3	Formulez une question qui découle de votre projet concernant cette stratégie de distribution. Appliquez les méthodes des fiches 10 et 11 p. 195 et 196.	Exemples : La politique de distribution est-elle adaptée à la cible ? En quoi le consommateur influence-t-il cette politique de distribution ?
4	Vérifiez que la question est correctement posée.	J'effectue le test p. 197.

QUESTION 2.3 Les technologies numériques, une autre manière de penser la distribution ?

Chapitre 11

La digitalisation des unités commerciales

NOTIONS

- Digitalisation des unités commerciales.
- Place de marché (*marketplace*).
- e-commerce, m-commerce.

CAPACITÉS

- Analyser les stratégies de numérisation et porter un regard critique sur l'apport des technologies numériques en matière de distribution.

VIDÉO INTERACTIVE POUR COMMENCER

La digitalisation des points de vente 1'03"

www.lienmini.fr/31020-ouv11

DÉCOUVRIR LE CONTEXTE Camaïeu

Les grands axes du plan Color 2024 du groupe Camaïeu

- Déploiement d'outils de mobilité pour les vendeurs.
- Signature d'un partenariat avec La Redoute et Zalando.
- Disparition de la ligne de caisse au profit d'un encaissement auprès du client.
- Développement des casiers en magasin pour retirer les commandes effectuées en ligne.
- Installation de bornes présentant l'intégralité du catalogue.

Fondée en 1984, **Camaïeu** est une enseigne française spécialisée dans le prêt-à-porter féminin. En 2014, l'entreprise fête ses 30 ans. Pour s'adapter à un marché du textile de plus en plus concurrentiel et au digital qui change la donne, Camaïeu amorce alors un virage vers une stratégie omnicanale. L'enseigne poursuit aujourd'hui sa mutation digitale. Avec le plan Color 2024, le groupe lance un projet de transformation ambitieux pour faire entrer le digital dans ses boutiques et gommer les frontières entre le web et les unités commerciales physiques.

1. Pourquoi le groupe Camaïeu souhaite-t-il digitaliser ses unités commerciales ?
2. En quoi le plan Color 2024 consiste-t-il ?
3. Selon vous, quelle est la principale limite du plan Color 2024 ?

1 Les technologies digitales pour les achats en ligne et dans les points de vente

Afin de répondre aux exigences des consommateurs, Camaïeu a lancé un plan de digitalisation de ses unités commerciales. La boutique de l'enseigne récemment implantée à Nice offre ainsi une nouvelle expérience à ses clients.

DOC. 1 L'avis d'un internaute sur un nouveau service de Camaïeu

★★★★★ 10/10 — **bauzou**, le 25.11.2019

Du choix, du choix et encore du choix

Le site offre un choix très important de vêtements, la possibilité de faire livrer en magasin est vraiment très pratique, on peut commander tranquillement de chez soi à n'importe quelle heure du jour et de la nuit et attendre d'être informé de la livraison. Il ne reste plus qu'à récupérer son achat quand on le souhaite. De plus, j'ai pu profiter de remises exceptionnelles. Bref, que du bonheur. Cerise sur le gâteau, la livraison et le retour éventuel sont gratuits. Seule obligation : créer un compte, c'est vraiment peu de chose et cette inscription permet d'être informé régulièrement des nouveautés, des promotions.

www.camaieu.fr.

NOTION

Digitalisation des unités commerciales : elle consiste à utiliser les technologies du numérique au service de la relation client, soit dans le cadre des **achats en ligne,** soit dans le cadre des **achats en magasin physique**.

1 Définissez le principe sur lequel repose le nouveau service proposé pour les achats en ligne.

....

....

2 Consultez le site www.camaieu.fr, puis décrivez le fonctionnement des services offerts aux internautes.

....

....

....

....

....

....

3 Énoncez les intérêts de ce service pour le magasin.

....

....

....

....

4 Énoncez les intérêts de ce service pour le client.

....

....

....

....

....

....

5 Expliquez en quoi les bornes interactives en magasin sont des outils d'aide à la vente.

DOC. 2 **Les bornes en magasin**

Pour favoriser le parcours du client, des bornes en magasin permettent de découvrir les produits et de les acheter. Sur de grands écrans, les nouveautés de la marque sont présentées. Bientôt, les technologies de réalité augmentée proposeront au client d'essayer virtuellement un vêtement.

Delagrave, 2022.

6 Indiquez quel intérêt majeur présente le décloisonnement de la zone caisse.

DOC. 3 **L'encaissement**

Le distributeur a créé une zone de caisse centrale complètement repensée et décloisonnée, afin de permettre une relation sans barrière, « côte à côte », avec les vendeurs en magasin. Les clients équipés d'un smartphone et de l'application de la marque peuvent régler leurs achats lors de leur passage aux caisses en libre-service, accompagnés par le vendeur.

Delagrave, 2022.

DOC. 4 **La technologie *radio frequency identification* (RFID) chez Camaïeu**

La technologie RFID (via une étiquette autoadhésive, collée sur le produit, permettant de collecter et de stocker des données) fluidifie les processus de réception, d'inventaire et d'encaissement, tandis que CARL, le smartphone vendeur associé à un TPE (terminal de paiement mobile), offre la possibilité :
- de consulter les stocks disponibles en un scan ;
- de proposer des articles non disponibles sur la surface de vente ;
- de créer ou de modifier des fiches clients ;
- d'encaisser les achats partout en magasin.

Delagrave, 2022.

7 Justifiez le qualificatif d'« étiquette intelligente » attribué à la technologie RFID.

8 Expliquez en quoi la digitalisation permet de créer une nouvelle expérience client.

2 Les places de marché

Camaïeu s'appuie à ce jour sur un réseau de 900 magasins à travers le monde. Cependant, soucieuse de renforcer sa visibilité *online*, elle a décidé d'être présente sur la place de marché Zalando.

NOTION

Place de marché (ou *marketplace*) : plateforme virtuelle, créée par un tiers, qui organise et sécurise la transaction entre les demandes des clients et les offres de vendeurs professionnels, pour un secteur d'activité particulier (textile, électroménager, etc.) ou un segment de marché spécifique (composants électroniques, matériaux du bâtiment, etc.).

DOC. 5 La vente des produits Camaïeu sur la plateforme Zalando

Camaïeu a fait son entrée sur le site de La Redoute en décembre 2017, débutant ainsi son expérience de la place de marché. Elle l'a ensuite prolongée avec Zalando, le portail allemand de la mode en ligne numéro un en Europe. Camaïeu a pour objectif de toucher un profil de clients férus de mode, et ce, partout en Europe, en bénéficiant de l'expérience de Zalando.

En effet, depuis plusieurs saisons, la plateforme virtuelle Zalando est investie par les grandes enseignes de prêt-à-porter : Mango, Gap, Naf Naf ou H&M. Pour Camaïeu, cette stratégie de diversification a pour but de proposer ses produits via différents canaux de distribution et de faciliter les achats de ses clients. Plus de 600 produits Camaïeu sont référencés sur le site Zalando.

Delagrave, 2022.

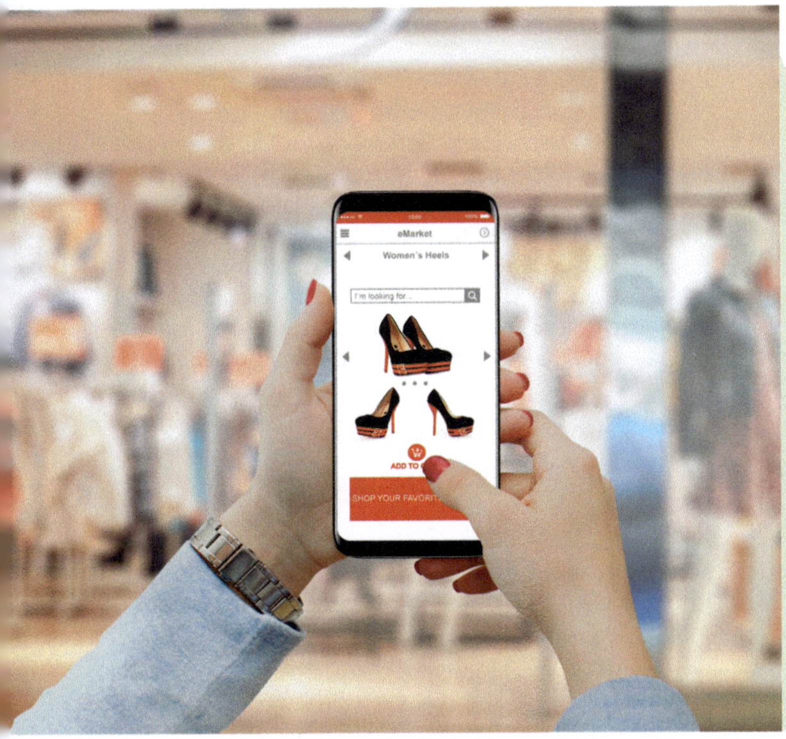

DOC. 6 La place de marché Zalando

Créée en 2008 en Allemagne, Zalando est une entreprise de commerce électronique spécialisée dans la vente de chaussures et de vêtements. Basé à Berlin, le site se développe à l'international depuis 2009, en Autriche puis aux Pays-Bas et en France. L'entreprise est aujourd'hui présente dans 17 pays européens. Pour se démarquer de ses concurrents, Zalando étend son espace géographique et diversifie son offre. En effet, elle propose un catalogue virtuel de 200 000 produits pour plus de 2 000 marques. Certaines sont très connues du grand public, comme Adidas, Nike, Desigual, Mango ou Camaïeu, d'autres sont des marques exclusives telles que Kiomi, Mint & Berry ou Zign. En 2014, Zalando a ouvert à Francfort un magasin physique proposant des marques de moyenne gamme. Cette première ouverture a été suivie par d'autres à Berlin avec notamment Beauty Station, concept store dédié à la beauté et Zircle, boutique consacrée à la vente de vêtements d'occasion. Depuis 2016, la France est l'un des principaux marchés du géant de la mode en ligne.

Delagrave, 2022.

9 Indiquez les raisons pour lesquelles le groupe Camaïeu a décidé de signer un partenariat avec la place de marché Zalando.

....

....

....

....

....

....

....

....

DOC. 7 Zalando, une plateforme technologique

zalando

VIDÉO + 7'47"

Zalando, davantage plateforme technologique que distributeur de mode

www.lienmini.fr/31020-zalando

DOC. 8 Achats en ligne : comment les places de marchés fonctionnent-elles ?

Tous les produits licites, légaux et homologués peuvent être vendus en ligne, au même titre que ceux proposés à la vente à distance ou par correspondance. Les acheteurs payent directement leurs produits sur la plateforme *marketplace*. Celle-ci redistribue ensuite l'argent aux vendeurs, moyennant un pourcentage sur la vente du produit. Elle se rémunère donc principalement en prélevant une commission sur les transactions. Par ailleurs, ces plateformes peuvent proposer des services additionnels payants (services *premium*, garanties supplémentaires, paiement différé, etc.), facturés au client internaute. Elles tirent aussi des revenus des emplacements publicitaires sur leur site vendus aux annonceurs.

Delagrave, 2022.

10 À l'aide des documents 7 et 8, décrivez l'organisation logistique (*supply chain*) mise en place par Zalando.

11 Expliquez pourquoi la place de marché Zalando est qualifiée de « plateforme technologique ».

12 À l'aide des documents 5 à 8 et de vos connaissances, présentez le fonctionnement du partenariat entre Camaïeu et Zalando.

3 E-commerce et m-commerce

Très impactée par la crise économique causée par le coronavirus, Camaïeu n'ouvre plus de nouvelles boutiques. La stratégie de l'entreprise vise aujourd'hui le développement du e-commerce et du m-commerce.

NOTIONS

e-commerce (commerce électronique) : il regroupe l'ensemble des transactions commerciales s'opérant à distance par le biais d'un site Internet.
m-commerce (mobile commerce) : il regroupe l'ensemble des transactions commerciales réalisées sur des terminaux mobiles (smartphones et tablettes). Le m-commerce est une composante du e-commerce.

DOC. 9 PIX 2009 : ouverture de la boutique en ligne Camaïeu

WEB
Site Internet du groupe Camaïeu
www.lienmini.fr/31020-groupe

Retrait gratuit en magasin, paiement 100 % sécurisé.

DOC. 10 2019-2020 : application mobile de Camaïeu

Lancement de l'application mobile
« Camaïeu shopping femme » : en téléchargeant l'application, un bonus de 100 points est attribué sur le programme fidélité. Celui-ci donne droit à des réductions, des offres exclusives, des cadeaux…

13 À l'aide du doc. 9, complétez le tableau ci-dessous pour décrire le modèle commercial de Camaïeu.

Modalités d'achat proposées sur le site	Services offerts	Communication digitale possible
• La commande Internet : …………	…………	…………
• La e-commande : …………	…………	…………
• La e-réservation : …………	…………	…………

14 Présentez l'intérêt pour Camaïeu d'avoir un site de e-commerce.

……………………………………………………………………
……………………………………………………………………
……………………………………………………………………

15 Expliquez pourquoi l'entreprise Camaïeu a lancé une application mobile.

……………………………………………………………………
……………………………………………………………………
……………………………………………………………………
……………………………………………………………………

La digitalisation des unités commerciales

SKETCHNOTE
Accédez à la vidéo
www.lienmini.fr/31020-sk11

1 Les technologies digitales pour les achats en ligne et dans les points de vente

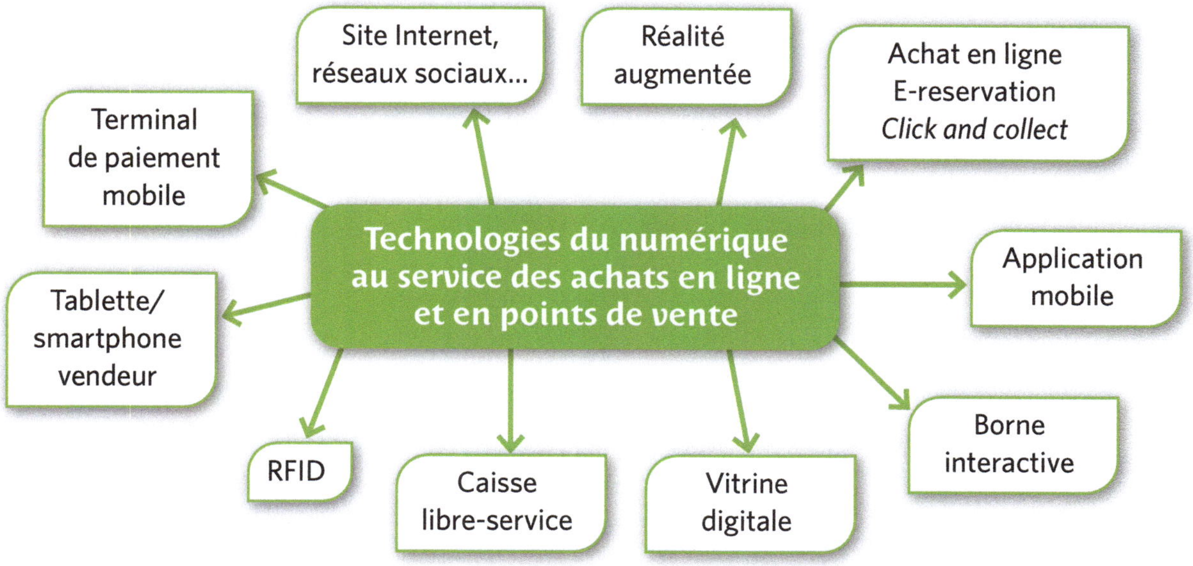

2 Les places de marché

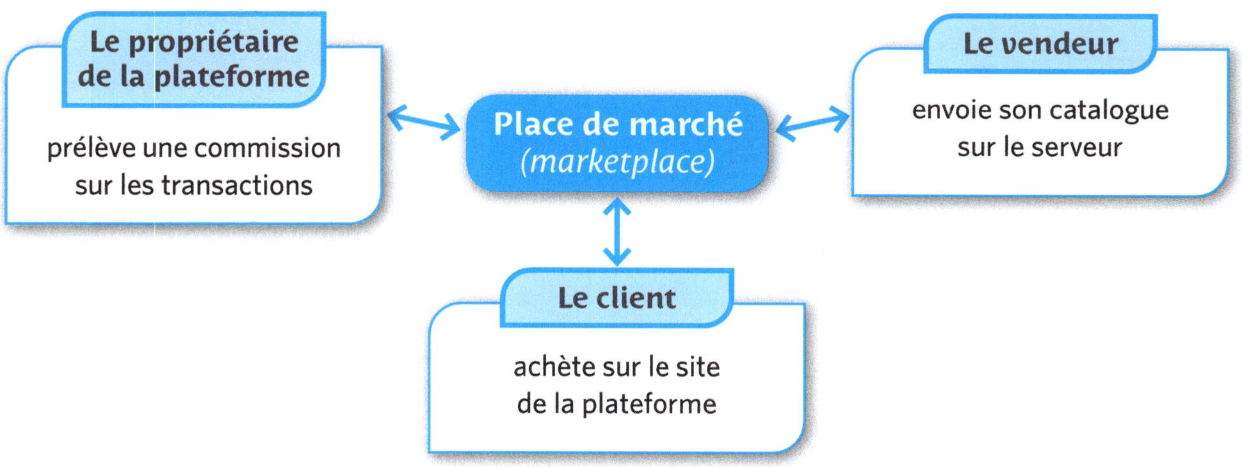

3 E-commerce et m-commerce

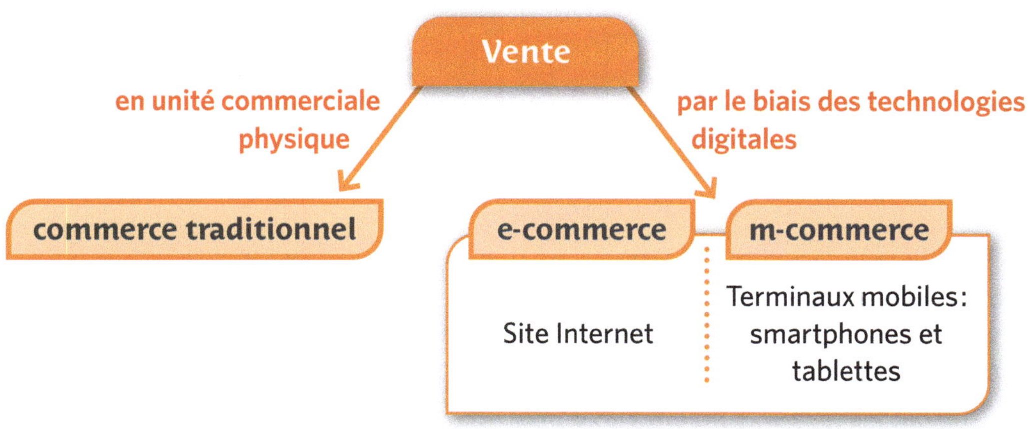

APPLICATIONS

QCM POUR COMMENCER
Testez vos connaissances avec ce QCM interactif à flasher !
www.lienmini.fr/31020-qcm11

APPLICATION 1 Caractériser les outils de digitalisation des unités commerciales

Visionnez la vidéo (annexe 1), lisez les deux textes ci-dessous (annexes 2 et 3), testez l'outil 3D (annexe 4) puis répondez aux questions.

1 Reproduisez puis complétez le tableau ci-dessous.

Annexes	Outils d'aide à la vente présentés	Intérêts pour le client	Intérêts pour l'entreprise
1	Bouton connecté	...	...
2	Borne interactive de choix de couleur	...	...
3	Borne interactive de présentation de l'offre	...	...
4	Outil 3D de création de cuisine	...	...

2 Identifiez les principales limites à la digitalisation des unités commerciales pour Leroy Merlin.

Annexe 1 : Le bouton connecté chez Leroy Merlin

VIDÉO 2'48"
Le bouton connecté
www.lienmini.fr/31020-bouton

Annexe 2 : Leroy Merlin aide le client dans le choix des couleurs de son habitat

Leroy Merlin a doté quelques-uns de ses magasins d'une borne interactive d'aide à la vente afin d'offrir à ses clients une expérience sensorielle unique, à la fois pratique et ludique. Simples d'utilisation, les gammes de couleurs disponibles sur la borne sont très étoffées et permettent au client de visualiser ses choix. Avec ce nouvel outil, le client peut désormais, en moins d'une minute trente, choisir la couleur de ses murs, de son sol, se projeter dans une pièce mais également partager en temps réel ses maquettes avec ses proches pour avoir leurs retours, avant de valider son choix pour déclencher l'achat directement en magasin.

Delagrave, 2022.

Annexe 3 : Les outils digitaux au service de magasins à superficie réduite

Leroy Merlin, numéro 1 du bricolage en France, a ouvert des magasins tests de quartier. Pour compenser une offre limitée par la superficie, Leroy Merlin a disséminé 37 bornes de commande dans le magasin parisien du 17e arrondissement. Au rayon salle de bains, le bricoleur ou la bricoleuse peut même, grâce aux techniques de réalité augmentée, visualiser des photos de meubles en taille réelle. Autant de nouvelles idées qui seront (ou pas) dupliquées dans le reste du réseau Leroy Merlin.

Delagrave, 2022.

Annexe 4 : L'outil 3D de Leroy Merlin

WEB
Concevoir sa cuisine en 3D
www.lienmini.fr/31020-3d

APPLICATION 2 Porter un regard critique sur l'apport des technologies en matière de distribution

Selon une étude réalisée par LSA sur le parcours client et les attentes des Français en magasin, les consommateurs, surtout les jeunes, seraient très demandeurs de la digitalisation des enseignes (annexe).

1 Identifiez les motivations des acheteurs en magasin, puis celles des acheteurs en ligne.

2 Quelles sont les trois technologies les plus déployées en magasin ?

3 Quelles sont les trois technologies jugées les plus utiles par les consommateurs ?

4 Quelles conclusions pouvez-vous tirer de l'apport des technologies en matière de valorisation des unités commerciales ?

Annexe : Les résultats de l'enquête LSA (septembre 2019)

a. Le canal d'achat

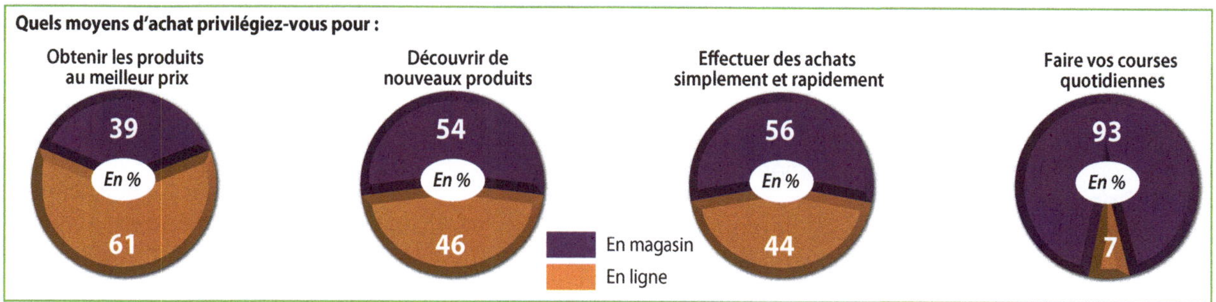

b. Quelques chiffres

73 % des consommateurs finalisent leurs achats en magasin, sur le conseil du vendeur.

30 % des 18-34 ans achètent en ligne, contre 14 % pour les 53-72 ans.

61 % des internautes plébiscitent une offre large.

c. Les critères incitant les clients à visiter un point de vente

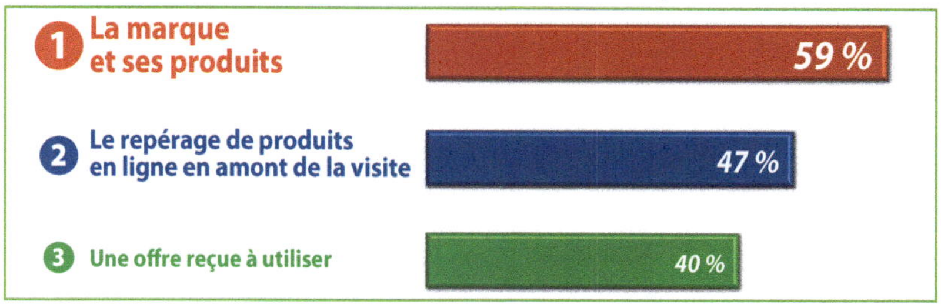

d. L'état du déploiement des dispositifs digitaux selon les distributeurs et leur utilité selon les consommateurs

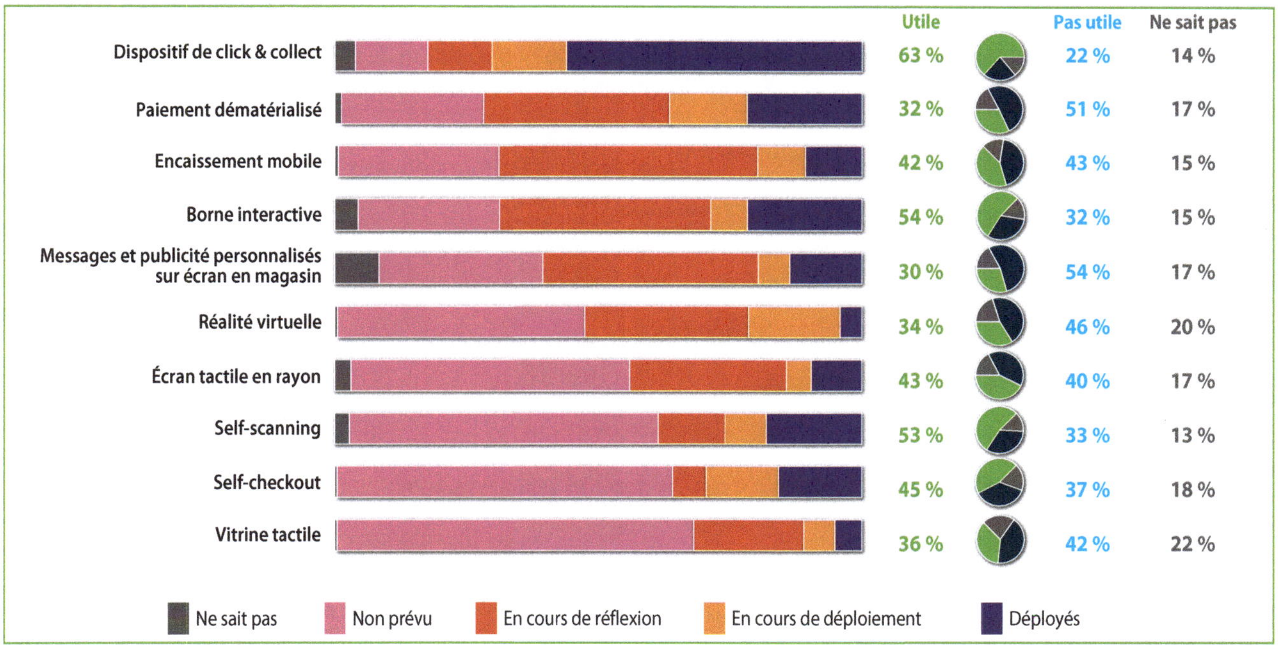

D'après www.lsa-conso.fr.

APPLICATION 3 Analyser une stratégie de digitalisation

Préparez un exposé sur les boutiques autonomes à partir de vos recherches sur Internet.

Quels avantages et quelles limites les boutiques autonomes présentent-elles ?

APPLICATIONS

Annexe : Monop' présente « Black Box », son magasin autonome

À l'image d'Amazon Go, l'enseigne de proximité du groupe Casino, Monop', teste depuis la fin août un magasin autonome, ouvert 24h sur 24 et 7 jours sur 7 et sans personnel. Installé au siège social de Monoprix en région parisienne, à Clichy (Hauts-de-Seine), ce point de vente autonome sous la forme d'un container – fabriqué par la société française Hexagone – propose 300 références de produits de restauration (50 % de marque de distributeur avec une centaine de références) et non alimentaires pour le petit dépannage (voyage, déplacement…) aux 1 200 employés.

Il suffit au consommateur de présenter sa carte bancaire pour entrer dans le magasin (une seule personne est autorisée à la fois). Il est également possible d'utiliser Google et Apple Pay via son smartphone. Le distributeur enregistre ainsi son empreinte bancaire et le client effectue ses courses sans passer par l'étape de la caisse automatique. […] Après avoir jeté un dernier coup d'œil à l'écran tactile présentant les articles achetés, le client est débité automatiquement. Le ticket de caisse dématérialisé est lui envoyé par mail. Le parcours client dure en moyenne moins d'une minute.

Dalila Bouaziz, www.relationclientmag.fr, 8 octobre 2020.

APPLICATION GRAND ORAL S'entraîner progressivement à l'épreuve

Question 2.3 : Les technologies numériques, une autre manière de penser la distribution ?

Entraînement à partir d'une recherche de « terrain ».

	Étapes de l'entraînement	Conseils
1	Collectez des informations sur les technologies numériques mises en œuvre par une enseigne.	Je réalise une observation de terrain dans un magasin que je connais bien. J'applique la méthode de la fiche 2 p. 187 étape 1.
2	Formulez une question. J'applique la méthode des fiches 10 et 11 p. 195-196.	Par exemple : Les technologies numériques mises en œuvre dans la chaîne de magasins X modifient-elles sa manière de penser la distribution ?
3	Vérifiez que la question est correctement formulée, puis justifiez-la, c'est-à-dire démontrez-en l'intérêt.	J'effectue le test p. 197. Je précise quels sont les enjeux importants pour l'organisation.
4	Énoncez des arguments susceptibles d'apporter la réponse à la question.	J'applique la méthode de la fiche 3 p. 188.

APPLICATION GRAND ORAL Préparer son projet d'orientation

Vendeur en magasin

Visionnez la vidéo, puis réalisez une fiche sur le métier de vendeur en magasin selon le modèle ci-dessous.

VIDÉO 3'40''
Le métier de vendeur en magasin
www.lienmini.fr/31020-vendeur

Le vendeur en magasin

Sa mission	
Ses tâches au quotidien	
Les compétences requises	
Le niveau de diplôme requis	

QUESTION 3.1 Communiquer : quelle visibilité et quels médias pour valoriser l'offre ?

Chapitre 12

La valorisation de l'offre par la communication

NOTIONS

- Objets, objectifs et cibles de la communication commerciale.
- Publicité.
- Copie stratégie.

CAPACITÉS

- Identifier l'objet, la cible et les objectifs d'une action de communication.
- Analyser la construction de messages publicitaires en termes d'argumentation commerciale et apprécier la cohérence vis-à-vis de la cible visée.

DÉCOUVRIR LE CONTEXTE Endurance Shop

VIDÉO INTERACTIVE POUR COMMENCER

Endurance Shop Vincennes le plaisir de courir toute l'année 1'36'

www.lienmini.fr/31020-ouv12

Budget publicitaire moyen annuel	250 000 €
Radio	25 %
Presse écrite	40 %
Communication digitale	35 %

Fondée en 2002 par Arthur Furno, **Endurance Shop** est une entreprise spécialisée dans la distribution d'articles de sport dans le domaine du *running* et de la randonnée. Endurance Shop dispose d'un réseau de 50 boutiques en France et souhaite continuer à développer son activité. Attiré par le succès du *running*, le groupe Go Sport est devenu en 2018 l'actionnaire principal de l'entreprise. Léo, titulaire d'un master 2 en marketing et communication, a été embauché en tant que responsable de la communication. La première mission qui lui a été confiée est de mettre en place une campagne de communication afin de développer la notoriété et l'image d'Endurance Shop auprès des amateurs de *running*.

1. Quelle est l'offre de l'entreprise Endurance Shop ? Quels sont ses choix de distribution ?
2. D'après vos connaissances, quels sont les principaux concurrents d'Endurance Shop sur son marché ?
3. Pourquoi et comment l'entreprise met-elle en place une campagne de communication ?
4. Quelles sont les ressources mobilisées par l'entreprise Endurance Shop pour sa publicité ? Calculez la part du budget attribuée à chaque média.

OBSERVATION | ESSENTIEL | APPLICATIONS

1 Les objets de la communication commerciale

La communication commerciale d'Endurance Shop a pour objectif de développer son image et sa notoriété auprès des adeptes du *running*.

NOTION

Objet de la communication : ce sur quoi porte la communication. Ce peut être un produit ou un service de l'entreprise, une marque ou l'entreprise elle-même.

DOC. 1 Offre spéciale : les Brooks Adrénaline GTS 19

DOC. 2 Découvrez Endurance Shop

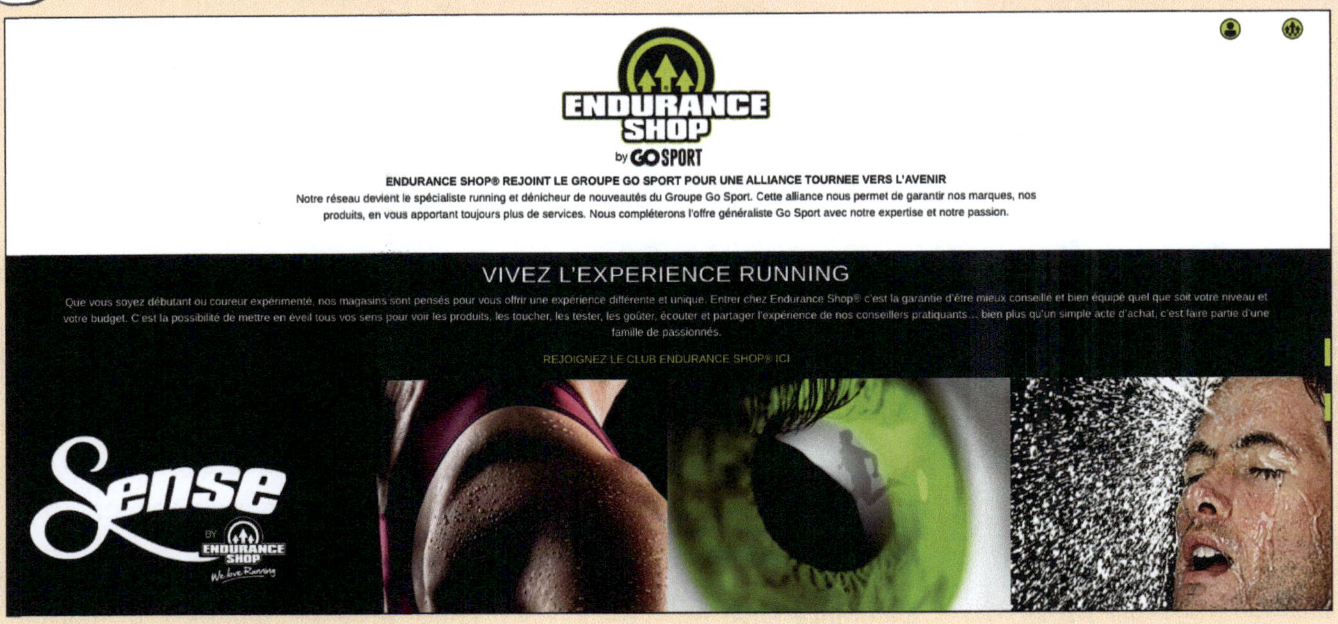

1 Indiquez, à l'aide de la définition, l'objet de chacune de ces deux communications commerciales (doc. 1 et 2).

• Doc. 1 : ....

....

• Doc. 2 : ....

....

2 Expliquez la finalité de la communication commerciale du document 2.

....

....

2 Les cibles de la communication commerciale

Pour gagner des parts de marché en proposant des produits adaptés aux adeptes du *running*, Endurance Shop s'attache à améliorer sa connaissance du public visé.

NOTION

Cibles de la communication : tous les acheteurs, réels ou potentiels, que l'entreprise cherche à convaincre et/ou à fidéliser par des actions de communication (classés par sexe, âge, CSP, zone géographique, styles de vie, etc.).

DOC. 3 L'explosion du *running* en France

Venue des États-Unis et portée par des marques de sport, comme Nike, la pratique du *jogging* s'est progressivement développée en France à partir des années 1980 et 1990. En 2000, environ trois millions de Français couraient plus ou moins régulièrement, pour la plupart des passionnés ou des sportifs de haut niveau. Mais c'est à partir des années 2010 que l'on constate une très forte augmentation de la pratique, accompagnée d'une croissance exponentielle du marché des articles de sport pour la course à pied. On parle désormais de *running*.

Aujourd'hui, on estime à 25 % la part de la population pratiquant occasionnellement ou régulièrement cette discipline, ou l'ayant pratiquée par le passé. Une croissance fulgurante, jamais vue dans aucun autre sport, notamment grâce à un esprit convivial et à une incroyable diversité des styles de courses. Comme dans beaucoup de sports, les coureurs étaient au départ des hommes, souvent quadragénaires et issus de milieux plutôt aisés. Aujourd'hui, on retrouve toutes les tranches d'âges et tous les milieux sociaux et, surtout, une majorité de femmes.

Delagrave, 2022.

3 Présentez l'évolution du marché du *running* depuis les années 2000.

....

....

....

....

....

....

....

....

DOC. 4 Le running en France, un marché qui rapporte

Activité gratuite, le running peut finir par coûter cher aux coureurs, très sollicités par les marques. Équipementiers, organisateurs et sponsors l'ont bien compris afin de capter les 13,5 millions de coureurs réguliers. Gros plan sur un sport gratuit qui est devenu un marché plus important que celui du football. [...]

On distingue trois catégories de coureurs : les réguliers (au moins une fois par semaine), soit 5 millions de Français ; les occasionnels (moins d'une fois par semaine), soit 3,9 millions ; enfin, les pratiquants pour lesquels la course à pied est le complément d'un autre sport, soit 4,6 millions de personnes. De même, la répartition hommes-femmes est équilibrée avec un ratio de 51 % - 49 %. Sachant que le nombre de pratiquantes a bondi d'environ 45 % depuis 2012 ! « On note une forte féminisation ces dernières années, confirme Virgile Caillet, délégué général de Union sport & cycle. C'est un vrai phénomène. Le nombre de pratiquantes a été multiplié par 3 en 5 ans ! ». [...]

Olivier Duplessix, www.ouest-france.fr, 27 juillet 2020.

4 Présentez les principales caractéristiques de la cible de l'entreprise Endurance Shop.

....

....

....

....

....

3 Les objectifs de la communication commerciale

La communication commerciale d'Endurance Shop vise essentiellement à toucher son cœur de cible.

NOTION

Objectifs de la communication commerciale : l'ensemble des messages émis a pour finalité d'influencer les comportements de consommation de la cible visée.
On distingue trois types d'objectifs :
- l'**objectif cognitif** (faire connaître l'objet de la communication),
- l'**objectif affectif** (faire aimer l'objet de la communication),
- l'**objectif conatif** (faire agir les cibles de la communication).

DOC. 5 Endurance Shop s'installe à Saintes

DOC. 6 Les engagements RSE d'Endurance Shop

DOC. 7 Les mercredis d'Endurance Shop

5 Complétez le tableau suivant en vous aidant de la définition de la notion.

Documents	Objectifs de l'action de communication	Justifications
Doc. 5	....	....
Doc. 6	....	....
Doc. 7	....	....

6 Selon vous, est-il possible de combiner plusieurs objectifs différents dans une même communication commerciale ? Justifiez votre réponse à l'aide d'un exemple.

....

....

7 Indiquez comment Endurance Shop peut mesurer les effets de sa communication commerciale.

....

....

....

4 Publicité et copie stratégie

Pour atteindre les objectifs fixés par sa stratégie commerciale, Endurance Shop a mis en place une campagne de communication.

NOTIONS

Publicité : production et diffusion dans les médias de communications commerciales.
Message publicitaire : il se compose :
- d'une promesse : avantage procuré au consommateur ;
- de preuves (justifications de la promesse) ;
- d'un ton (humoristique, démonstratif, explicatif, dramatique, injonctif...).

DOC. 8 **La construction du message publicitaire d'Endurance Shop**

L'entreprise Endurance Shop a réalisé un spot vidéo publicitaire destiné à être diffusé à la télévision, sur des chaînes sportives, et sur les réseaux sociaux. Cette vidéo a été élaborée autour de deux objectifs : affirmer l'expertise d'Endurance Shop dans le domaine du *running*, mais aussi montrer que l'entreprise s'adapte aux besoins des amateurs de *running* qui vivent en ville.

VIDÉO + 1'49"
Endurance Shop : vivez l'expérience running !
www.lienmini.fr/31020-run

8 Présentez les caractéristiques et le mode de vie du personnage principal de cette vidéo. Quel est le public visé par ce spot publicitaire ?

....

....

....

....

9 Analysez la composition du message publicitaire d'Endurance Shop et son argumentation commerciale.

Message	Arguments
Promesse (avantage procuré au consommateur)	....
Preuves (justifications de la promesse)	....
Ton (humoristique, démonstratif, explicatif, dramatique, etc.)	....

10 Montrez que les choix publicitaires d'Endurance Shop sont adaptés à sa cible et à ses objectifs.

....

....

....

DOC. 9 La campagne d'affichage de la boutique Endurance Shop de Strasbourg

Pour faire connaître la boutique Endurance Shop de Strasbourg et attirer les clients, l'entreprise a mis en place pendant le mois d'avril une campagne d'affichage aux alentours du point de vente. Endurance Shop cherche à évaluer le rapport coût-efficacité de cette opération.

Nombre d'espaces publicitaires mobilisés	25 espaces d'affichage urbains dans le centre-ville de Strasbourg.
Coût de l'opération	25 000 € pour 3 semaines.
Chiffre d'affaires (CA) mensuel de la boutique	Avril : 35 000 €. Mai : 46 000 €. Juin : 47 000 €.
Taux de notoriété assisté (sondage auprès d'amateurs de *running*)	Mars : 17 % Mai : 32 %

Delagrave, 2022.

11 Appréciez l'efficacité de cette opération publicitaire au regard de son coût.

....

....

....

DOC. 10 Les éléments de la copie stratégie

- **L'objet** de la communication commerciale : produit, marque ou entreprise.
- **Les cibles** : sexe, âge, CSP, zone géographique, style de vie, etc.
- **Le ou les objectifs** : cognitif, affectif, conatif.
- **La promesse** faite à la cible : le ou les avantages procurés.
- **Les preuves** : caractéristiques du produit qui justifient cette promesse (*reason-why*).
- **Le ton** de la publicité : informatif, humoristique, dramatique, symbolique, démonstratif, etc.

Delagrave, 2022.

NOTION

Copie stratégie (de l'anglais *copy-strategy*) : document de travail permettant d'établir les différentes caractéristiques d'une campagne publicitaire à respecter pour assurer la cohérence globale de celle-ci.

DOC. 11 La campagne publicitaire d'Endurance Shop

Pour dynamiser les ventes l'an prochain, Endurance Shop souhaite réaliser une campagne de publicité nationale, qui serait diffusée dans plusieurs médias, sur l'expertise et l'univers de l'enseigne. L'entreprise espère ainsi augmenter sa notoriété et améliorer son image de marque. Léo, le nouveau responsable de la communication, décide de contacter plusieurs agences de publicité. Avant de les rencontrer, il doit préciser ses attentes. En effet, les agences lui demandent de fournir une copie stratégie.

Delagrave, 2022.

12 Proposez une copie stratégie pour la campagne publicitaire de l'entreprise Endurance Shop.

L'objet	....
Les cibles	....
Les objectifs	....
La promesse	....
Les preuves (caractéristiques du produit)	....
Le ton	....

L'ESSENTIEL

La valorisation de l'offre par la communication

SKETCHNOTE
Accédez à la vidéo
www.lienmini.fr/31020-sk12

OBSERVATION
ESSENTIEL
APPLICATIONS

1 Les objets de la communication commerciale

Ce sur quoi la communication porte

- Un **produit/service** de l'entreprise
- Une **marque**
- L'**entreprise** elle-même

2 Les cibles de la communication commerciale

Acheteurs, réels ou potentiels, ciblés par la communication

- Âge, sexe, etc.
- Zone géographique, CSP
- Style de vie, centres d'intérêt

3 Les objectifs de la communication commerciale

Influence espérée sur les cibles

- **Objectif cognitif :** faire connaître
- **Objectif affectif :** faire aimer
- **Objectif conatif :** faire agir

4 Publicité et copie stratégie

Publicité

Production et diffusion dans les médias de communications commerciales

- **Coût de l'opération de communication**
- **Efficacité de l'opération de communication** (évolution du chiffre d'affaires, croissance du taux de notoriété)

Copie stratégie (*copy-strategy*)

- Objet de la communication commerciale
- Cibles
- Objectifs
- Promesse faite à la cible
- Preuves ou caractéristiques du produit (*reason-why*)
- Ton de la publicité

→ **Agence de communication** (ou agence de publicité)

APPLICATIONS

QCM POUR COMMENCER
Testez vos connaissances avec ce QCM interactif à flasher !
www.lienmini.fr/31020-qcm12

APPLICATION 1 Déterminer l'objet d'une communication publicitaire

1. Identifiez l'objet de cette communication commerciale d'Air France (annexe 1). Justifiez votre réponse.
2. Identifiez l'objet de cette autre communication commerciale (annexe 2). Justifiez votre réponse.

Annexe 1 : Communication commerciale d'Air France

Annexe 2 : Communication commerciale d'Air France

APPLICATION 2 Identifier la cible d'une communication commerciale

Lancée en 2019, Ma French Bank est une banque en ligne, filiale à 100 % de La Banque Postale.

Annexe : Publicité de Ma French Bank

1. Observez les différents éléments de cette publicité de Ma French Bank. Identifiez la cible de cette campagne de communication.
2. Décrivez de façon détaillée la composition du message : code graphique et sens du texte, choix des couleurs, choix et signification de l'image.

APPLICATION 3 Analyser une communication commerciale

Autohero propose aux particuliers d'acheter en ligne une voiture d'occasion et de se faire livrer à domicile via un camion.

1. Indiquez l'objet de cette communication commerciale.
2. Déterminez le ou les objectifs de cette communication commerciale.

Annexe : Campagne de communication de Autohero

VIDÉO 0'20"
Les joueurs commandent une voiture au Parc
www.lienmini.fr/31020-auto

APPLICATION 4 Analyser une stratégie commerciale

Sodastream est spécialisée dans la fabrication d'appareils servant à fabriquer des sodas et de l'eau gazeuse par ajout de dioxyde de carbone.

1. Expliquez l'objectif de la communication commerciale de Sodastream (annexe 2).
2. Analysez le message de la publicité.
3. Montrez la cohérence entre la publicité présentée et la stratégie commerciale de Sodastream.

Annexe 1 : Sodastream : un concept novateur et écologique

[...] La marque se fait connaître à travers le monde et joue la carte de l'écoresponsabilité, bien avant beaucoup d'autres. Effectivement, les cylindres de CO_2 présents pour créer le gaz dans l'eau sont réutilisables. L'entreprise va au bout de son initiative en mettant en place des bouteilles et contenants de concentrés réemployables. Cela permet de diminuer la consommation et la pollution de déchets plastiques, notamment à l'origine du 7e continent. Autre avantage, la machine dite « pour aérer l'eau » s'utilise sans électricité. Elle ne consomme donc rien dans le ménage de la personne. C'est ainsi que la marque a créé des cercles vertueux aux tons écocitoyens. [...]

Agence CWA pour Le Monde Marketing.com, S. Marchand, 22 janvier 2021.

Annexe 2 : Spot TV Sodastream

VIDÉO 0'15"
Pub TV Sodastream
www.lienmini.fr/31020-soda

APPLICATION 5 Évaluer l'efficacité d'une campagne de communication

The New Music Shop est une entreprise spécialisée dans le e-commerce, distribuant grâce à son site marchand des produits utilisés dans la composition musicale assistée par ordinateur (MAO), tels que des logiciels de composition, des synthétiseurs, des instruments analogiques, etc.

1. Expliquez l'objectif de cette campagne de communication de New Music Shop.

2. Mesurez les résultats de cette campagne. Selon vous, est-elle efficace ? Pourquoi ?

Annexe 1 : La campagne de communication de New Music Shop

En 2021, l'entreprise a décidé de lancer une campagne de communication en ligne dans le but d'améliorer ses performances commerciales en 2022. Durant toute l'année, l'entreprise a acheté des espaces publicitaires (notamment sur YouTube, Facebook, des sites musicaux) afin de diffuser des spots publicitaires. Pour son budget publicitaire, l'entreprise a mobilisé la somme de 26 000 €. The New Music Shop souhaite à présent évaluer l'efficacité de cette campagne de communication.

Delagrave, 2022.

Annexe 2 : L'évolution des données commerciales de New Music Shop entre 2020 et 2022

	2020	2021	2022
Chiffre d'affaires HT	225 560 €	215 024 €	228 793 €
Marge commerciale	57 072 €	55 115 €	59 621 €
Budget de communication		26 000 €	

Delagrave, 2022.

Annexe 3 : L'évolution du nombre de visites sur le site Internet marchand de l'entreprise entre 2020 et 2022

	2020	2021	2022
Nombre de visiteurs	+ 2 %	- 4 %	+ 19 %
Nombre de nouveaux visiteurs	+1 %	- 9 %	+ 21 %
Temps moyen passé sur le site	2'24"	2'32"	2'22"

Delagrave, 2022.

QUESTION **3.1** Communiquer : quelle visibilité et quels médias pour valoriser l'offre ?

Chapitre 13

La diversité des formes de communication

NOTIONS

- Média.
- Support.
- Promotion des ventes.
- Marketing direct.
- Parrainage.
- Mécénat.
- Événement.

CAPACITÉS

- Analyser la pertinence et la complémentarité des différents moyens utilisables en fonction de la cible et des objectifs visés.

VIDÉO INTERACTIVE POUR COMMENCER

Le gluten, pourquoi c'est devenu un problème 2'30"
www.lienmini.fr/31020-ouv13

DÉCOUVRIR LE CONTEXTE La Biscuiterie Louisette

LA BICUITERIE Louisette

La Biscuiterie Louisette est une entreprise française spécialisée dans la fabrication et la commercialisation de biscuits. Réputée pour sa célèbre galette traditionnelle au beurre, l'entreprise propose une gamme variée de biscuits commercialisés en grandes et moyennes surfaces (GMS) dans toute la France. Installée en Normandie, elle possède deux usines dans la région et emploie une quarantaine de salariés. Pour faire face à une importante concurrence sur son marché, La Biscuiterie Louisette a décidé de se démarquer en proposant un nouveau produit : les galettes sans gluten.

Tina, titulaire d'un master 2 en Communication, est responsable de la communication commerciale de l'entreprise depuis quatre ans. Elle est en charge de la campagne de communication accompagnant le lancement des galettes sans gluten.

1. Quelle est l'offre de l'entreprise La Biscuiterie Louisette ? Quels sont ses choix de distribution ?
2. Quelle est, selon vous, la cible des communications commerciales de La Biscuiterie Louisette ?
3. Pourquoi La Biscuiterie Louisette a-t-elle développé les nouvelles galettes sans gluten ?

1 La diversité des médias

Pour accompagner le lancement des nouvelles galettes sans gluten, Tina souhaite mettre en place une campagne publicitaire. Vivement intéressée par la communication d'un des principaux concurrents de La Biscuiterie Louisette, elle cherche à s'en inspirer.

NOTION

Médias : moyens et techniques de diffusion massive de l'information. On distingue six grands médias : la télévision, le cinéma, la radio, la presse écrite, l'affichage et Internet.

DOC. 1 La campagne publicitaire d'un concurrent : St Michel

St Michel est le leader du segment des galettes grâce à son produit phare : les galettes St Michel. Toujours en veille sur les pratiques de la concurrence, Tina a recensé les différents médias utilisés par cette entreprise.

© Visuel publicitaire Galettes St Michel Bio juin 2019 – Illustration : Boris Zaion.

DOC. 2 Les six grands médias et leurs spécificités

Médias	Avantages	Inconvénients
Cinéma	- Adaptation au développement d'un message plus long - Ciblage par centre d'intérêts	- Audience de plus en plus restreinte
Télévision	- Très forte audience - Possibilité de ciblage en fonction des chaînes et des émissions	- Coût très élevé - Délais de réservation pouvant être très longs
Internet	- Ciblage très puissant - Faible coût pour une forte audience - Média en plein essor	- Maîtrise de l'image
Presse écrite	- Ciblage par centre d'intérêt et ciblage géographique	- Diminution des médias papiers au profit des médias en ligne
Affichage	- Audience urbaine - Ciblage géographique	- Ciblage sociologique difficile
Radio	- Média du « son » - Ciblage thématique et géographique - Faible coût	- Audience de plus en plus restreinte

1. Analysez le choix des médias retenus par l'entreprise St Michel en fonction de sa cible.

....

....

2. Indiquez la cible visée par Tina. Est-elle identique à celle des galettes St Michel ?

....

3. Quels choix de médias conseilleriez-vous à Tina pour sa campagne publicitaire ? Justifiez.

....

....

....

....

2 Les supports publicitaires

Le lancement des nouvelles galettes sans gluten approche. La direction de La Biscuiterie Louisette a retenu les trois médias proposés par Tina : la télévision, la presse écrite et le web.

NOTION

Support : canal de communication servant à la diffusion du message publicitaire.
Exemples : Média télévision - supports TF1, canal +, etc.
Média presse - supports *Le Monde, Le Figaro, L'Équipe*, etc.

DOC. 3 **Le choix des médias et des supports**

La Biscuiterie Louisette souhaite cibler un public très large, susceptible d'acheter des produits sans gluten en grande surface. Le média télévision permettrait d'obtenir une très forte audience tout en effectuant un ciblage relativement précis. Cependant, les coûts de diffusion de la télévision sont nettement plus élevés que ceux des autres médias. La Biscuiterie Louisette souhaite que sa publicité soit diffusée sur les supports suivants : France 2, France 5 et M6, si possible lors d'émissions culinaires ou aux heures des plus fortes audiences.

La direction de l'entreprise est convaincue que le média presse lui permettra de cibler plus précisément les consommateurs de produits sans gluten. Elle souhaite que ses publicités soient présentes dans les magazines d'alimentation ou de santé et charge Tina du choix des supports de presse.

La Biscuiterie Louisette sera également présente sur les réseaux sociaux, notamment Instagram et Facebook, afin d'interagir avec la communauté des consommateurs de produits sans gluten.

Delagrave, 2022.

4 Analysez la complémentarité des différents médias et supports choisis par l'entreprise.

....

....

....

....

....

5 À l'aide du document 4, calculez les montants attribués à chaque média pour la campagne publicitaire de La Biscuiterie Louisette.

....

....

....

6 Expliquez la part du budget attribuée au média télévision par rapport aux autres médias.

....

....

....

....

....

DOC. 4 **Le budget média de La Biscuiterie Louisette**

Tina doit désormais choisir des supports publicitaires adaptés en respectant un budget médias de 350 000 €, réparti selon le graphique joint.

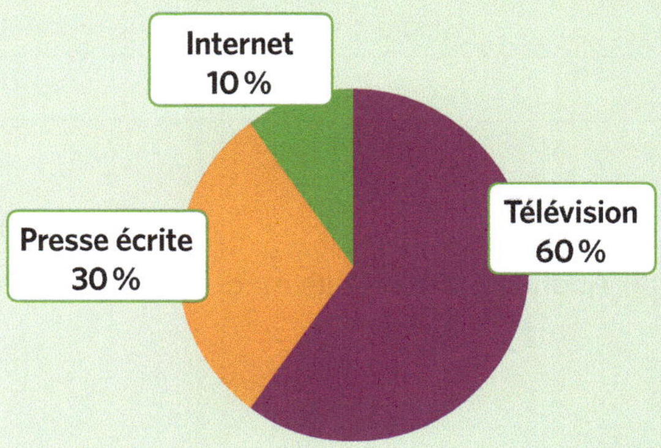

Delagrave, 2022.

DOC. 5 Supports presse écrite envisagés pour la campagne « Galettes sans gluten »

La Biscuiterie Louisette veut diffuser ses publicités auprès des personnes intolérantes au gluten. Tina a donc fait une sélection de quatre supports presse potentiellement utilisables.

Support	Nombre de lecteurs par an 2020[1]	Caractéristiques	Prix d'un espace publicitaire (1 page)[2]
Maxi Cuisine	108 184	Magasine de cuisine généraliste	19 500 €
Cuisine actuelle	90 705	Magasine de cuisine généraliste	18 500 €
Santé Magazine	290 244	Magazine de santé (médecine, alimentation…)	30 600 €
Vital Food	53 472	Recettes de cuisine et nutrition	10 600 €

1. Source : acpm.fr, 2021. **2.** Source : tarifspresse.com, 2022.

Delagrave, 2022.

7 Sélectionnez les deux supports les plus pertinents pour la campagne de La Biscuiterie Louisette (doc. 5). Justifiez votre réponse.

....

....

....

DOC. 6 Le médiaplanning de l'opération « Galettes sans gluten »

La Biscuiterie Louisette prévoit de commercialiser ses galettes sans gluten à partir du mois de mars dans l'ensemble des GMS référençant des gammes de produits sans gluten. Ce lancement s'accompagne d'une campagne publicitaire d'une durée de six mois.

NOTION

Médiaplanning : dans le cadre d'une campagne publicitaire, il présente les médias et supports devant être utilisés et la programmation des moments de diffusion.

Médias et supports	Mars	Avril	Mai	Juin	Juillet	Août
Médias télévision						
France 2						
France 5						
M6						
Médias presse écrite						
Santé Magazine						
Vital Food						
Médias Internet						
Instagram						
Facebook						

Delagrave, 2022.

8 Analysez la stratégie média de La Biscuiterie Louisette pour le lancement des galettes sans gluten.

....

....

....

....

3 La communication hors-média : la promotion des ventes

En complément de la campagne publicitaire mis en place dans les médias pour le lancement des nouvelles galettes sans gluten, Tina met en place d'autres moyens de communication.

NOTION

Promotions des ventes : modification temporaire de l'offre visant à susciter l'intérêt du consommateur.

DOC. 7 La promotion des ventes

La promotion des ventes regroupe l'ensemble des techniques de stimulation des ventes organisées autour d'une offre temporaire à destination du consommateur. Les principales techniques utilisées dans le cadre de la promotion des ventes sont les coupons ou bons de réduction, les primes promotionnelles, les réductions de prix, la vente par lot, les jeux-concours, les loteries, etc.

L'usage de la promotion des ventes répond à différents types d'objectifs :
- animer le réseau de distribution et soutenir les ventes d'un produit ;
- promouvoir le lancement d'un nouveau produit ;
- faciliter le déstockage d'un produit dont les ventes ralentissent.

B. Bathelot, www.definitions-marketing.com, 5 mars 2020

DOC. 8 La promotion des galettes sans gluten de La Biscuiterie Louisette

Pour dynamiser les ventes de ses nouvelles galettes sans gluten en grande surface et conquérir de nouveaux clients, l'entreprise La Biscuiterie Louisette a choisi d'utiliser la promotion des ventes. Durant les deux mois suivant le lancement des galettes sans gluten, une offre spéciale « 2 boîtes achetées + 1 offerte » sera proposée en rayon.

La Biscuiterie Louisette a déjà expérimenté ce type de promotion l'année précédente. Une offre sur les galettes traditionnelles a permis une amélioration des ventes de 9 % pendant la période de promotion.

Delagrave, 2022.

9 Expliquez l'intérêt de la promotion des ventes pour la Biscuiterie Louisette.

....

....

10 Cette opération représente-t-elle un coût pour l'entreprise La Biscuiterie Louisette ? Justifiez votre réponse.

....

....

....

....

....

OBSERVATION ESSENTIEL APPLICATIONS

4 La communication hors-média : le marketing direct

Pour soutenir le lancement de ses nouvelles galettes sans gluten, la direction de l'entreprise confie à Tina le soin de préparer une opération ciblée et personnalisée.

NOTION

Marketing direct : ensemble de méthodes et techniques de communication permettant d'établir un contact personnalisé ou individualisé entre l'entreprise et sa cible, à l'aide d'une base de données fiable et actualisée des clients existants ou des prospects.

DOC. 9 Les différentes techniques du marketing direct

Les campagnes de marketing direct s'appuient sur une règle essentielle : diffuser le bon message, à la bonne personne, au bon moment et au bon endroit. Un message individualisé associé à une offre personnalisée peut permettre d'obtenir un taux de retour élevé et des réponses rapides. C'est un excellent moyen de prospecter ou d'entretenir une relation durable avec les clients.

Les entreprises ont le choix entre plusieurs moyens de marketing direct :

– l'e-mailing : un courrier électronique personnalisé contenant une offre commerciale pouvant être lu sur différents supports (ordinateur, tablette, smartphone) ;

– le courrier postal, pour lequel le taux de mémorisation est élevé ;

– l'imprimé sans adresse (ISA) : distribution de publicités imprimées auprès de la cible (prospectus, flyers...) dans la rue ou dans les boîtes à lettres ;

– le phoning : contact téléphonique avec le client ;

– les messages par SMS ou MMS personnalisé, dont le taux de retour (proportion de personnes qui se rendent en magasin après avoir reçu un SMS) se situe en général entre 3 et 10 %.

Delagrave, 2022.

11 Surlignez dans le texte les différentes techniques de marketing direct.

12 Expliquez les avantages du marketing direct.

....

....

....

....

DOC. 10 Une action de marketing direct de La Biscuiterie Louisette

Pour soutenir le lancement de ses nouvelles galettes sans gluten, l'entreprise confie à Tina le soin de préparer une campagne de marketing direct. Celle-ci propose de mettre en place une opération de distribution d'un imprimé sans adresse (ISA) à l'entrée de quinze grandes surfaces en France pendant 3 jours.

Delagrave, 2022.

- **Contenu de l'ISA** : présentation des nouvelle galettes sans gluten et de l'offre limitée « 2 paquets achetés + 1 offert ».
- **Durée** : 3 jours.
- **Réalisation de l'opération** : une équipe de 3 animateurs par jour par grande surface (7 heures par jour).
- **Coût d'un animateur** : 180 € par jour, prestation de services fournie par une agence de *street marketing*.
- **Coût de création, d'édition et de livraison des ISA** : 2 900 €.

13 Indiquez la nature de l'opération de marketing direct mise en place par La Biscuiterie Louisette.

....

....

14 Calculez le coût total de cette opération pour La Biscuiterie Louisette.

....

....

5 La communication hors-média : l'événementiel

Afin d'augmenter sa visibilité, mais aussi d'améliorer son image de marque, La Biscuiterie Louisette prévoit d'organiser des événements commerciaux en dehors des lieux de vente de ses produits.

NOTION

Événementiel : la communication événementielle consiste à organiser des événements pour promouvoir l'offre de l'entreprise auprès de sa cible.

DOC. 11 La tournée du *Food Truck* de La Biscuiterie Louisette

Aux mois de mai et de juin, un camion de type *Food Truck* circulera dans toute la France pour présenter les produits de La Biscuiterie Louisette, en particulier les nouvelles galettes sans gluten. Le *Food Truck*, installé en centre-ville, permettra aux passants de participer à des initiations à la pâtisserie, mais aussi de déguster les différents produits de la biscuiterie.

Les cours de pâtisserie seront réalisés par des pâtissiers professionnels. Ils seront accompagnés de plusieurs animateurs en charge de l'animation de l'espace, des dégustations et des distributions d'échantillons.

La tournée du *Food Truck* La Biscuiterie Louisette comprendra plusieurs événements dans l'ensemble des grandes villes françaises : Paris, Lyon, Marseille, Strasbourg, Bordeaux, Nice, Lille. Au total, le *Food Truck* visitera 14 grandes villes. En amont de chaque événement, une communication ciblée sera réalisée grâce aux réseaux sociaux pour inciter le public à venir participer aux séances d'initiation à la pâtisserie.

Delagrave, 2022.

DOC. 12 Les objectifs de la communication événementielle

Les objectifs de la communication événementielle sont multiples. Elle peut permettre d'accroître la notoriété de l'entreprise ou de promouvoir ses produits et services. Il peut aussi s'agir d'améliorer son image aux yeux des employés (en interne) ou des consommateurs (en externe) en créant un lien affectif avec les participants. Par extension, la création de ce lien affectif peut permettre de fidéliser la clientèle et de l'inciter à l'achat. Sur certains événements, un produit peut être présenté en démonstration afin de le promouvoir en laissant les participants l'essayer. Ces derniers pourront ensuite en faire la promotion auprès de leurs proches en leur racontant l'événement.

www.evenement.com

15 Présentez les caractéristiques et les modalités de l'action de communication envisagée par La Biscuiterie Louisette.

....

....

16 Indiquez les deux objectifs prioritaires de cette action de communication événementielle.

....

....

....

17 Précisez les retombées de ce type d'opération une fois l'événement passé.

....

....

6 La communication hors-média : le parrainage et le mécénat

Toujours attentive aux pratiques de la concurrence, Tina a remarqué que l'entreprise St Michel utilisait d'autres moyens de communication, hors-média, qui font parler d'elle.

DOC. 13 **St Michel soutient le club professionnel de cyclisme Auber93**

Cette année encore, St Michel apportera son soutien à l'équipe cycliste professionnelle Auber93, notamment lors du championnat de France de cyclisme de route. Attirées par les valeurs positives que ce sport très médiatisé véhicule (performance, esprit d'équipe, dépassement de soi), de nombreuses entreprises parrainent des équipes cyclistes professionnelles et amateurs. La grande majorité des Français déclarent avoir une image positive du cyclisme. Certains évènements, comme le Tour de France, sont suivis par des millions de personnes en France et à l'étranger.

Delagrave, 2022.

NOTIONS

Parrainage : soutien matériel et/ou financier à une personne ou à une organisation en vue de promouvoir une marque et d'améliorer sa notoriété et son image.

Mécénat : soutien matériel et/ou financier à une personne ou à une organisation sans contrepartie de visibilité. En soutenant des activités sociales, culturelles ou sportives, le mécénat améliore l'image de l'entreprise.

18 Caractérisez le type de soutien (parrainage ou mécénat) apporté par l'entreprise St Michel à l'équipe cycliste Auber93.

19 Appréciez la pertinence du recours à cette forme de communication pour l'entreprise St Michel.

20 Expliquez les risques de cette opération de parrainage.

DOC. 14 **La Biscuiterie Louisette soutient Les Restos du Cœur**

Depuis quatre ans, La Biscuiterie Louisette apporte un soutien financier et livre des dons alimentaires à l'association Les Restaurants du Cœur de Normandie. En devenant partenaire de l'association, l'entreprise s'engage à ses côtés et mobilise ses compétences et ses ressources pour venir en aide aux plus démunis.

Delagrave, 2022.

LES RESTAURANTS DU COEUR
LES RELAIS DU COEUR

21 Caractérisez le type de soutien (parrainage ou mécénat) apporté par l'entreprise La Biscuiterie Louisette à l'association Les Restaurants du Cœur.

La diversité des formes de communication

SKETCHNOTE
Accédez à la vidéo
www.lienmini.fr/31020-sk13

1 La diversité des médias et des supports

Médias

Moyens techniques de diffusion massive de l'information

6 grands médias :
- Télévision
- Cinéma
- Radio
- Presse écrite
- Affichage
- Internet

Après avoir choisi un média, l'entreprise sélectionne un ou plusieurs supports publicitaires

Supports

Canaux de diffusion servant de support au message publicitaire

Ils permettent de diffuser ou d'afficher les publicités

2 La communication hors-média

La promotion des ventes

Modification temporaire de l'offre visant à susciter l'intérêt du consommateur

Avantages : augmentation du nombre de ventes, visibilité, fidélisation

Le marketing direct

Communication personnalisée de l'entreprise vers sa cible (publipostage, e-mailing, phoning, SMS/MMS…)

Avantages : interactivité, personnalisation, rapidité, mesurabilité

L'événementiel

Communication via des événements organisés par l'entreprise

Avantages : interactivité, amélioration de l'image, lien affectif avec la cible

Le parrainage et le mécénat

Soutien matériel et/ou financier apporté à un individu ou à une organisation

Avantages : amélioration de l'image, visibilité, finalité utile ou éthique

Complémentarité et cohérence des différents moyens de communication médias et hors-média utilisés (approche POEM)

APPLICATIONS

QCM POUR COMMENCER
Testez vos connaissances avec ce QCM interactif à flasher !
www.lienmini.fr/31020-qcm13

APPLICATION 1 Identifier les médias et les supports utilisés par l'entreprise Frichti

Récemment arrivée sur le marché de la livraison de repas, Frichti est une jeune entreprise française en plein développement. Elle propose des plats cuisinés à base de produits frais et de saison.

1. Décrivez l'originalité de l'offre commerciale de Frichti.
2. Identifiez les médias utilisés par Frichti pour sa campagne publicitaire.
3. Identifiez les supports choisis par Frichti pour sa campagne publicitaire.
4. Montrez la pertinence et la complémentarité de ces choix de médias et de supports.

Annexe 1 : Campagne de communication de Frichti sur le web et les réseaux sociaux

Le menu est composé de recettes simples, réalisées par des professionnels. Le prix d'un repas complet varie entre 10 et 14 euros, soit 30 % au-dessous de la moyenne des prix en restaurant.

VIDÉO 0'57''
Un jour on en a eu marre. Alors, on a inventé Frichti
www.lienmini.fr/31020-frichti

Annexe 2 : Campagne d'affichage de Frichti dans le métro parisien

APPLICATION 2 Analyser la complémentarité des moyens de communication média

Filou est une entreprise française spécialisée dans la production et la commercialisation de vêtement pour nouveaux nés et très jeunes enfants. Afin de développer son activité, l'entreprise souhaite mettre en place une campagne de communication média.

- Complétez le schéma en plaçant les numéros comme il convient.
  1. Diffusion d'une publicité télévisée sur M6
  2. Publications sur le site web de Filou
  3. Achat d'une page de publicité dans le magazine *boutchou*
  4. Interview dans le journal *Le Monde* de Inaya, responsable communication de l'entreprise

Annexe : L'approche POEM *(Paid, Owned and Earn Medias)*

Elle permet d'analyser la complémentarité des moyens de communication média.

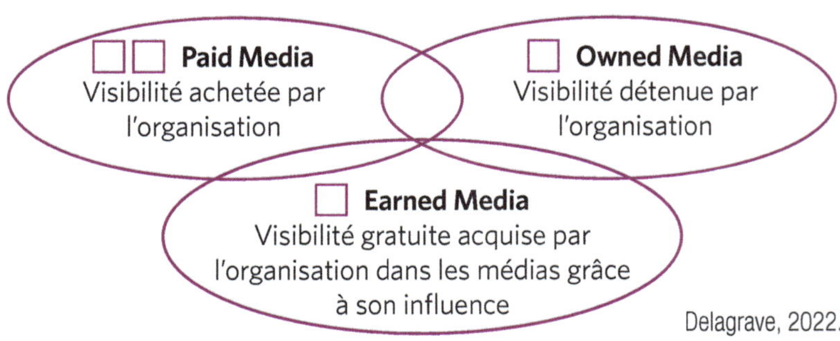

Delagrave, 2022.

APPLICATION 3 Analyser les objectifs d'une communication hors-média

Le groupe EDF est devenu le deuxième sponsor national des Jeux olympiques et paralympiques de Paris 2024, après la banque BPCE.

1. Identifiez le type de communication choisi par l'entreprise EDF.
2. Expliquez pourquoi ce partenariat est bénéfique pour les deux organisations.
3. Évaluez les risques de ce partenariat pour l'entreprise EDF.

Annexe : Le partenariat EDF-Paris 2024

Selon les estimations, le montant de ce type de partenariat se situe au-dessus de 100 millions d'euros. EDF sera aussi fournisseur officiel d'électricité et de gaz de Paris 2024. « L'ambition est de fournir 100 % de nos sites en électricité renouvelable », a déclaré le président du comité d'organisation des JO.

Déjà bien installé dans le paysage du sponsoring sportif, notamment avec l'équipe de France de football, EDF faisait partie des sponsors pressentis pour Paris 2024, surtout depuis l'échec des négociations avec le géant pétrolier Total, sur lequel la maire de Paris, Anne Hidalgo, avait mis son veto, à cause de sa mauvaise réputation sur le plan de l'environnement. Le groupe reste pour l'instant un champion du nucléaire mais se diversifie progressivement dans les énergies renouvelables et souhaite utiliser cet événement planétaire pour présenter cette nouvelle offre plus respectueuse de l'environnement.

« Paris 2024 : EDF devient le deuxième sponsor français des Jeux olympiques », www.lexpress.fr, 19 novembre 2019.

APPLICATION 4 Évaluer le potentiel d'une opération de communication hors-média

La marque Les 2 Vaches a mis en place une opération commerciale composée d'une animation en point de vente, d'offres promotionnelles (bons de réduction) et d'une modification du *packaging*.

1. Indiquez les objectifs de cette opération commerciale pour chacune des cibles visées.
2. Montrez la complémentarité entre l'animation sur le lieu de vente et les promotions pour atteindre cet objectif.
3. Calculez, en volume et en valeur, le chiffre d'affaires prévisionnel HT généré pendant la période promotionnelle.
4. Concluez sur la pertinence de cette opération commerciale.

Annexe 1 : Le rayon yaourts et produits laitiers

Selon une étude menée pour DistriScan, la durée moyenne passée par un acheteur dans le rayon yaourts et produits laitiers est de 1 minute et 45 secondes. C'est peu, au regard d'une offre qui compte presque 600 références. Il y a peu d'achats d'impulsion (14 %) et une part importante d'achats routiniers (80 %). Cependant, 65 % des acheteurs déclarent vouloir découvrir de nouveaux produits. 76 % considèrent qu'il y a un très grand choix mais que l'organisation du rayon ne facilite pas la découverte et l'achat de nouveautés. Par ailleurs, les clients précisent souvent qu'ils sont très sensibles aux offres promotionnelles et qu'ils associent de plus en plus leurs enfants dans leurs choix de consommation.

Delagrave, 2022.

APPLICATIONS

Annexe 2 : Les détails de l'opération commerciale Les 2 Vaches

– L'animation consistera à organiser, à proximité du point de vente (galerie marchande ou centre commercial), un atelier de cuisine permettant de faire découvrir des recettes gourmandes utilisant les produits de la marque. Un animateur réalisera, avec l'aide d'enfants, une variété de recettes, suivie d'une dégustation.
– L'opération de promotion consistera à distribuer un bon de réduction de 0,50 € à valoir sur l'achat des produits Les 2 Vaches. Ces bons de réduction seront remis aux clients à proximité du lieu de vente et de l'animation.
– La modification temporaire du *packaging* des produits intégrera des stickers à collectionner pour les enfants.

Cibles visées : les enfants et les parents.

Date : mercredi et samedi de la semaine 34.

Lieu : réseau GMS où sont commercialisés les produits Les 2 Vaches.

Données chiffrées prévisionnelles de l'opération commerciale Les 2 Vaches :
- Prix moyen de vente aux consommateurs de la marque : 3,22€ TTC.
- Offre promotionnelle : bon de réduction de 0,50€ sur l'achat d'un produit de la marque Les 2 Vaches.
- Quantité journalière vendue hors promotion : 150 000 unités.
- Coefficient d'élasticité de la demande par rapport au prix : - 1,07.
- Taux de TVA : 5,5 %.

Delagrave, 2022.

APPLICATION GRAND ORAL Se préparer progressivement à l'épreuve

Question 3.1 : Communiquer : quelle visibilité et quels médias pour valoriser l'offre ?

	Étapes de l'entraînement	Conseils
1	Collectez des informations sur la façon dont une organisation communique sur son offre.	- Je sélectionne, en fonction de leur intérêt, les informations relatives à la communication. - J'organise mes informations à l'aide de la fiche 2 p. 187.
2	Rédigez une fiche de synthèse de votre projet.	J'applique la méthode de la fiche 4 p. 189.
3	Formulez deux questions qui découlent de votre projet concernant cette communication. Appliquez les méthodes des fiches 10 et 11 p. 195-196.	Par exemple : - La communication est-elle adaptée à la cible visée par l'organisation ? ou - Les médias retenus par l'organisation contribuent-ils à donner de la visibilité à son offre et la valorisent-ils ?
4	Vérifiez que ces questions sont correctement posées. Justifiez les questions, c'est-à-dire démontrez-en l'intérêt.	J'effectue le test p. 197 Je précise quels sont les enjeux importants pour l'organisation.
5	Énoncez des arguments susceptibles d'apporter la réponse aux questions retenues.	J'applique la méthode de la fiche 3 p. 188.

QUESTION 3.2 Comment enrichir la relation client grâce au numérique ?

Chapitre 14

Les stratégies de fidélisation au service de la relation client

NOTIONS

- Facteurs de fidélité.
- Stratégie de fidélisation, programmes de fidélisation, valeur vie client (*Life Time Value*).
- Gestion de la relation client (*Customer Relationship Management*).

CAPACITÉS

- Analyser les politiques de fidélisation et en décrire les outils.

VIDÉO INTERACTIVE POUR COMMENCER
La maison intelligente 1'45''
www.lienmini.fr/31020-ouv14

DÉCOUVRIR LE CONTEXTE

La Maison intelligente

La Maison Intelligente LMI

Fondée en 2012, **La Maison intelligente** (LMI), est une enseigne spécialisée dans la commercialisation de produits de domotique : gestion de l'énergie, sécurité, chauffage, ventilation, etc. Elle distribue aussi toute une gamme d'appareils électroménagers connectés et de nombreux autres objets d'intérieur « intelligents ». L'entreprise dispose de 21 magasins, répartis sur tout le territoire français, et emploie aujourd'hui plus de 450 personnes.

Pionnière sur son marché, LMI a aujourd'hui de nombreux concurrents (Leroy Merlin, Fnac, Boulanger, etc.). L'entreprise mise sur une stratégie de fidélisation forte pour pérenniser et développer son chiffre d'affaires à long terme. Garder ses clients actuels est un objectif plus « rentable » que gagner de nouveaux clients.

Emma, diplômée en Marketing, a rejoint l'entreprise en tant que « responsable de la relation client », en charge du pilotage et du développement de la stratégie de fidélisation de l'enseigne LMI.

1. Quelle est l'offre de l'entreprise La Maison intelligente ?
2. Quelle est sa stratégie de distribution ?
3. Pourquoi met-elle en place une stratégie de fidélisation ?
4. Selon vous, pourquoi est-il plus rentable de fidéliser ses clients actuels que d'en gagner de nouveaux ?

OBSERVATION ESSENTIEL APPLICATIONS

1 Les facteurs de fidélité

Pour mieux comprendre les raisons qui expliquent la fidélité des clients, Emma souhaite analyser les différents facteurs qui y contribuent. Selon elle, la satisfaction que le client éprouve lors des expériences d'achats et de consommation est à la base d'un comportement fidèle. Cependant, tous les consommateurs satisfaits ne deviennent pas nécessairement fidèles.

1 Comment se caractérise la fidélité d'un consommateur ?

....

....

....

....

NOTION

Fidélité d'un consommateur vis-à-vis d'un bien ou d'un service: elle se traduit par des achats répétés. Un consommateur ne devient fidèle qu'après une expérience de consommation réussie.

2 Expliquez le lien entre satisfaction et fidélité.

....

....

....

....

DOC. 1 **PIX** **L'enquête de satisfaction auprès des clients de l'enseigne La Maison intelligente**

Réalisée en juin 2022 par un cabinet spécialisé en études marketing, cette enquête a permis à LMI de mieux connaître son image auprès de ses clients.

– *Échantillon de personnes interrogées : 2 000 clients de l'enseigne LMI.*
– *Lieux d'étude : 9 magasins dans 9 régions différentes.*
– *Durée de l'étude : 2 mois.*

• Raisons motivant le dernier achat de produit domotique ou d'objet connecté chez LMI (réponses multiples possibles) :

○ Conseils de professionnels, soutien technique	59 %
○ Proximité avec le lieu d'habitation	46 %
○ Disponibilité des produits	45 %
○ Services d'installation et de maintenance	45 %
○ Promotions et offres exceptionnelles	23 %
○ Rapport qualité-prix des produits	21 %
○ Qualité de l'accueil	19 %
○ Autres raisons	13 %

• Les expériences d'achats (recherche, achat, livraison, installation, utilisation) :

○ Bonnes expériences	92 %
○ Mauvaises expériences	6 %
○ Ne se prononcent pas	2 %

• La satisfaction des clients suite à leurs achats :

○ Satisfaits	88 %
○ Insatisfaits	5 %
○ Ne se prononcent pas	7 %

• L'intention de réachat :

○ Certainement	20 %
○ Probablement	58 %
○ Probablement pas	6 %
○ Certainement pas	1 %
○ Ne savent pas	15 %

Delagrave, 2022.

3 Évaluez le niveau de qualité de l'expérience d'achat, ainsi que le niveau de satisfaction des clients de l'enseigne La Maison intelligente (doc 1).

....

NOTION

Facteurs de fidélité : le facteur de fidélité principal est la satisfaction éprouvée par le consommateur lors de son expérience d'achat. Il existe d'autres facteurs, comme le rapport qualité-prix du produit et du point de vente, la notoriété et l'image, les services associés, l'attachement au point de vente ou encore les labels et les certifications.

4 Indiquez le niveau de fidélité des clients. Commentez ce résultat.

....

5 Indiquez les principaux facteurs explicatifs de la fidélité des clients de LMI.

....

DOC. 2 **La Maison intelligente, un service d'exception**

La Maison Intelligente LMI

Les avantages de La Maison intelligente

- ✔ Le meilleur des innovations domotiques
- ✔ Des conseils de pros pour vous aider dans vos choix
- ✔ Un service d'installation sur-mesure, à votre domicile, de tous nos produits domotiques
- ✔ Un service de maintenance et de dépannage technique à domicile

Extrait d'un flyer publicitaire de LMI.
Delagrave, 2022.

6 Identifiez les services associés proposés par LMI (doc. 2).

....

7 Expliquez l'impact de ces services associés sur la fidélité des clients.

....

2 Les stratégies de fidélisation

La direction de LMI demande à Emma de mettre en place un programme de fidélisation pour améliorer la performance commerciale de l'entreprise.

NOTION

Stratégies de fidélisation : elles ont pour objectif d'améliorer le chiffre d'affaires de l'entreprise et de maintenir une relation client de qualité. On distingue deux types de stratégies de fidélisation :
- **la stratégie de fidélisation induite**, qui consiste à contraindre le consommateur à racheter un bien ou un service par commodité ou par obligation contractuelle ;
- **la stratégie de fidélisation recherchée**, qui consiste à inciter le consommateur à racheter un bien ou un service parce qu'il est satisfait ou motivé par un programme de fidélisation.

DOC. 3 L'abonnement Garantie LMI

Pour renforcer la fidélité des clients de La Maison intelligente, Emma a mis en place un système d'abonnement à engagement annuel, nommé Garantie LMI. Moyennant une somme forfaitaire de 22 € par mois, le client bénéficie gratuitement des services de maintenance et de dépannage à domicile pour tous ses équipements domotiques achetés chez LMI.

En cas de problème avec le système de chauffage intelligent ou avec la fermeture automatique des accès, un technicien se déplace directement au domicile du client abonné au service Garantie LMI.

LMI est convaincue qu'un client qui recherche un nouvel équipement domotique lui sera très probablement fidèle s'il est abonné au service Garantie LMI.

Delagrave, 2022.

8 Caractérisez la stratégie de fidélisation choisie par Emma (doc. 3).

....

....

....

9 Expliquez l'intérêt de cette stratégie de fidélisation.

....

....

....

10 Indiquez sous quelle condition cette stratégie de fidélisation est efficace.

....

....

....

Toujours en quête de nouvelles idées, Emma observe les pratiques des concurrents directs, notamment celles du distributeur Boulanger.

DOC. 4 La carte b+ de Boulanger

Boulanger, distributeur spécialisé dans les produits électroniques, électroménagers, mais aussi domotiques, et dans les objets connectés, est un concurrent direct de LMI. Avec la carte b+, ce distributeur grand public fait bénéficier ses clients de solutions de financement, mais également d'avantages exclusifs grâce à son programme de fidélité, pour seulement 10 € par an.

Toute l'année, les achats rapportent aux clients des euros convertis en chèque fidélité.

Delagrave, 2022.

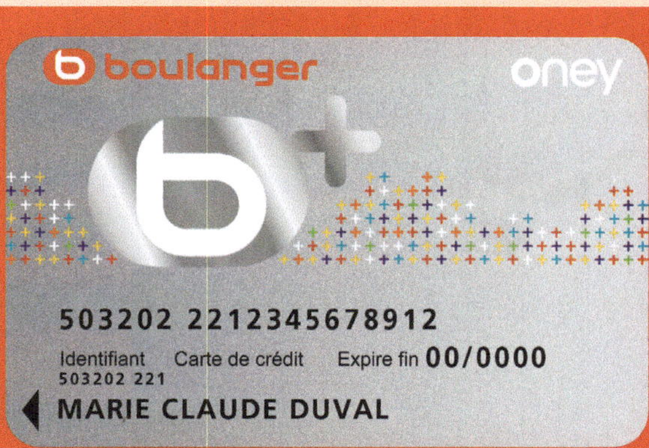

2 % de remise
Sur tous vos achats en magasin et sur boulanger.com

Offres spéciales
Avantages supplémentaires exclusifs pour les détenteurs de la carte b+

Avantages anniversaire
Une surprise vous attend pour votre anniversaire !

11 Expliquez comment la carte b+ de Boulanger permet d'améliorer la fidélité des consommateurs (doc. 4).

12 Caractérisez la stratégie de fidélisation choisie par le concurrent direct Boulanger.

13 Présentez l'intérêt de la stratégie de ce concurrent direct.

14 Présentez les limites de cette stratégie (doc. 5).

DOC. 5 Le témoignage d'un client de Boulanger

Lors de son passage en caisse, un client refuse la carte de fidélité proposée par l'hôtesse. « J'en ai déjà une douzaine qui encombrent mon porte-cartes. Si vous me proposez du cash immédiat, cela m'intéresse, mais si vous me promettez de vagues avantages pour plus tard, je ne suis pas intéressé. »

Delagrave, 2022.

3 Le programme de fidélisation

Inspirée par les pratiques des concurrents, Emma souhaite mettre en place un programme de fidélisation basé sur un système de carte individuelle. Le lancement de la nouvelle carte fidélité LMI sera accompagné d'une campagne de marketing direct (envoi de courriers personnalisés, e-mailing, catalogues papier et communication sur les réseaux sociaux).

NOTION

Programme de fidélisation : il est constitué de l'ensemble des actions de fidélisation de l'entreprise. Il existe une grande variété d'outils de fidélisation (carte de fidélité, avantages fidélité, etc.) et de méthodes de fidélisation (marketing direct, animation d'une communauté, etc.).

DOC. 6 Un nouveau programme de fidélisation : la carte LMI

Avantages de la carte LMI :

- Coût pour le client : 8 € par an ;
- Réduction de 5 % tous les 150 € d'achats en magasin ;
- 30 % de réduction sur une sélection de produits renouvelable chaque mois ;
- Un assistant domestique Google Home offert après la première année de fidélité.

Delagrave, 2022.

15 Expliquez comment cette nouvelle carte permet de renforcer la fidélité des clients.

DOC. 7 PIX Le courrier publicitaire de LMI

Chère Madame Durand,

LMI veut fêter votre anniversaire ! Cela fait longtemps que nous n'avons pas eu de vos nouvelles. C'est pourquoi nous aimerions vous offrir un cadeau : une remise exceptionnelle à découvrir ci-dessous.

À très bientôt,

L'équipe LMI

20 €
dès 100 € d'achats
Sur présentation de ce coupon et de votre carte fidélité en caisse.

REMISE IMMÉDIATE
dans votre magasin LMI
Offre valable jusqu'au 2 mai, réservée à Mme Rose Durand.
N° carte fidélité : 503202221234

Delagrave, 2022.

16 Relevez, dans ce courrier publicitaire :

- les expressions qui donnent l'impression au client d'être personnellement concerné ;

- les expressions qui rendent LMI plus proche de son client, plus humaine ;

- les éléments qui attirent l'attention.

17 Trouvez des arguments qui justifient l'intérêt de ce courrier dans un programme de fidélisation.

4 La mesure de la fidélisation : la valeur vie client

À la suite de la mise en place du programme de fidélisation, Emma s'interroge sur la rentabilité sur cinq ans d'une telle opération, qui entraîne des coûts. La communication commerciale qui a permis de recruter de nouveaux clients, détenteurs de la carte LMI, a mobilisé d'importantes ressources financières. Ce sera aussi le cas pour les futures opérations.

NOTION

La valeur vie client (*Life Time Value*) : somme des bénéfices attendus sur la « durée de vie » d'un client (durée durant laquelle la personne est cliente de l'entreprise). La valeur vie client permet d'appréhender les revenus générés par un client sur toute sa « durée de vie » et de les comparer aux dépenses et aux moyens mobilisés pour l'acquérir et le fidéliser.

DOC. 8 La performance du programme de fidélisation LMI

Emma a calculé la valeur vie des clients qui possèdent la carte LMI et la valeur vie de ceux qui ne la possèdent pas. Voici le détail des calculs de la valeur vie pour **100 clients détenteurs de la carte LMI**.

	Prévisions (en €)				
	Année 1	Année 2	Année 3	Année 4	Année 5
Nombre de clients	**100**	**80**	**70**	**60**	**50**
CA moyen par client (+ 5 % par an)	1 800	1 890	1 985	2 084	2 188
Chiffre d'affaires	180 000	151 200	138 915	125 024	109 396
Marge commerciale	63 000	53 000	49 000	44 000	38 000
Coûts de recrutement	17 000				
Coûts de fidélisation		4 500	4 500	4 500	4 500
Marge nette	46 000	48 500	44 500	39 500	33 500
Marge nette cumulée	46 000	94 500	139 000	178 500	212 000
Valeur vie client sur 5 ans (Marge nette cumulée au bout de 5 ans / Nombre de clients initial)					....

Delagrave, 2022.

18 Expliquez le calcul de la marge nette pour l'année 1, puis pour l'année 5.

....

....

....

19 Calculez la valeur vie client sur cinq ans pour un client fidèle détenteur de la carte LMI. Reportez ce résultat dans le document 8. Que représente ce résultat ?

....

....

....

20 Sachant que la valeur vie client sur cinq ans d'un client fidèle non détenteur de la carte LMI est de 2 100 €, quelles recommandations feriez-vous à Emma ?

....

....

....

....

OBSERVATION ESSENTIEL APPLICATIONS

5 La gestion de la relation client (GRC)

La Maison intelligente est réputée pour la qualité de ses conseils et pour l'intérêt porté à chaque client de l'enseigne. Les clients détenteurs d'équipements domotiques achetés chez LMI bénéficient d'un suivi personnalisé de la part de l'entreprise.

NOTION

Gestion de la relation client (GRC) (en anglais, *Customer Relationship Management*, ou CRM) : consiste à récolter, traiter et analyser les informations relatives aux clients en vue d'établir avec eux une communication personnalisée. Pour cela, l'entreprise utilise une base de données permettant de mieux connaître les clients.

21 D'après vous, quels sont les objectifs de la gestion de la relation client mise en œuvre chez LMI ?

....

....

....

....

22 Indiquez les moyens mobilisés par LMI pour mettre en place un système de gestion de la relation client.

....

....

....

....

....

....

....

23 Décrivez les méthodes utilisées par LMI pour gérer la relation client.

....

....

....

....

....

....

....

DOC. 9 Le service client de La Maison intelligente

Une fois par an, les clients sont contactés par téléphone pour un bref bilan. Cet entretien téléphonique permet d'évaluer la satisfaction des clients vis-à-vis de leurs équipements domotiques.

Ce suivi personnalisé a pour objectif de garantir une expérience d'utilisation optimale afin de maximiser la satisfaction des clients et, ainsi, renforcer leur fidélité. Pour faciliter la gestion de la relation client, chaque magasin LMI dispose de sa propre base de données clients et de son propre logiciel « CRM », adapté à son activité. Le dossier client permet, avant chaque appel, de faire un point sur les équipements de ce dernier afin de lui proposer une offre ou un service avec une réelle valeur ajoutée.

Par ailleurs, LMI a mis en place un système d'assistance technique en ligne grâce aux réseaux sociaux, où plusieurs conseillers professionnels répondent de façon individualisée aux questions des utilisateurs d'équipements domotiques et d'objets connectés. Cette procédure permet de poser une question rapide, sans avoir à contacter le service client.

Les conseils techniques en magasin et le suivi personnalisé réalisé par le service client sont les principaux atouts de LMI selon les clients de l'enseigne.

Delagrave, 2022.

24 Donnez des exemples d'informations fiables dont a besoin LMI pour assurer la gestion de la relation client.

....

....

....

....

....

L'ESSENTIEL

Les stratégies de fidélisation au service de la relation client

SKETCHNOTE
Accédez à la vidéo
www.lienmini.fr/31020-sk14

1 Les facteurs de fidélité

Fidélité du client

Les principaux facteurs explicatifs de la fidélité

L'**expérience** d'achat et de consommation et la **satisfaction** du consommateur

Les autres facteurs explicatifs de la fidélité

- Le **rapport qualité-prix** du produit et du point de vente
- L'**image** (qualité perçue) et la **notoriété**
- Les **services associés**
- L'**attachement au point de vente**
- Les **labels** et les **certifications**

2 Les stratégies de fidélisation

Les objectifs des stratégies de fidélisation

- Améliorer le chiffre d'affaires → Stratégie de fidélisation induite
- Améliorer l'image de l'entreprise → Stratégie de fidélisation recherchée

3 Le programme de fidélisation

Le programme de fidélisation

Ensemble des actions de fidélisation de l'entreprise

→ **Les outils de fidélisation**

- Carte fidélité, avantages fidélité…
- Personnalisation de la relation client grâce aux outils du marketing direct
- Animation d'une communauté (forum, parrainage, club consommateurs…)

4 La mesure de la fidélisation : la valeur vie client

L'évaluation de la valeur vie client *(Life Time Value)* → Indicateur prédictif permettant d'évaluer l'ensemble des recettes générées par un client au cours de sa relation avec l'entreprise

5 La gestion de la relation client (GRC)

La gestion de la relation client (GRC), ou *Customer Relationship Management (CRM)*, consiste à établir une relation durable et suivie avec les clients.
L'entreprise dispose d'une **base de données** permettant de mieux connaître ses clients.

APPLICATIONS

QCM POUR COMMENCER
Testez vos connaissances avec ce QCM interactif à flasher !
www.lienmini.fr/31020-qcm14

APPLICATION 1 Identifier les principaux facteurs de fidélisation

La baisse de fréquentation enregistrée lors de la crise sanitaire invite plus que jamais la compagnie aérienne Air-France à améliorer le niveau de satisfaction de ses clients.

1. Expliquez l'impact de l'expérience et de la satisfaction sur la fidélité des clients d'Air France.
2. Présentez les décisions prises par Air France pour améliorer la satisfaction de ses clients.

Annexe : Air France veut gagner la confiance des passagers

Vols retardés ou annulés, grèves, problèmes de bagages… Nombreux sont les désagréments pouvant laisser un très mauvais souvenir aux voyageurs fréquentant les aéroports. Une mauvaise expérience à l'aéroport ou dans l'avion peut rapidement conduire le client d'une compagnie aérienne à se tourner vers la concurrence. Et l'apparition de nouvelles contraintes liées à la crise sanitaire n'aident pas à améliorer l'expérience client.

Leader français du transport aérien, Air France a fait de la satisfaction de ses clients sa principale priorité. Depuis 2019, l'entreprise a cherché en permanence à optimiser la qualité de ses services, notamment la ponctualité de ses vols et la fluidité du parcours du client à l'aéroport, malgré les nouvelles contraintes sanitaires. En 2021, Air France a également décidé d'investir pour renouveler intégralement les cabines de sa flotte long-courrier afin d'améliorer le confort des passagers durant les vols.

Delagrave, 2022

APPLICATION 2 Identifier différents facteurs explicatifs de fidélité

Spécialisée dans la vente de vêtements prêt-à-porter, l'entreprise américaine NewWave cible principalement les jeunes grâce à un univers de marque bien pensé.

1. Identifiez les principaux facteurs explicatifs de la fidélité des clients de la marque NewWave.
2. Indiquez les autres facteurs pouvant expliquer la fidélité des clients de NewWave.

Annexe : Les atouts de la marque NewWave

Appréciée de nombreuses icônes de la musique et du sport, la marque NewWave est également une star des réseaux sociaux (plus d'un million de *followers* sur Instagram).

D'après une étude réalisée en mai 2020, la fidélité des clients de la marque NewWave s'explique essentiellement par son image et sa notoriété. 74 % des clients interrogés déclarent être attirés par la marque car elle est « connue », et 57 % des clients ont une image « très positive » de la marque. Les résultats de cette étude révèlent également un attachement des clients aux boutiques NewWave. La présentation des produits, la sympathie des vendeurs et l'ambiance générale des boutiques sont des éléments régulièrement évoqués

par les clients. Enfin, 30 % des personnes interrogées déclarent être fidèles à la marque NewWave en raison d'un rapport qualité-prix intéressant.

Delagrave, 2022.

APPLICATION 3 Analyser un programme de fidélisation

Intermarché est une enseigne française de grande distribution du groupe Les Mousquetaires fondé en 1969.

1. Caractérisez la stratégie de fidélisation choisie par Intermarché (annexe 1).
2. Présentez la méthode de fidélisation mise en place par Intermarché (annexe 2).
3. Analysez le double objectif de ce programme de fidélisation.

Annexe 1 : La carte de fidélité d'Intermarché

Avec notre carte de fidélité gratuite, cumulez des avantages en euros sur les fruits, les légumes et les produits Bio de nos marques, ainsi que sur des centaines de produits du quotidien.

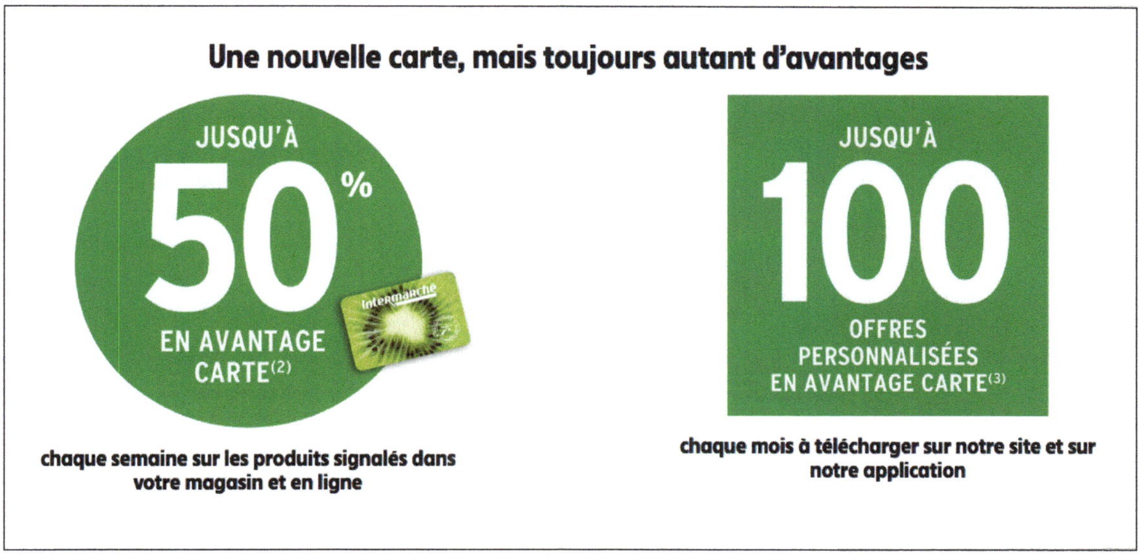

Annexe 2 : Le programme de fidélité d'Intermarché

VIDÉO 1'30"
Intermarché : la carte de fidélité
www.lienmini.fr/31020-intermarche

APPLICATIONS

APPLICATION 4 Utiliser l'indicateur valeur vie client pour justifier une stratégie de fidélisation

Le restaurant Fresh Snacks est spécialisé dans la restauration rapide à base d'aliments frais. Il s'approvisionne uniquement auprès de producteurs français, si possible locaux.

1. Comparez les coûts de recrutement et de fidélisation des deux programmes en projet chez Fresh Snacks (annexe 1).

2. Complétez les prévisions de Laurent, responsable marketing et calculez la valeur vie client sur cinq ans pour chacun des programmes de fidélisation. Précisez vos méthodes de calculs (annexes 1 et 2).

3. Quelles recommandations feriez-vous à Laurent quant au choix du programme de fidélisation à mettre en place ?

Annexe 1 : Les projets de programmes de fidélisation de Fresh Snacks

Cette année, l'enseigne souhaite développer ses ventes en renforçant la fidélité de ses principaux clients : les étudiants. Laurent, responsable marketing de l'enseigne, hésite entre deux programmes de fidélisation à mettre en place :

– **Programme de fidélisation n° 1** : une carte de fidélité « étudiant » permettant de cumuler 1 point par euro dépensé. Le cumul de ces points donne accès à des avantages fidélité (1 dessert ou 1 boisson offerte, 1 repas offert, 1 bon d'achat chez un commerçant partenaire, etc.).

– **Programme de fidélisation n° 2** : une carte de fidélité « étudiant » offrant 1 repas gratuit pour 10 repas achetés.

Afin de tester ces deux programmes de fidélisation, Laurent a décidé de les mettre en place pendant un an dans deux restaurants différents.
Cependant, ses prévisions sont incomplètes.

Delagrave, 2022.

Annexe 2 : Simulations des projets de programmes de fidélisation de Fresh Snacks

• **Résultats du programme de fidélisation n° 1 au bout d'un an et prévisions sur cinq ans** (en €)

	Année 1	Année 2	Année 3	Année 4	Année 5
Nombre de clients	**352**	320	300	280	275
CA moyen par client (+ 5 % par an)	**8,51**	8,94	9,38	9,85	10,34
Chiffre d'affaires	**2 995,52**	2 859,36	2 814,68	2 758,39	2 844,59
Marge commerciale	**748,88**	714,84	703,67	689,60	711,15
Coûts de recrutement	**1 500**				
Coûts de fidélisation		300	300	300	300
Marge nette	**- 751,12**				
Marge nette cumulée	**- 751,12**				
				Valeur vie client sur 5 ans	

• **Résultats du programme de fidélisation n° 2 au bout d'un an et prévisions sur cinq ans** (en €)

	Année 1	Année 2	Année 3	Année 4	Année 5
Nombre de clients	**423**	375	350	330	325
CA moyen par client (+ 5 % par an)	**7,52**	7,90	8,29	8,71	9,14
Chiffre d'affaires	**3180,96**	2 961,00	2 901,78	2 872,76	2 970,70
Marge commerciale	**795,24**	740,25	725,45	718,19	742,67
Coûts de recrutement	**900,00**				
Coûts de fidélisation		350,00	350,00	350,00	350,00
Marge nette	**- 104,76**				
Marge nette cumulée	**- 104,76**				
				Valeur vie client sur 5 ans	

Delagrave, 2022.

QUESTION 3.2 Comment enrichir la relation client grâce au numérique ?

Chapitre 15

La communication numérique et participative

NOTIONS

- Communication numérique.
- Marketing d'influence.
- *Community management*.
- Management de l'expérience client.

CAPACITÉS

- Mesurer l'influence de la communication numérique.
- Évaluer les actions de communication.

VIDÉO INTERACTIVE POUR COMMENCER

Sézane : une journée avec Morgane Sézalory 2'14''
www.lienmini.fr/31020-ouv15

DÉCOUVRIR LE CONTEXTE Sézane

En 2013, Morgane Sézalory a créé **Sézane**, une marque de prêt-à-porter féminin. Sa réussite repose sur son site de vente en ligne, associé aux *showrooms* chics où les clients peuvent essayer les articles, demander des retouches ou commander en ligne, sur des bornes dédiées. La marque possède une vraie identité numérique, caractérisée par une présence constante sur les réseaux sociaux, qu'elle alimente soigneusement. C'est là que se trouve sa cible : les femmes trentenaires ultraconnectées. Autres rendez-vous réguliers de la marque : les deux collections annuelles et les micro collections mensuelles en édition limitée, dont le stock est rapidement épuisé. Sézane mise aussi sur l'emballage soigné de ses produits, qui incite chaque cliente à partager les photographies de ses achats sur les réseaux sociaux. Depuis 2015, la marque a développé des points de vente physiques à Paris, Aix-en-Provence, Lille, New York et Londres.

1. Décrivez le concept de la marque Sézane puis identifiez sa cible.
2. Relevez les points forts de la marque.
3. Identifiez les éléments sur lesquels repose la communication de la marque.

1 Le parcours client à l'ère du digital

Avec le développement du numérique, les clients de la marque Sézane sont de plus en plus connectés. Grâce aux outils numériques, ils trouvent facilement les informations sur un produit ou un service. Chaque client adopte son parcours particulier.

NOTION

Parcours client : chemin emprunté par le client entre le moment où il réalise qu'il a besoin d'un produit ou d'un service et le moment où il effectue l'achat. La digitalisation a transformé le parcours client et impose désormais une communication de l'offre ***online*** et ***offline***.

DOC. 1 Le parcours client type de la marque Sézane

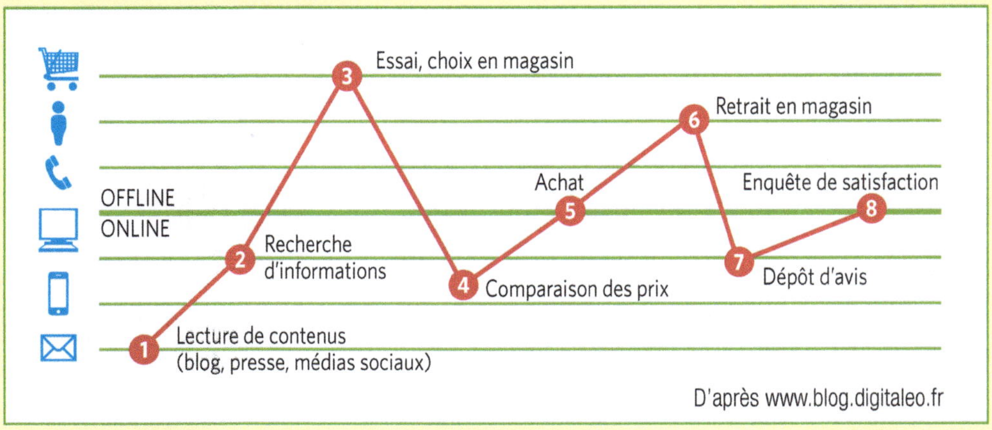

D'après www.blog.digitaleo.fr

1 Montrez l'importance du numérique dans le parcours d'un client de la marque Sézane, en complétant le tableau suivant.

Étapes du parcours	Supports numériques	Outils
1 Naissance du besoin	Blog, presse, médias sociaux	Ordinateur, tablette, téléphone portable
2 Recherche d'informations	....	....
3 Essai, choix en magasin	....	....
4 Comparaison des prix	....	....
5 Achat	....	....
6 Retrait en magasin	....	....
7 Avis du client	....	....
8 Enquête de satisfaction	....	....

DOC. 2 Le digital, une priorité chez Sézane

Dans l'appartement Sézane, les clientes prolongent l'expérience web. Elles peuvent essayer les 300 références des collections biannuelles de la marque. L'achat se fait sur l'e-shop, à l'aide des ordinateurs ou des tablettes mis à disposition des clientes.

Delagrave, 2022.

2 Décrivez le prolongement de l'expérience digitale du client dans l'appartement Sézane, après la découverte des produits sur les réseaux sociaux, et jusqu'à la commande.

....

....

....

....

DOC. 3 Des services complémentaires en *click & collect*

En complément de l'Appartement, Sézane propose un comptoir (appelé L'Atelier Sézane) où il est possible de venir récupérer un colis, commandé depuis chez soi, de l'ouvrir sur place, d'essayer le produit dans les cabines à disposition et de se faire immédiatement rembourser si on souhaite un retour. Tout est prévu pour améliorer l'expérience vécue du client. Il y a également un service de retouche réparation, de recyclage de vêtements, de machines à coudre en libre-service.

Delagrave, 2022.

3 Expliquez en quoi consiste le *click & collect*. Précisez l'avantage qu'en retire Sézane.

....

....

....

....

2 Les pratiques du *community management*

L'entreprise Sézane développe une communication individualisée avec ses clients qui passe exclusivement par le numérique.

NOTION

Communication numérique : ensemble des échanges entre l'entreprise et ses clients transmis *via* tous les supports que propose l'environnement numérique.

DOC. 4 La stratégie du « tout en ligne » de Sézane

Morgane Sézalory est une ancienne blogueuse qui interpellait ses lectrices en leur demandant leurs avis sur ses dernières trouvailles dénichées en friperie. Le succès de ce blog l'a incité à créer sa propre marque en ligne. Son site met en valeur les produits grâce à des photographies attractives. La version mobile est élégante et les nouvelles collections apparaissent tout en couleur.

La marque est visible sur les réseaux sociaux. Elle compte 670 000 abonnés sur Facebook, 13 800 sur Twitter mais le réseau social le plus utilisé est Instagram avec 2,2 millions d'abonnés. Sur ce réseau, ce sont directement les clientes qui commentent, aiment ou partagent les publications mises à jour régulièrement par la créatrice. Des photos en avant-première sur les futures collections et quelques informations sur sa vie privée (recettes de cuisine, films à voir…) attirent la communauté très engagée de la marque.

Delagrave, 2022.

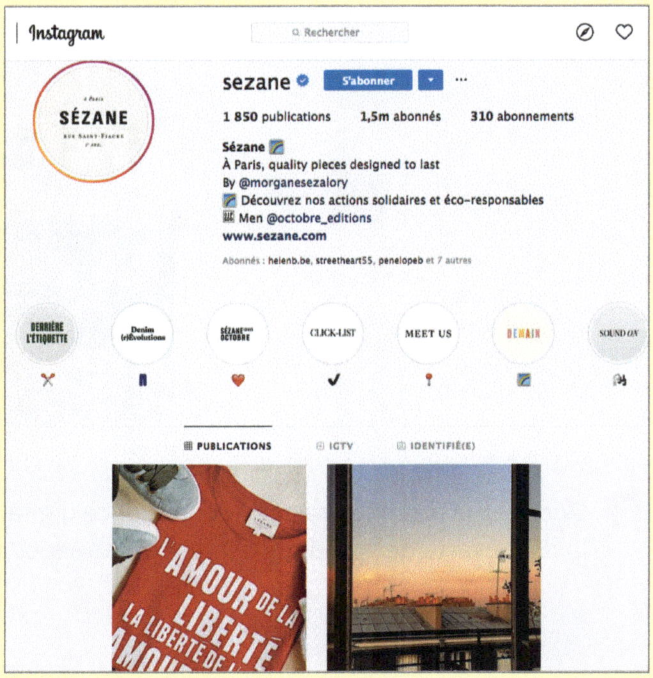

4 Identifiez les outils digitaux utilisés par Sézane pour communiquer.

....

5 Listez les réseaux sociaux sur lesquels la marque est présente.

....

6 Expliquez la technique utilisée par Morgane, la créatrice de la marque, pour créer une relation privilégiée avec ses clientes.

....

....

....

DOC. 5 Le *brand content* de la communication de Sézane

Sézane s'est construite uniquement autour du storytelling. Avec la newsletter, rédigée comme un mail à un ami, ainsi que le compte Instagram Sézane et son propre compte personnel, la créatrice de la marque s'adresse à ses clientes comme une sœur, une collègue. Elle est très active sur les réseaux sociaux et n'hésite pas à dévoiler ses doutes, ses erreurs, ce qu'il se passe dans les « coulisses » de la marque, en plus de toutes les actualités. Instagram permet de créer cette connivence et ce sentiment d'appartenance à la marque. L'interaction avec sa communauté est essentielle dans la stratégie de communication de cette *Fashion Native Digital Brand*.

Delagrave, 2022.

NOTIONS

***Community management* :** ensemble des actions qui permettent d'animer et de fédérer des communautés sur Internet.

***Brand content* :** ou « contenu de marque ». Contenus éditoriaux (vidéos d'expériences, conseils, tutoriels vidéo, articles pratiques, forums, reportages, etc.) proposés sur Internet, sur des supports papier ou à la télévision.

***Storytelling* :** ou « communication narrative ». Fait de raconter une histoire, plutôt que de mettre en avant des arguments d'une marque ou d'un produit. La technique du *storytelling* capte l'attention et suscite l'émotion grâce aux histoires, réelles ou imaginaires, liées à la marque ou au produit.

7 Expliquez le terme : *Fashion Native Digital Brand.*

....

....

....

8 Expliquez pourquoi la communication de Sézane repose sur le storytelling.

....

....

....

....

....

....

DOC. 6 Les ambassadrices de marques

Stylées, ultraconnectées, abordables et au centre de toutes les attentions : voilà comment on pourrait décrire les nouvelles influenceuses de la mode. Aujourd'hui, ce sont elles qui lancent les tendances, et les marques en raffolent. Entre deux partenariats, les influenceuses (mais aussi les « blogueuses mode ») s'affichent au premier rang des défilés, créent leurs propres collections de vêtements et postent des selfies avec les créateurs, devenus leurs meilleurs amis.

Elles ont connu le succès grâce à leurs blogs ou aux réseaux sociaux, là où les *followers* se comptent par dizaine de milliers. Comme des bonnes copines, elles racontent leurs journées, donnent leur avis et inondent leurs comptes Instagram de « looks » ou de bons plans.

Victoria Lasserre, Charlotte Darnige, www.cosmopolitan.fr, 27 juin 2019.

NOTION

Marketing d'influence : ensemble des pratiques qui visent à utiliser les recommandations d'« influenceurs ».

Kenza Sadoun, blogueuse mode

9 Définissez le terme « influenceur(euse) ».

....

....

....

....

....

....

....

10 Recensez les outils de communication utilisés par les influenceur(euse)s.

....

....

....

11 Recherchez les avantages qu'en retirent les marques.

DOC. 7 Le *shoppable media*

Les réseaux sociaux et la mode font bon ménage. Instagram propose différentes fonctionnalités, appelées *shoppable media*, permettant aux utilisateurs de faciliter leur achat : affichage du prix d'un vêtement sur une photo, redirection directe vers l'e-shop par exemple.

Delagrave, 2022.

DOC. 8 L'assistance vocale

Les marques installent sur leur site une assistance vocale, ou *chatbot*, qui permet, grâce à des assistants virtuels, de communiquer avec le client et de répondre à ses questions.

Delagrave, 2022.

12 Listez les outils marketing mis en place par les entreprises pour accompagner les clients dans leur parcours d'achat.

13 Décrivez le fonctionnement de ces outils.

14 Expliquez ce que ces outils apportent à l'entreprise.

3 La mesure de l'efficacité des actions de communication numérique

Le digital permet, d'une part, de créer du trafic et, d'autre part, de recueillir des informations sur les clients. Il est indispensable pour une marque comme Sézane de mesurer l'impact de sa présence sur les réseaux sociaux.

NOTIONS

Social selling : utilisation des réseaux sociaux dans le processus de vente d'un produit.
KPI : *Key Performance Indicators* ou indicateurs de performances, ce sont les facteurs pris en compte pour mesurer l'efficacité globale d'un dispositif ou d'une action commerciale ou marketing.

DOC. 9 Générer du trafic grâce aux réseaux sociaux : le *social selling* de Sézane

Sur les deux dernières années, en France, les réseaux sociaux ont généré 390 000 visites sur le site de la marque Sézane, représentant 7,5 % du trafic total (sur ordinateurs). L'infographie ci-dessous montre les parts de trafic captées par la marque grâce à chaque réseau social.

- **Facebook** est en tête, avec près de 72 % du trafic effectué grâce aux réseaux sociaux. La marque est très visible sur le réseau, avec près de 600 000 *likes*.
- **Pinterest** suit, avec près de 14,5 % du trafic capté grâce aux réseaux. Véritable aubaine pour les marques de mode, Sézane interagit avec environ 70 000 abonnés.
- **Instagram**, comme Pinterest, aide les entreprises à mettre leurs valeurs et leurs produits en avant. La marque le sait et Instagram génère plus de 6 % de son trafic, notamment grâce à ses 1,2 million d'abonnés.
- **YouTube** et une stratégie vidéo se sont révélées incontournables pour les e-commerçants, amenant Sézane à effectuer une communication professionnelle sur la plateforme vidéo, générant plus de 5 % de son trafic sur les réseaux sociaux.
- Comme beaucoup d'autres marques, Sézane est présente sur **Twitter**, qui lui amène près de 1 % de son trafic sur les réseaux, avec l'aide de ses 12 700 abonnés.

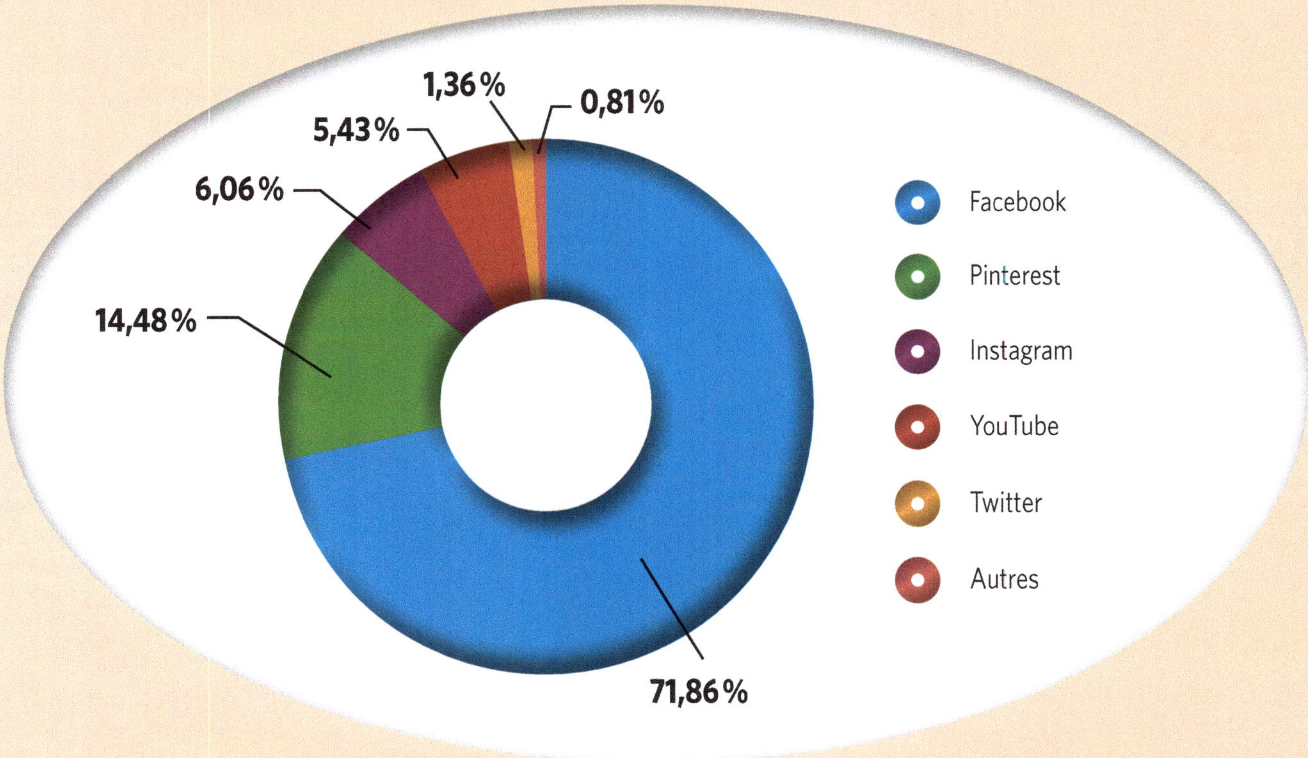

Charlotte Rolland, « Sézane, marque à la française : un e-commerce dédié à la mode durable », www.ecommerce-nation.fr, 28 juin 2019.

15 Relevez les indicateurs qui montrent l'importance des différents réseaux sociaux dans l'activité Internet de Sézane.

....

....

....

....

....

16 À partir du document 9, complétez le tableau suivant et déduisez quels sont les réseaux sociaux les plus efficaces pour la communication de Sézane.

Noms des réseaux sociaux	Contenus	Cibles	Indicateurs de mesure de l'efficacité	Trafic généré
Facebook	Photographies, vidéos, discussions.	Les jeunes, qui trouvent le réseau vieillissant et le délaissent.	Nombre de *likes* : 600 000.	....
Pinterest	Photographies.	Adultes et jeunes adultes.	Nombre d'abonnés : 70 000.	....
Instagram	Photographies, vidéos.	Jeunes.	Nombre d'abonnés : 1,2 million.	....
YouTube	Vidéos.	....		5,43 %
Twitter	Messages courts.	Jeunes.	Nombre d'abonnés : 12 700.	....

....

....

....

DOC. 10 **PIX** **Les outils de suivi d'un client sur Internet**

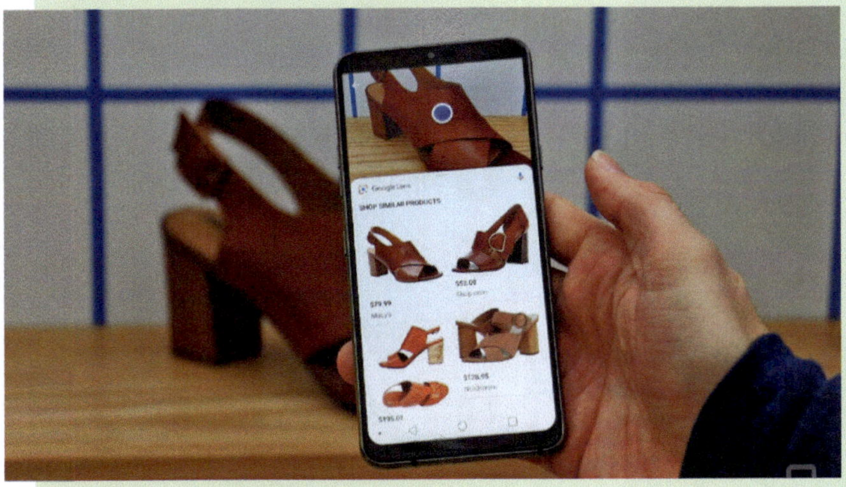

Aujourd'hui, avec l'explosion des réseaux sociaux, on peut recevoir de nombreuses données en très peu de temps grâce au *tracking* (suivi ou pistage) du consommateur. Le *tracking* permet d'enregistrer son comportement sur Internet, à l'aide des cookies. Un logiciel de reconnaissance d'images permet d'analyser les images publiées sur les réseaux sociaux et de prévoir ainsi les tendances de consommation, par pays et par type de clientèle.

Delagrave, 2022.

17 Effectuez des recherches sur Internet puis expliquez le fonctionnement des cookies et leur utilité pour les services de marketing.

....

....

18 Précisez quels sont les outils qui permettent de prédire le comportement du client et les tendances de consommation.

....

....

....

L'ESSENTIEL

La communication numérique et participative

SKETCHNOTE
Accédez à la vidéo
www.lienmini.fr/31020-sk15

1 Le parcours client à l'ère du digital

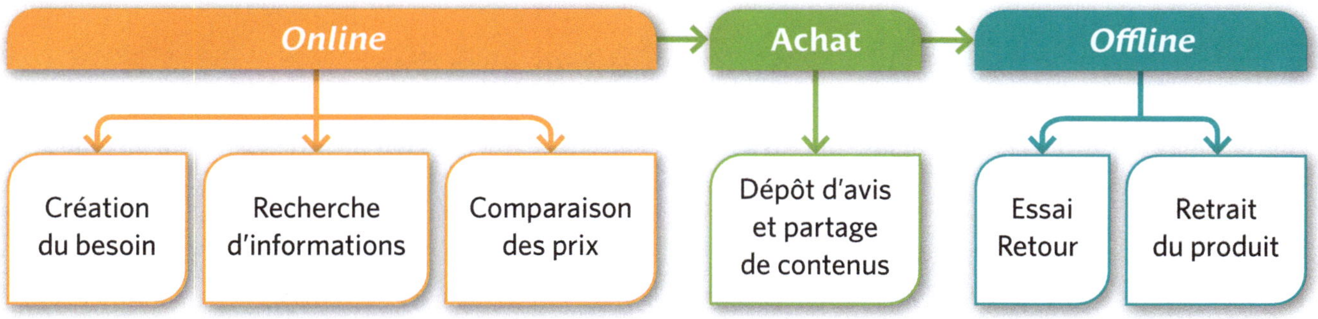

2 Les pratiques du *community management*

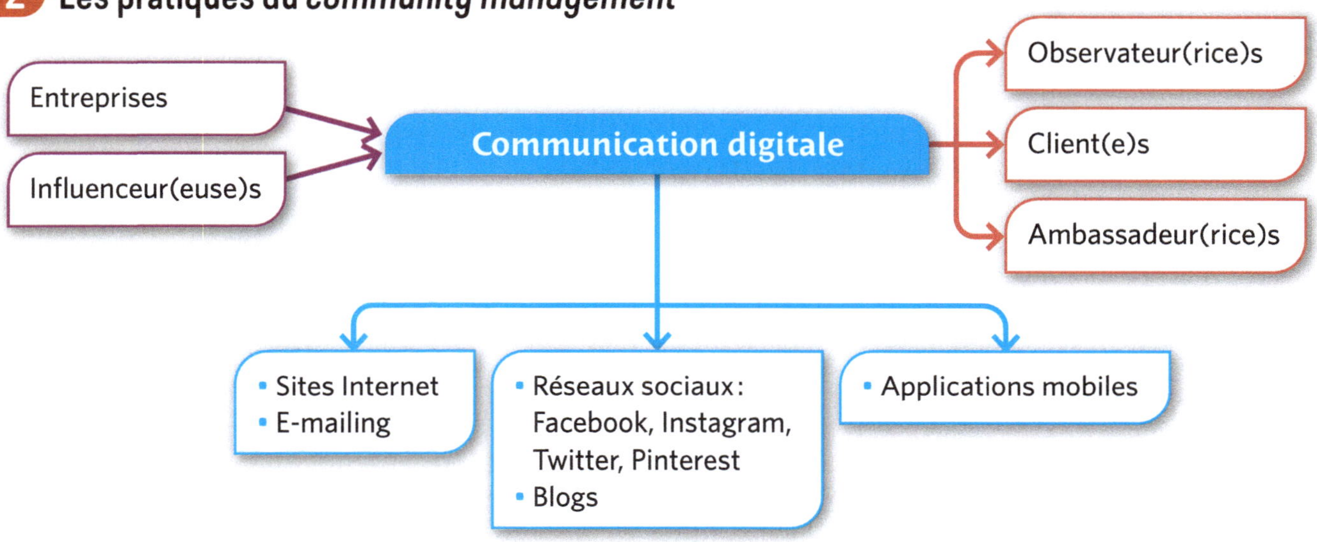

Les outils de suivi

- *Tracking*
- Reconnaissance d'images

Les outils d'assistance

- *Chatbot*
- Assistance vocale
- *Shoppable media*

3 La mesure de l'efficacité des actions de communication numérique

Les *Key Performance Indicators (KPI)* : les indicateurs de performance

- Nombre d'abonnés, de *followers*
- Nombre de partages, de *likes*, de commentaires
- Nombre de *leads* : premier contact sur les réseaux sociaux
- Nombre de clics sur une page
- Taux d'ouverture : nombre d'ouvertures de la page / nombre d'envois x 100
- Taux de conversion : nombre de visiteurs ayant effectué une action / nombre total de visiteurs x 100
- Coût par *lead* : montant des dépenses e-marketing / nombre de *leads* engagés

APPLICATIONS

QCM POUR COMMENCER
Testez vos connaissances avec ce QCM interactif à flasher !
www.lienmini.fr/31020-qcm15

APPLICATION 1 Découvrir différents outils digitaux chez Ikea

Dans ses magasins, Ikea facilite le parcours d'achat de ses clients en mettant à leur disposition de plus en plus d'outils numériques.

1. Expliquez comment Ikea a transformé le *click and collect* durant la période de confinement.
2. Relevez les outils digitaux mis en place par Ikea à partir de l'application.
3. Expliquez pourquoi Ikea a renoncé à publier un catalogue papier.

Annexe 1 : L'application Ikea

VIDÉO 0'30"
Ikea, payez sans attendre
www.lienmini.fr/31020-appli

Annexe 2 : Ikea se digitalise davantage avec la crise sanitaire

L'entreprise Ikea a mobilisé la créativité de ses équipes dans la période de confinement. Pour ce faire, ils ont adapté le service *Click and Collect* pour devenir un service *Drive* avec livraison sur le parking des magasins. D'ici la fin 2020, Ikea France prévoyait de déployer un service de paiement *Shop and Go* dans tous ses magasins, après un premier test réussi à Lille.

Le service est prévu pour diviser par trois le temps de passage en caisse. Le client scanne avec l'application Ikea les produits qui sont dotés d'un QR code et paye à une caisse totalement dédiée. Afin de faciliter le repérage en magasin, Ikea annonce qu'il travaille sur un système de géo-localisation des produits grâce à la réalité augmentée. Elle guidera le client dans les points de vente.

Ikea veut également diversifier ses points de contact et poursuivre sa stratégie de pénétration des centres-villes avec de nouveaux formats en France. Ikea a donc ouvert un atelier de conception en septembre 2020, dans le centre-ville de Nice. Pour planifier les achats complexes tels que la cuisine, les rangements, etc., on prend rendez-vous avec un vendeur pour partager son projet *on line* et / ou physiquement.

Ikea France a simplifié également son service de reprise de meubles d'occasion depuis septembre 2020. Les clients accèdent immédiatement au prix de reprise de leurs meubles. Ainsi ils peuvent les rapporter au magasin de leur choix, en échange d'un bon d'achat.

Fin 2020, Ikea a annoncé la fin de la publication de son catalogue papier. Vous avez bien lu, un des totems du marketing d'Ikea va être supprimé, les usages s'étant déplacés sur la recherche en digital.

Philippe Neveu, Different FactorY, www.differentfactory.com

APPLICATION 2 Analyser un exemple de création de contenus de marque

Le *storytelling* consiste à raconter une histoire mettant en scène une marque ou un produit.

1. Recherchez quelles sont les différences entre un *storytelling* et une publicité télévisuelle traditionnelle (annexe 1).
2. Expliquez chacun des verbes cités dans le schéma de l'annexe 2.

Annexe 1 : Un exemple de *storytelling* : Intersport

VIDÉO 1'40"
Le sport, la plus belle des rencontres - Spot TV Intersport
www.lienmini.fr/31020-intersport

Annexe 2 : Comment transformer un prospect en client ?

L'*inbound marketing* est une stratégie qui permet à une marque d'attirer des clients potentiels plutôt que de faire de la publicité classique pour ses produits ou services. L'objectif est de faire venir des prospects dans sa boutique ou sur son site Internet en créant un contenu attractif, comme le *storytelling*, diffusé par le biais de blogs, de réseaux sociaux ou de moteurs de recherche. Une fois familiarisés avec la marque, les visiteurs deviennent des clients.

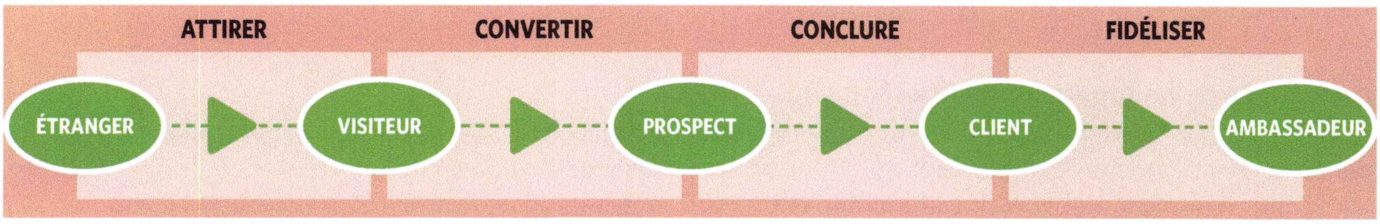

Delagrave, 2022.

APPLICATION 3 Analyser l'usage d'un réseau social

Filature de coton à son origine (1928), La Redoute a déployé son activité de vente à distance jusqu'à nos jours en se spécialisant dans le prêt-à-porter et la décoration.

1. Expliquez le #LaRedouteFlagChallenge mis en place par La Redoute.
2. Analysez le rôle des influenceurs dans cette campagne.
3. Recherchez les avantages que ce type de communication apporte à la marque La Redoute.

Annexe 1 : Le *Flag Challenge*

VIDÉO + 0'33"
La Redoute *Flag Challenge*
www.lienmini.fr/31020-flag

Annexe 2 : La Redoute sur TikTok

Entre La Redoute et TikTok, c'est une grande histoire d'amour qui s'écrit depuis quelques mois. L'été dernier, la marque avait lancé le #LaRedouteChallenge sur l'application phénomène, en récoltant à l'époque plus de 278 millions de vues. [...] Aujourd'hui, **c'est le #LaRedouteFlagChallenge qui est à l'honneur**. [...] Ainsi, dès le 4 juin, la marque invite les fans du ballon rond à faire correspondre les couleurs de leurs tenues avec celle des emojis drapeaux des pays de leur choix engagés dans la compétition, au rythme de la musique *Flags Up* - King Jugg 21 feat Babz Wayne - un titre composé spécialement pour l'occasion.

[...] Le lancement de ce concours créatif sera amplifié par une équipe d'influenceurs stars de la plateforme : Alabathis (163 600 followers), Cequenoussommes (798 900 followers), Louisergtt (1,4 million de followers), EnzoTaisToi (3,1 millions de followers) et Cassandracano7 (2,2 millions de followers) qui inviteront leur communauté à participer au challenge #LaRedouteFlagChallenge dès le 4 juin. [...] Pour Séverine Autret, Directrice Général et Partner chez Fred & Farid Paris (agence de communication), *« le sportswear associé au sport est un terrain de jeu magnifique pour La Redoute, et qui nous permet aussi d'investir plus durablement TikTok afin de maintenir le lien et de faire grandir la communauté bâtie grâce aux opérations de 2020 »*.

Céline Pastezeur, www.airofmelty.fr, 4 juin 2021.

APPLICATIONS

APPLICATION 4 Découvrir un nouvel usage du marketing digital

Le marketing digital innove sans cesse grâce au développement de l'usage d'Internet, des canaux numériques et des objets connectés, pour vendre des produits/services ou promouvoir une marque auprès des internautes.

1. Expliquez le concept de *live shopping*.
2. Déduisez l'intérêt de ce concept pour les marques.
3. Relevez les avantages du *live shopping* pour le client.

Annexe : Le développement du *live shopping*

[...] Phénomène dont les bénéfices se comptent en centaine de milliards en Chine, majoritairement porté par le géant Alibaba, le *live shopping* a été propulsé sur le devant de la scène mondiale par la pandémie. De nombreuses marques ont dû faire preuve de créativité pour pallier la fermeture des boutiques et continuer à maintenir le lien avec leurs clients en ces temps de distanciation physique, pointe Amandin Amalric, directrice du planning stratégique de Niji. Ainsi, selon Huachang Securities, le *live shopping* a généré 15,9 milliards de dollars dans le monde en 2020. [...] Le live-shopping pour le lancement du Cookeo de Moulinex, en présence de Cyril Lignac, a été suivi en direct par 300 000 personnes et visionné ensuite en *replay* 4 millions de fois. [...]

Le *live shopping* offre de multiples opportunités. « *C'est pourquoi des enseignes comme la marque de beauté Beautycounter ont imaginé un modèle de boutique hybride qui peut aussi se transformer en un véritable lieu de tournage, où des ambassadrices proposent régulièrement des lives, où elles testent des produits face caméra et proposent de les acheter en quelques clics*, explique Amandine Amalric. *Les clientes peuvent ainsi directement poser leurs questions, réagir ou demander conseil comme elles auraient pu le faire avec une conseillère en point de vente.* » [...]

Élodie Carolse, journaliste et cheffe de rubrique à La Réclame, 10 juin 2021.

APPLICATION 5 Analyser les retombées d'une campagne d'e-mailing

Camille gère un point de vente de prêt-à-porter à Toulouse. Elle envoie une *newsletter* mensuelle à ses clients et analyse les performances de ses campagnes d'e-mailing à l'aide des indicateurs suivants (annexes 1 et 2).

1. Présentez le tableau de bord selon le modèle ci-dessous pour le mois de septembre et d'octobre en réalisant les calculs nécessaires. Analysez les résultats obtenus.

	Taux d'ouverture	Taux de clics	Taux de réactivité	Taux de désinscriptions	Taux de plaintes	Taux de *hard bounces*
Septembre						
Octobre						

2. Déduisez le nombre de personnes qui ne sont pas intéressées par la boutique.

Annexe 1 : Les indicateurs de performance d'une campagne d'e-mailing

Taux d'ouverture : nombre d'ouvreurs / nombre d'e-mails envoyés × 100.
Taux de clics : nombre de cliqueurs / nombre d'e-mails envoyés × 100.
Taux de réactivité : nombre de cliqueurs / nombre d'ouvreurs, × 100.
Taux de désinscriptions : nombre de désinscrits / nombre d'e-mails envoyés × 100.
Taux de plaintes : nombre de plaintes (clics sur « Signaler comme courrier indésirable ») / nombre d'emails envoyés × 100[1].
Taux de *hard bounces* : nombre d'adresses e-mail inexistantes / nombre d'e-mails envoyés × 100.

1. Au-delà de 0,1 %, les FAI (fournisseurs d'accès Internet) commencent à regarder vos envois de manière suspicieuse.

Delagrave, 2022.

Annexe 2 : Les données chiffrées de la campagne d'e-mailing pour deux mois

	Sept.	Oct.
Nombre d'envois	320	280
Nombre d'ouvreurs	77	82
Nombre de cliqueurs	15	18
Nombre de désinscrits	2	3
Nombre de plaintes	1	2
Nombre d'adresses e-mail inexistantes	4	2

Delagrave, 2022.

QUESTION **3.2** Comment enrichir la relation client grâce au numérique ?

Chapitre 16

La communication virale

NOTIONS

- *Ad-blocker*.
- Bouche-à-oreille (*buzz*).
- Marketing viral.
- E-réputation.
- Communication de crise.

CAPACITÉS

- Mesurer l'influence de la communication numérique.
- Évaluer les actions de communication.

VIDÉO INTERACTIVE POUR COMMENCER

Découvrez la nouvelle campagne Decathlon 1'40"

www.lienmini.fr/31020-ouv16

DÉCOUVRIR LE CONTEXTE Decathlon

La marque **Decathlon** a été lancée en 1976. Pour se différencier de ses concurrents, son fondateur a fait le pari de faire fabriquer des articles de sport spécialement pour l'enseigne. Aujourd'hui, elle commercialise également une vingtaine de marques de distributeurs, parmi lesquelles Tribord, Kipsta, Quechua ou encore Domyos, qui représentent près de 70 % des ventes du groupe, contre seulement 20 % chez les concurrents. À chaque lancement d'un nouveau produit, Decathlon affiche un prix inférieur à ceux des grandes marques, comme Nike ou Adidas. Aujourd'hui, Decathlon est l'une des enseignes préférées des 20-40 ans, grâce à une image décontractée et authentique, proche de ses clients.
Les *community managers* assurent un premier contact digital avec le consommateur en le conseillant, puis assurent un service après-vente. Ils animent une communauté grandissante autour du sport en adoptant un style « bon copain fan de rando ».

1. Quels sont les éléments qui différencient Decathlon des autres marques d'articles de sport ?
2. Décrivez l'image véhiculée par la marque.
3. Quel est le rôle des *community managers* ? Dans quel style communiquent-ils auprès de leur communauté ?

1 Le bouche-à-oreille

Les clients de Decatlhon, comme la plupart des consommateurs, font de moins en moins confiance à la communication traditionnelle. Pour choisir une marque ou un produit, ils recherchent de plus en plus de conseils ou d'avis auprès de leur entourage.

NOTION

Bouche-à-oreille : échange d'informations direct d'une personne à une autre. Les consommateurs donnent leur avis, en face-à-face ou sur Internet, à propos de marques, de produits, de lieux ou d'expériences de consommation.

1 Recherchez qui sont l'émetteur et le récepteur de ce message.

2 Indiquez à quel moment la cliente reçoit ce mail. Pour quelle raison le reçoit-elle ?

DOC. 1 Decathlon déclenche les commentaires sur ses produits

DECATHLON — COMPTE — MAGASINS — CONTACT

Votre Avis Compte !

Bonjour NATHALIE,

Merci pour vos achats chez Decathlon.
Envie d'aider les autres sportifs à faire leur choix ?
Envie de nous faire progresser ?
Votre avis est essentiel pour améliorer nos produits !

A vos marques, prêt ? Notez !

Chaussures vélo route Cyclosport 500 ROSE BLANC

Très mauvais — Mauvais — Moyen — Bon — Excellent

JE DONNE MON AVIS ›

www.decathlon.fr

DOC. 2 La gestion des avis clients chez Decathlon

Afin de recueillir l'ensemble des avis clients et de faire une véritable analyse de sa e-réputation, le groupe a conçu, en interne, un outil appelé « Openvoice » qui répertorie l'ensemble des avis clients déposés dans ses [328] magasins, sur son site Internet ou d'autres sites e-commerces qui distribuent les produits de Decathlon. Si aujourd'hui la marque obtient, sur le moteur de recherche Google, la note de 4,1 sur 5, c'est parce qu'elle explique traiter la quasi-totalité des avis négatifs. (...)

Pour aller encore plus loin, la marque s'est engagée à retirer tout produit de la vente ayant obtenu une note inférieure à trois étoiles sur une période d'un an, et qui a enregistré un minimum de 25 avis.

« Decathlon : intégrer les avis clients dans ses valeurs d'entreprise », www.kreatic-avis.com, 8 février 2919.

3 Expliquez pourquoi et comment Decathlon prend en compte les avis des clients (doc. 1, 2 et 3).

DOC. 3 Un site dédié : « Votre avis compte »

Decathlon a développé le site « Votre avis compte » et accompagné son lancement d'un spot publicitaire.

4 Décrivez la démarche de Decathlon pour améliorer sa note sur le moteur de recherche Google (doc. 2 et 3).

....

....

....

....

....

VIDÉO + 1'20''
Pourquoi donner son avis chez Decathlon
www.lienmini.fr/31020-avis

DOC. 4 La place des avis clients

Internet et les réseaux sociaux démultiplient le potentiel du bouche-à-oreille. Grâce aux canaux digitaux (media sociaux, forums et plateformes telles que Google My Business), la transmission des avis est devenue à la fois simple et très rapide, voire parfois virale. Si bien qu'aujourd'hui, consulter des avis d'autres utilisateurs avant d'acheter un produit ou un service est devenu un vrai réflexe courant dans le parcours client, qui trouve cette source plus transparente que les publicités des marques.

Delagrave, 2022.

5 Montrez l'efficacité du bouche-à-oreille. Expliquez pourquoi il devient la principale source d'informations pour le consommateur (doc. 4).

....

....

....

....

....

....

2 Le *buzz* marketing et le marketing viral

Le développement d'Internet et des réseaux sociaux a renforcé l'importance du bouche-à-oreille. Decathlon utilise ce moyen de communication pour diffuser un contenu suffisamment original, drôle, surprenant et intéressant pour inciter l'internaute à le faire suivre à son entourage.

NOTION

***Buzz* marketing** : il consiste à diffuser de l'information vers le consommateur à l'occasion d'un événement, par un dispositif ou une action spectaculaire associé à une marque. Une action de *buzz* marketing réussie génère du bouche-à-oreille et des retombées médiatiques. Elle crée une réaction et attire l'attention, quitte à provoquer la polémique.

DOC. 5 Créer du *buzz*

L'histoire a démarré le 24 août 2018 par la mise en avant de photographies, issues d'un catalogue de Decathlon datant de 1985, sur le réseau social Twitter **#JOG85**. La communauté des internautes a immédiatement réagi en demandant une réédition de ces produits. Décathlon a aussitôt saisi l'opportunité en lançant un défi : pour 10 000 retweets, ce catalogue ressortira en édition limitée. La réponse est inattendue : 30 000 retweets au total. La marque a donc respecté sa promesse et annoncé au bout de quatre heures et 13 000 retweets que la production était relancée. La mise en vente alors annoncée pour le 13 février à 13h offrait une série limitée de 1 000 pièces, vendues à 20,58 € (soit l'équivalent de 135 francs en 1985). On trouve aujourd'hui le JOG85 à 150 € sur Vinted ou Leboncoin.

Delagrave, 2022.

6 Indiquez le moyen utilisé par Decathlon pour communiquer sur son catalogue de 1985.

....

....

7 Recherchez quelle a été la réaction des internautes.

....

....

8 Décrivez le challenge mis en place par Decathlon. Nommez le phénomène qui en a résulté.

....

....

....

....

9 En conclusion, peut-on dire que cette action marketing est réussie ? Justifiez votre réponse.

....

....

....

DOC. 6 Les conséquences du *buzz*

Decathlon explique : « Nos équipes techniques s'attendaient à un gros pic de trafic sur notre site web. En fait, même dans nos estimations les plus hautes, on était assez loin de la réalité. À 13 h, vous avez été plusieurs dizaines de milliers à essayer de vous procurer le jogging de 1985, et une grande partie du stock a été achetée en quelques secondes. » Vers 13 h 10, c'est l'ensemble du site de Decathlon qui devient inaccessible. En quelques minutes, des dizaines d'internautes adressent leurs plaintes sur Twitter, un mini *bad buzz* consécutif à un *buzz* très positif provoqué par la marque. Malgré cet incident, l'ensemble des joggings a été vendu en moins d'une heure. Le site de Decathlon est finalement redevenu accessible aux alentours de 14 h 30.

Pierre-François Canault, « Comment Decathlon a fait exploser son site via les réseaux sociaux ? », www.kissthebride.fr, 19 février 2019.

10 Listez les conséquences de la mise en vente du produit le 13 février 2019.

....

....

....

....

....

....

....

NOTION

Marketing viral : il repose sur un effet de contamination de la cible par la propagation d'un message commercial. Le message se propage tel un « virus » au sein du cercle de connaissances et de relations du destinataire.

11 Expliquez comment un *buzz* positif s'est transformé en *buzz* négatif (*bad buzz*) pour la marque. Quelle est la cause d'un tel phénomène ? Nommez ce phénomène.

....

....

....

....

....

....

....

....

3 L'e-réputation

Utiliser le bouche-à-oreille, le *buzz* marketing et le marketing viral contribue à l'e-réputation de la marque Decathlon. Les *community managers*, de leur côté, veillent en permanence à entretenir une image positive et se tiennent prêts à réagir au plus vite à un *bad buzz*.

DOC. 7 Veiller à sa e-réputation

Comme l'a dit Warren Buffet : « Il faut 20 ans pour se bâtir une réputation et cinq minutes pour la ruiner ». Ce phénomène s'est amplifié aujourd'hui car lorsqu'un client a une remarque à faire ou qu'il est insatisfait d'un produit, il publie un commentaire ou une photo sur les réseaux sociaux. Il y a quelques années, le client s'adressait directement au responsable du point de vente qui apportait (ou non) une solution et le mécontent en restait là. Éventuellement, il se plaignait de la marque à son entourage. Communiquer ses sentiments sur Internet ou sur les réseaux sociaux a des effets plus larges et plus rapides et peut être fatal à une marque. Il est indispensable que les marques soient vigilantes à tout ce qu'il se dit sur elles et sur leurs produits ou services afin de pouvoir réagir au plus vite et apporter des réponses à sa communauté.

Delagrave, 2022.

NOTION

E-réputation : image véhiculée et/ou subie par une entreprise ou une marque sur Internet et tout autre support numérique. L'image subie résulte des avis des internautes sur les blogs, réseaux sociaux, plateformes d'échanges vidéos, forums et autres espaces communautaires. L'e-réputation est davantage influencée par la visibilité des contenus, avis et opinions relatifs à une marque que par leur quantité.

12 Expliquez comment a évolué le rapport des clients aux marques ces dernières années.

....

....

....

....

13 Quelles conséquences cela peut-il avoir pour la marque ?

....

....

....

....

....

DOC. 8 Decathlon se crée une e-réputation positive

Sur les réseaux sociaux, Décathlon s'adresse à tout le monde, sportifs ou pas, car une majorité de Français a déjà fréquenté un de leur magasin. Par exemple, sur Twitter, Decathlon interpelle les internautes, choisit un tweet et l'affiche sur son fil, en faisant une remarque à l'intéressé(e). La marque demande à ses clients de publier une photo avec le produit acheté et engage la discussion.

Mais c'est aux commentaires que le community manager prête le plus attention : c'est le meilleur moyen d'obtenir de manière brute, voire brutale, l'avis des gens.

Delagrave, 2022.

14 Décrivez comment Decathlon se crée une e-réputation positive.

....

....

....

....

....

....

....

....

....

4 La communication de crise

L'entreprise peut être amenée à gérer un *bad buzz* pour que celui-ci ne nuise pas à sa e-réputation. Elle doit réagir au plus vite en cas de crise.

DOC. 9 Un *buzz* négatif

Début février 2018, une cliente interpelle Decathlon sur Twitter avec une photographie. Elle reproche à l'enseigne de genrer[1] ses sacs à dos. À peine 20 minutes plus tard, Decathlon répond directement à la cliente mécontente.

Cécile Wxyz @CecileWxyz · Feb 7, 2018
Dites @Decathlon, c'est @LaManifPourTous qui dessine vos produits ? #MarreDuRose @osezlefeminisme @ChiennesdeGarde

Decathlon @Decathlon

Salut Cécile, non rassurez-vous. Nos sacs à dos existent dans pas mal de couleurs différentes, vous n'avez pas trouvé quelque chose à votre goût ? Yann

♡ 3,103 12:58 PM - Feb 7, 2018

924 people are talking about this

Decathlon @Decathlon

Cette conversation tourne beaucoup depuis hier. Malheureusement, on voit passer beaucoup d'injures à l'encontre de @CecileWerey et @stalepudding.
Ce serait cool de revenir au calme. On peut débattre, même sans tomber d'accord, mais rien ne justifie de telles insultes.
Yann twitter.com/Decathlon/stat…

Decathlon @Decathlon
En réponse à @stalepudding et 3 autres
Pourquoi ce ton un peu agressif ? Les couleurs sont choisies en fonction de pas mal de critères. On fait beaucoup d'études auprès de panel de clients pour savoir ce que les gens préfèrent. Il se trouve que les résultats diffèrent souvent entre hommes et femmes interrogé(e)s.

♡ 2487 13:12 - 8 févr. 2018

867 personnes parlent à ce sujet

Une autre internaute s'en mêle, et Decathlon soutient son point de vue. Par l'intermédiaire du compte Twitter, Decathlon explique que les symboles homme/femme représentent en fait une catégorie technique et n'ont pas de rapport avec la couleur. Un sac à dos adapté à la morphologie féminine (sans lanière sur la poitrine par exemple) existe en rose mais aussi en bleu.

Maïlys Mas-Garrido, « Stratégie digitale de Decathlon : deux piliers de performance », www.visibrain.com/fr, 12 avril 2018.

1. Classer dans une catégorie en fonction de caractères communs.

15 Expliquez le mécontentement de certaines clientes de Decathlon.

....

....

16 Décrivez comment Decathlon réagit à ce mauvais *buzz*. Qui est Yann ? Quel est son rôle ?

....

....

....

....

....

....

5 Les *ad-blockers*

Decathlon, comme toute entreprise, doit faire face à la défiance des consommateurs qui perçoivent parfois la communication numérique comme envahissante.

DOC. 10 Le ciblage excessif, un danger pour l'industrie publicitaire

Voici quelques-uns des principaux enseignements [de la nouvelle étude Kantar] :

1. Le *ad-blocking* a atteint un pic important, mais la part des consommateurs connectés qui bloquent les publicités reste stable (21 %). Le phénomène n'est pas dans les premières préoccupations des professionnels, mais pourrait constituer un réel danger pour la pérennité et le développement de la publicité en ligne.

2. L'influence de la publicité diminue puisque moins de 3 consommateurs sur 10 (31 %) la considèrent comme une source d'informations sur les marques. Les consommateurs se tournent davantage vers les réseaux sociaux (42 %) et vers les amis et la famille (53 %). Autrement dit, le bouche-à-oreille tient plus d'importance pour le consommateur connecté que le discours des marques (via la publicité, leurs sites web ou comptes sociaux).

« Le ciblage excessif, un danger pour l'industrie publicitaire », https://viuz.com, 4 octobre 2019.

NOTION

Ad-blocker **:** petit logiciel ou module incorporé au navigateur d'un internaute qui empêche l'affichage des bandeaux ou autres formats publicitaires.

17 Décrivez le fonctionnement d'un *ad-blocker*. Relevez le pourcentage de consommateurs qui utilisent cet outil.

....

....

....

18 Expliquez pourquoi la publicité n'est plus la principale source d'informations sur des consommateurs.

....

....

....

....

DOC. 11 Une bannière publicitaire

L'affichage de publicités lors de l'ouverture d'une page web provoque de plus en plus de réactions négatives chez l'internaute.

19 Décrivez les effets que produit sur l'internaute l'affichage d'une bannière publicitaire à l'ouverture d'une page web.

....

....

....

La communication virale

SKETCHNOTE
Accédez à la vidéo
www.lienmini.fr/31020-sk16

1 Le bouche-à-oreille

Bouche-à-oreille
Échange d'informations entre deux ou plusieurs personnes

2 Le *buzz* marketing et le marketing viral

***Buzz* marketing**
initié par l'entreprise, partagé par les internautes

- Contenus
- Événements
- *Storytelling*

Propagation de l'information

Marketing viral

- Réseaux sociaux
- Blogs
- Plateformes d'échanges vidéos
- Forums
- Médias

Génère

3 L'e-réputation

E-réputation

- positive
- négative : *bad buzz*

Le *community manager*
- anime la communauté web
- veille à l'e-réputation de la marque
- réagit en cas de crise

4 La communication de crise

Crise

Exemples
- Pollution
- Rappel de produits
- Accident
- Sexisme
- Racisme
- Prix abusif

- Ne rien dire et attendre que la crise passe
- Plaider non coupable
- Plaider coupable et agir en conséquence

5 Les *ad-blockers*

Logiciels bloquant l'affichage publicitaire sur Internet

APPLICATIONS

QCM POUR COMMENCER
Testez vos connaissances avec ce QCM interactif à flasher !
www.lienmini.fr/31020-qcm16

APPLICATION 1 Prendre en compte les avis des consommateurs

1. Dans le secteur des compagnies aériennes, listez les sujets qui recueillent, d'une part, des avis positifs, et d'autre part, des avis négatifs.

2. Recherchez quelles en sont les conséquences sur la réputation de l'entreprise.

Annexe : Types d'avis clients dans le secteur des compagnies aériennes

Excellent ★★★★★ 29/08/2021
Compagnie : DLM
Billet d'avion acheté en promo le 1er août, bien informé des détails du voyage, commande reçue dès le paiement effectué. Repas fourni pas mal, siège confortable, personnel agréable. Bon rapport qualité / prix.

Management instable ★★★★★ 6/05/2018
Compagnie : Brianair
Trop de changement de ligne managériale, aucune réévaluation des salaires, peu de considération du personnel...

Bagage en soute avec Quickjet ★★★★★ 15/01/2020
Impossible de m'en servir à cause de l'odeur de plastique à l'intérieur qui s'imprègne dans mes vêtements. Dommage c'était une jolie valise !

Hôtel bien situé ★★★★★ 2/11/2019
Proche des sites intéressants, de la gare et du bus pour l'aéroport. Accueil en Français. Petit-déjeuner fabuleux. Chambre spacieuse et confortable. Plateau d'accueil avec spécialités locales.

Delagrave, 2022.

APPLICATION 2 Générer du *buzz* marketing

Les entreprises essaient de gérer au mieux leur e-réputation en créant un *buzz* positif. Vous analyserez comment Netflix a eu la meilleure réputation en 2020.

1. Recherchez par quels moyens les marques ont créé du *buzz* positif durant la crise sanitaire.

2. Qui est à l'origine de la communication de Netflix sur Instagram et sur Twitter (annexe 2) ?

3. Expliquez comment cette communication participe à créer le *buzz* positif de la marque. Qui entretient et gère cette communication dans l'entreprise ?

4. Relevez ce qui explique la troisième place de Décathlon.

Annexe 1 : La réputation positive des marques en 2020

2020 restera une année où les enseignes ont beaucoup fait parler d'elles. Durant cette année inédite marquée par la pandémie du Covid-19 et deux confinements, les enseignes de la grande conso ont suscité beaucoup de conversations en ligne et ont beaucoup communiqué. Du côté des enseignes alimentaires, Lidl est celle qui a dépensé le plus d'investissements médias, avec plus de 350 millions d'euros bruts investis (source : Kantar Media à P12) et se positionne ainsi à la deuxième place de ce classement, où Netflix reprend la tête :

Pour parvenir à ces résultats, Yougov[1] a analysé toutes les prises de parole de plus de 1 000 marques qui leur sont dédiées et a sondé plus de 11 000 personnes. Lidl se positionne à la deuxième place avec un score de *buzz* de 30,8 (vs. 30,1 en 2019). Les nombreuses offres promotionnelles de l'enseigne de *hard discount*, en plus du buzz autour de sa collection de textile, semblent cette année encore faire du bruit auprès des Français.

En troisième position, Decathlon gagne deux places par rapport à 2019 et ferme le podium avec un score de 29,1 (vs. 27,8 en 2019). La marque semble avoir tiré profit de son application de sport en ligne Coach.

Julie Delvallée, www.lsa-conso.fr, 15 janvier 2021

[1]***BrandIndex*** : outil de suivi en temps réel & continu des marques et de toutes les prises de parole qui leur sont dédiées. En France, plus de 960 marques sont évaluées de manière quotidienne via un panel d'environ 225 000 répondants.

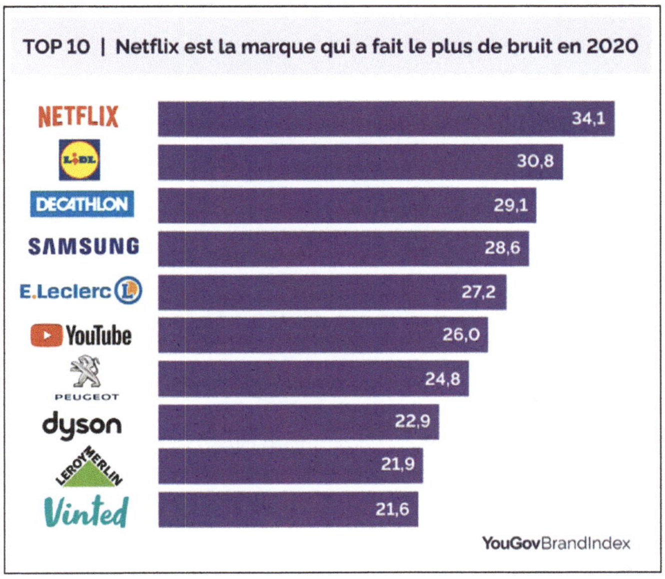

Annexe 2 : La communication de Netflix en 2021

APPLICATION 3 Réagir en cas de crise

Les entreprises doivent parfois gérer des moments de crise, plus ou moins importants, amplifiés par le marketing viral. C'est le cas de Starbucks, qui, en 2018, a vu en quelques jours sa réputation s'effondrer à cause d'une vidéo postée sur Twitter. Vous analyserez les causes de cette crise et les réactions de l'entreprise face à elle.

1. Décrivez les faits à l'origine de cette crise.
2. Expliquez comment la vidéo est devenue virale.
3. Recherchez comment Starbucks a géré cette crise.

Annexe : Une crise chez Starbucks

En mai 2018, Starbucks aura connu une véritable crise, lorsqu'une cliente filme avec son smartphone l'arrestation de deux hommes de couleur noire assis à une table de l'enseigne. Dans les faits, ils auraient été interpellés car ils n'avaient rien commandé, attendant un ami.

APPLICATIONS

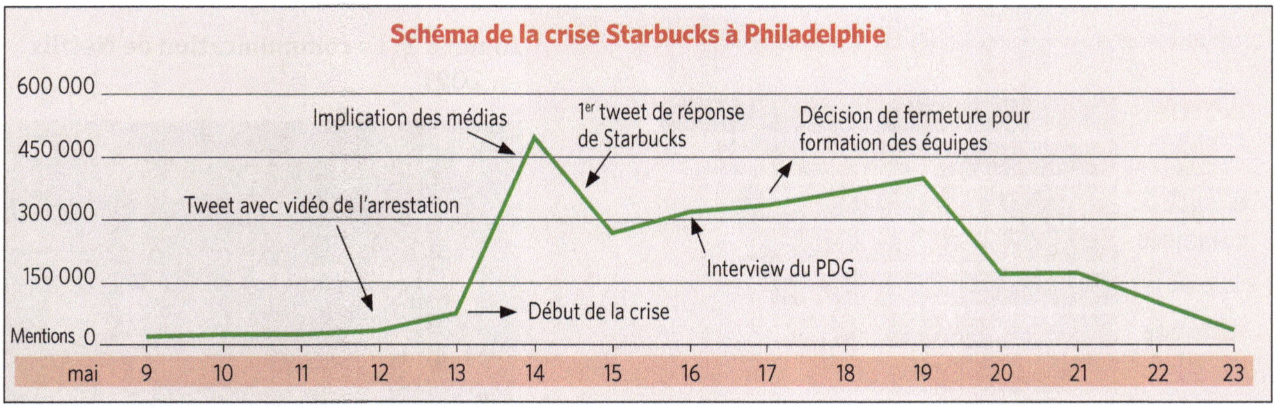

Cette vidéo, postée plus tard sur Twitter, devient virale en seulement quelques jours : 17 000 retweets et plus de 230 000 commentaires qui accusent Starbucks de racisme (aujourd'hui elle compte près de 11,4 millions de vues). De nombreux médias nationaux (comme le *New York Times* ou *CNN*) vont aussi s'emparer de l'affaire !

« 5 crises sur les réseaux sociaux que l'on aurait pu éviter », https://netino.fr, 19 février 2019.

APPLICATION GRAND ORAL S'entraîner progressivement à l'épreuve

● Question 3.2 : Comment enrichir la relation client grâce au numérique ?

Entraînement à partir d'une recherche de « terrain ».

	Étapes de l'entraînement	Conseils
1	Collectez des informations sur la façon dont une organisation (à choisir) communique avec ses clients grâce au numérique.	Je sélectionne en fonction de leur intérêt les informations relatives à l'utilisation du numérique par l'organisation pour communiquer avec ses clients. J'organise mes informations à l'aide de la fiche 2 p. 187.
2	Rédigez une fiche de synthèse de votre projet.	J'applique la méthode de la fiche 4 p. 189.
3	Formulez une question en fonction de votre dossier documentaire. Vérifiez que la question est correctement posée.	Exemple : Le *buzz* marketing génère-t-il une e-réputation positive pour l'entreprise ? J'applique la méthode des fiches 10 et 11 p. 195 et 196.
4	Justifiez la question, c'est-à-dire démontrez-en l'intérêt. Énoncez des arguments susceptibles d'apporter la réponse à la question retenue.	Je précise quels sont les enjeux importants pour l'organisation. J'applique la méthode de la fiche 3 p. 188.

APPLICATION GRAND ORAL Préparer son projet d'orientation

● *Community manager*

Visionnez la vidéo, puis réalisez une fiche sur le métier de *community manager* selon le modèle ci-dessous.

VIDÉO + 3'52''
Le métier de *community manager*
www.lienmini.fr/31020-community

Le community manager

Sa mission	
Ses tâches au quotidien	
Les compétences requises	
Le niveau de diplôme requis	

Dossier
Se préparer au Grand oral du baccalauréat

Je réalise le projet de gestion (étude approfondie menée en équipe)

Je réfléchis à mon projet personnel d'orientation

Je prépare l'épreuve du Grand oral

FICHE 1

Planifier le projet de gestion durant l'année scolaire

Le projet de gestion consiste en une étude approfondie d'un problème de gestion **réalisée en équipe**. Il nécessite de respecter une véritable démarche de projet, qui se déroule en plusieurs étapes s'étalant dans le temps en classe de Terminale. Le projet, tout en ayant une dimension collective, doit conduire chaque membre de l'équipe à faire apparaître sa contribution et ses appréciations personnelles. À partir des travaux réalisés, il faudra formuler individuellement les 2 questions à présenter au jury le jour du Grand oral.

Reportez dans le tableau la date limite fixée par votre professeur pour chacune des étapes de la réalisation de l'étude. Cochez au fur et à mesure chaque étape quand elle est terminée.

ÉTAPES	☒	Travail à faire	Conseils	Date limite
Vous pouvez choisir de réaliser cette étude approfondie seul ou constituer un groupe de travail restreint.				
1	☐	**L'équipe choisit une ou plusieurs organisation(s) réelle(s) ou fictive(s)** (entreprise, association, locale, nationale ou internationale) en fonction de ses connaissances sur les organisations, de ses centres d'intérêt, du vécu personnel, des relations avec des proches.	*Réalisez un tableau récapitulatif comportant le nom de chaque organisation, son statut juridique, ses ressources, ses finalités…*	
2	☐	**Chacun(e) recherche des informations** sur cette ou ces organisation(s) de façon individuelle (ou collective). Ces informations concernent l'environnement réel juridique et économique, les éléments stratégiques, managériaux ainsi que le système d'information.	*Cherchez des sites fiables comme www.alisse2.insee.fr (Insee) ou www.societe.com. Réalisez un guide d'entretien avant de rencontrer un(e) responsable pour obtenir des données sur l'organisation. La mise en commun se fait dans un dossier partagé avec son équipe et son professeur.*	
3	☐	À partir des informations collectées, **identifier une situation organisationnelle faisant apparaître un problème de gestion ou un besoin de l'entreprise**, en lien avec son activité, avec une actualité particulière, etc.	*Sélectionnez les informations utiles en respectant le périmètre du projet de gestion qui couvre les programmes des deux enseignements de spécialité, management, sciences de gestion et numérique d'une part, droit et économie d'autre part.*	
4	☐	**Réaliser individuellement une synthèse écrite du travail.**	*Cette synthèse doit permettre : - de mettre en évidence les tensions organisationnelles que révèle le problème de gestion et vos interrogations sur les choix opérés et leurs conséquences ; - de formuler des hypothèses ; - de conduire des raisonnements pour produire des conclusions argumentées.*	

FICHE 2

Collecter, valider et traiter les informations

Les informations collectées servent :
- **à identifier une situation qui fait apparaître un problème de gestion ou un besoin de l'entreprise, en lien avec son activité, avec une actualité particulière, etc. ;**
- **à étudier l'environnement juridique et économique dans lequel évolue l'entreprise ;**
- **à trouver des solutions au problème détecté ;**
- **à construire des arguments pour convaincre.**

ÉTAPE 1 TROUVER LES INFORMATIONS

D'OÙ VIENNENT LES DOCUMENTS ?

Recherches au CDI (livres ou magazines)

L'équipe peut consulter des ressources documentaires, par exemple :
- des revues : *Économie et Management, Capital, Challenges, L'Entreprise, Management, L'Usine nouvelle...*
- des quotidiens : presse locale et presse nationale ;
- des manuels scolaires.

Recherches sur Internet

Les mots-clés utilisés, les URL des sites intéressants, la date des documents trouvés grâce aux moteurs de recherche et des opérateurs logiques doivent être méthodiquement répertoriés.

Interview d'un professionnel

Un questionnaire permettant de recueillir des informations auprès d'un professionnel démontre une implication dynamique dans le projet de gestion.

ÉTAPE 2 SÉLECTIONNER LES INFORMATIONS

QUELS SONT LES CRITÈRES DE SÉLECTION DES DOCUMENTS ?

Les documents contenant des informations utiles à la problématique de gestion explorée dans le projet doivent :
- être assez variés, actuels ;
- provenir de sources différentes, fiables ;
- être en nombre limité ;
- avoir des contenus précis et bien centrés sur le sujet de l'étude.

ÉTAPE 3 VALIDER LES INFORMATIONS

	Validez l'ensemble des informations trouvées en répondant aux questions suivantes :	**oui**	**non**
1	Les informations proviennent-elles de sources diversifiées ?		
2	Ai-je des informations provenant d'une recherche externe (interview, enquête) ?		
3	Mes informations me renseignent-elles suffisamment sur l'organisation ?		
4	Les informations trouvées peuvent-elle m'aider à apporter des réponses (ou éléments de réponse) à la problématique de gestion ?		
5	Sont-elles en nombre suffisant (ni trop, ni pas assez) ?		

À l'issue de cette étape, il ne faut conserver que les informations vraiment utiles.

ÉTAPE 4 TRAITER LES INFORMATIONS UTILES

Comment traiter les informations prélevées dans les documents ?
Les informations collectées contribuent à la rédaction de la synthèse du projet. Il convient de les organiser en 4 points :
1. Présentation de l'entreprise (ou des entreprises)
2. Informations économiques, juridiques et managériales qui révèlent des tensions
3. Décision(s) de gestion prise(s) par l'entreprise (enjeux, modalités, conséquences)
4. Conclusion

FICHE 3

Construire une argumentation pour convaincre

Vous allez être amené(e) à proposer des solutions argumentées au problème de gestion.
Pour convaincre, il faut présenter des arguments solides, à trouver dans les documents et à partir de vos connaissances.

Un argument est composé :

→ d'une (ou plusieurs) **PROPOSITION(S)** ;
→ suivie d'une **JUSTIFICATION** ;
→ appuyée par un **EXEMPLE** qui renforce et clarifie la proposition.

Complétez le tableau pour répondre à la question suivante :
La qualité est-elle nécessairement associée à un prix élevé ?

Argument 1 : La qualité est souvent associée à un prix élevé	
→ **Justifications**	→ **Exemples**
La qualité nécessite souvent l'utilisation de matières premières ou de savoir-faire supposant des coûts élevés qui se répercutent sur le prix de vente aux consommateurs.	Les produits issus de l'agriculture biologiques. Les vêtements sur-mesure.
Contre-argument 1 : La qualité n'est pas forcément associée à un prix élevé	
→ **Justifications**	→ **Exemples**
Certaines entreprises ont pour stratégie de vendre leurs produits, même de qualité supérieure, à des prix inférieurs à leur coût de revient pour gagner des parts de marché.	

FICHE 4

Rédiger une synthèse du projet de gestion

La qualité de la synthèse du projet de gestion repose sur sa structuration en points distincts. En voici un exemple.

- **Question : La communication d'une entreprise doit-elle passer par les réseaux sociaux sur Internet ?**

Présentation de l'entreprise	Installé à Quiberon depuis plus de 50 ans, Ludovic, pâtissier, a acquis une notoriété locale puis internationale grâce à sa gamme de spécialités bretonnes : kouign-amann, gâteaux bretons, crêpes, palets bretons, caramels au beurre salé. Depuis l'ouverture de son premier magasin Les Gourmandises de Ludo, la société n'a cessé de s'agrandir. Elle compte aujourd'hui près d'une vingtaine de boutiques en France, en Belgique et dans les aéroports de Londres, Zurich, New York et Tokyo.
Mise en perspective de la question économique, juridique, managériale qui révèle des tensions	• Le secteur de la pâtisserie artisanale doit faire face à la concurrence des grandes surfaces alimentaires qui proposent des pâtisseries industrielles. L'amélioration de la qualité de leurs produits attire désormais de plus en plus de consommateurs. • Les normes et contrôles sanitaires sont de plus en plus sévères. Il est indispensable de garantir des produits de qualité. Cela nécessite de développer la traçabilité des produits. • Les investissements dans des chambres froides et du matériel de transport frigorifique sont importants. • L'internationalisation progressive de sa société nécessite des financements conséquents et le recours à des administrations qui appuient les projets à l'exportation.
Décision de gestion de l'entreprise	Aussi, pour assurer le développement de sa société, Ludovic décide de diversifier ses activités. Fort du succès de sa gamme de produits, il décide d'ouvrir une nouvelle boutique à Paris et d'innover en proposant un nouveau concept : un espace salon de thé branché, style *coffee shop* intime et chaleureux, pour déguster sur place ses spécialités renommées. Si la période de test est concluante, le concept sera étendu à chacune de ses boutiques.
Justification du choix de la question et de ses enjeux	Actuellement, pour sa communication, Ludovic mise essentiellement sur le bouche-à-oreille et les articles de presse qui assurent la notoriété de son offre commerciale. Par ailleurs, sans qu'il puisse en contrôler le développement, les témoignages sur les réseaux sociaux prennent de l'ampleur, pour le meilleur comme pour le pire, au risque de compromettre sa pérennité. Or, le développement des activités de l'entreprise intéresse la banque qui est amenée à porter un jugement sur sa santé financière avant de lui accorder des prêts.
Conclusion	Ludovic doit mieux maîtriser sa communication en vue de limiter (éviter) les risques pouvant ternir l'image de la marque « Les gourmandises de Ludo ». Le recrutement d'un community manager, spécialisé dans la gestion de la communication sur les réseaux sociaux, pourrait contribuer à maintenir une image de qualité.

FICHE 5

Repérez les compétences numériques mises en œuvre pour réaliser le projet et les valider sur la plateforme (PIX)

Pour valoriser votre étude approfondie, vous devez montrer vos compétences informatiques et pouvoir répondre à la question « Quels outils numériques avez-vous utilisés pour la réaliser ? ».

Légende par champs de compétences :

- Informations et données
- Communication et collaboration
- Création de contenus
- Protection et sécurité
- Maîtrise de l'environnement numérique

Cochez au fur et à mesure de l'avancement de votre projet de gestion les compétences numériques que vous maîtrisez.

1.1 Mener une recherche et une veille d'information

- ☐ Identifier, utiliser et analyser une adresse web (URL)
- ☐ Utiliser un moteur de recherche pour faire une recherche sur le web
- ☐ Repérer et interpréter les indices de fiabilité d'une page web
- ☐ Retrouver et évaluer la source d'une information
- ☐ Connaître Wikipédia et son processus de publication
- ☐ Connaître des outils de veille informationnelle (réseau social, Google alert…)

1.2 Gérer des données et 1.3 Traiter des données

- ☐ Identifier et localiser un fichier, un dossier ; Organiser l'arborescence de ses fichiers
- ☐ Enregistrer un document
- ☐ Faire des calculs, réaliser un graphique dans une feuille de calcul
- ☐ Connaître les tableurs et les formats de fichier associés
- ☐ Saisir, intégrer et manipuler des données dans un classeur du tableur
- ☐ Lire et interpréter des données avec un outil de visualisation

2.2 Partager et publier et 2.3 Collaborer

- ☐ Connaître le fonctionnement des réseaux sociaux, leur diversité
- ☐ Consulter un agenda en ligne et ajouter des événements (saisie, import)
- ☐ Connaître l'usage des outils de sondage en ligne
- ☐ Connaître les bases de l'édition collaborative d'un document partagé en ligne
- ☐ Connaître les outils d'édition collaborative en ligne

3.1 Développer des documents textuels

- ☐ Mettre en forme les caractères d'un texte (gras, taille, couleur…)
- ☐ Définir l'alignement et l'interligne d'un texte ; utiliser les styles de paragraphe
- ☐ Connaître les outils de traitement de texte et les formats de fichier associés
- ☐ Connaître les outils de diaporama et les formats de fichier associés
- ☐ Mettre en forme un diaporama

3.2 Développer des documents multimédias

- ☐ Télécharger, capturer une image et en recomposer une autre
- ☐ Connaître les formats de son et de vidéo
- ☐ Connaître les outils de retouche d'image et les formats de fichier associés

4.2 Protéger les données personnelles et la vie privée

- ☐ Connaître les principes élémentaires de la loi protégeant les données à caractère personnel
- ☐ Connaître la notion de données à caractère personnel et savoir les identifier
- ☐ Historique et cookies : connaître les traces de navigation stockées sur un équipement connecté

5.2 Construire un environnement numérique

- ☐ Maîtriser les gestes de base de la navigation (clic droit, double clic et raccourcis clavier)
- ☐ Connaître les principaux ports des équipements informatiques

FICHE 6

Utiliser l'environnement numérique pour réaliser le projet de gestion

Pour valoriser votre projet, vous devez montrer vos compétences informatiques et pouvoir répondre à la question : « Quels outils numériques avez-vous utilisés pour le réaliser ? »

Décrivez l'environnement numérique dans lequel vous avez réalisé votre projet. Précisez pour quelles productions ou pour quels usages.

1 QUELS DOCUMENTS AI-JE PRODUIT ? AVEC QUELS LOGICIELS ?

Création de tableaux, graphiques, questionnaires, compte rendus, schémas, diaporamas...

Exemples de logiciels utilisés pour produire des documents : texteurs (Word...), tableurs (Excel...), diaporamas (PowerPoint, Prezy), base de données (Access), etc.

....

....

....

....

....

2 QUELS OUTILS AI-JE UTILISÉ POUR TRAVAILLER EN ÉQUIPE ? POUR QUEL USAGE ?

Gérer des tâches, les assigner aux différents membres de l'équipe, planifier le travail, rechercher des idées (remue-méninges ou *brainstorming*)...

Exemples d'outils en ligne utilisés pour gérer le travail en équipe : gestion de projet (Trello, Freedcamp), cartes mentales (Mindmapping, Mindwiew), etc.

....

....

....

....

....

3 QUEL EST L'ENVIRONNEMENT NUMÉRIQUE DE MON ÉTABLISSEMENT ? COMMENT L'AI-JE UTILISÉ ?

Rechercher des informations, stocker, classer, transmettre des documents, échanger avec l'enseignant(e), les autres membres de l'équipe...

Exemples : ENT de l'établissement, Internet, etc.

....

....

....

....

....

FICHE 7

Réfléchir à son projet personnel d'orientation

Assez tôt, durant l'année de Terminale, il est souhaitable de commencer ou continuer à mûrir votre projet d'orientation post-bac. Renseigner une fiche personnelle synthétique vous permettra de faire un point utile sur l'avancement de votre projet.

Pour chacune des étapes, complétez la fiche de votre projet d'orientation.

ÉTAPE 1 CHOISIR UNE FILIÈRE ET UNE VOIE DE FORMATION

- QUIZ ONISEP à télécharger : *QUELLES ÉTUDES APRÈS LE BAC ?*
- BTS ? BUT ? Université ? Grandes Ecoles ? Classes préparatoires ? Filière expertise comptable ? Filière hôtellerie ? Voie scolaire, apprentissage, alternance ?

....

....

....

ÉTAPE 2 COLLECTER DES ÉLÉMENTS D'INFORMATION SUR L'ORGANISATION DES ÉTUDES

- Études courtes, études longues, prise en compte du coût des études (établir un budget prévisionnel).

....

....

....

ÉTAPE 3 CONNAÎTRE LE CONTENU DES FORMATIONS VISÉES

- Programme d'enseignement, matières, enseignements théoriques et/ou pratiques, stages en France, à l'étranger, certification (diplômes), etc.

....

....

....

ÉTAPE 4 CIBLER DES ÉTABLISSEMENTS OFFRANT LA FORMATION VISÉE

- Localisation des établissements.

....

....

....

ÉTAPE 5 S'INFORMER SUR CHACUN DE CES ÉTABLISSEMENTS POUR HIÉRARCHISER SES VŒUX

(Vœux à saisir sur Parcoursup)

- Participation à des journées « portes ouvertes », statut d'étudiant, droits d'inscription, offre d'hébergements, restauration, pratiques sportives, etc.

....

....

....

FICHE 8

S'entraîner à la présentation de son projet personnel d'orientation

La présentation du projet personnel de formation peut être structurée de la façon suivante :
1. les étapes qui vous ont permis d'avancer dans votre projet d'orientation ;
2. en quoi la question de gestion retenue est utile pour votre projet de poursuite d'études, et même pour votre projet professionnel.

Il s'agit d'exprimer une réflexion personnelle et vos motivations.

Les étapes qui m'ont permis d'avancer dans mon projet d'orientation

- Recherches sur le site de l'Onisep. Réalisation du quiz pour cerner mes centres d'intérêt et découvrir les professions dans lesquelles je pourrais m'épanouir.

• Préparation des deux questions durant l'année qui ont éclairé mon projet de poursuite d'études et mon projet professionnel.	• Découvertes de métiers « possibles » : Exemple : community manager • .... • ....

- Les rencontres avec des camarades et des connaissances déjà engagés dans une formation post-bac.
- Les entretiens avec des professionnels exerçant un métier dans le domaine de la mercatique.
- Les témoignages de professionnels (vidéos « métier » du site Onisep).

- La découverte personnelle du milieu professionnel : stages, jobs de vacances.

- L'exploration de mes motivations personnelles.
  Par exemple :
  Je veux des études débouchant sur un métier précis.
  Je cherche une formation de 2 ou 3 ans après le bac.
  Être encadré-e comme au lycée peut m'aider à réussir.
  Faire des stages, c'est important pour moi.
  J'apprends mieux dans une classe à petit effectif.
  J'aimerais choisir parmi un grand nombre de spécialités.
  J'aime voir les applications pratiques de ce que j'apprends.
  Je cherche une formation proche du monde du travail.

Je choisis un métier (ou des métiers) :

....

Ce que je vais faire pour atteindre cet objectif

- Trouver une formation correspondant à mon choix de métier(s) possible(s) en relation avec ma spécialité en classes de Première et de Terminale.
- Évaluer l'adéquation de mon potentiel au niveau requis pour m'engager dans ce type de formation.
- Localiser une formation en fonction de mes possibilités de mobilité, de financement.
- Consolider mon projet d'orientation en consultant les brochures de l'ONISEP et en participant aux journées « portes ouvertes » dans les établissements de formation envisagés.
- M'inscrire dans les délais sur le site Parcoursup et saisir mes vœux en consultant le moteur de recherche des formations.

FICHE 9

Découvrir l'épreuve du Grand oral

DÉFINITION ET OBJECTIFS

C'est une épreuve orale qui dure 20 min et qui est affectée du coefficient 14. Elle est notée sur 20. Vous disposez d'un temps de préparation de 20 min avant de vous présenter devant les examinateur(trice)s.

Vous devez répondre aux attentes des examinateur(trice)s. Ils vont vérifier si :

- vous maîtrisez les notions du programme du cycle terminal des enseignements de spécialité ;
- vous savez argumenter à partir d'un raisonnement défendu avec conviction ;
- vous êtes capable de développer un esprit critique ;
- vous vous exprimez avec clarté et précision.

DÉROULEMENT DE L'ÉPREUVE

MISE EN LOGE

Avant le début d'épreuve, vous présentez deux questions au jury. Ces deux questions figurent sur une feuille signée par l'enseignant(e) qui vous a suivi(e) tout au long de votre étude et portant le cachet de votre établissement scolaire.

Le jury choisit l'une de vos deux questions. Vous disposez alors de 20 min de préparation pour mettre en ordre vos idées et réaliser, si vous le souhaitez, un support à remettre au jury sur une feuille qui vous est fournie. Ce support ne fait pas l'objet d'une évaluation.

1er TEMPS — PRÉSENTATION D'UNE QUESTION (5 MIN)

Votre exposé ne s'appuie sur aucune note.
Vous expliquez pourquoi vous avez choisi de préparer cette question pendant votre formation, puis vous la développez et vous y répondez.

Fiches 10, 11 et 12

2e TEMPS — ÉCHANGE AVEC LE JURY (10 MIN)

Le jury vous interroge ensuite pour vous amener à préciser et à approfondir votre pensée. Cette interrogation peut porter sur n'importe quelle partie du programme du cycle terminal des enseignements de spécialité de la série dans laquelle vous êtes inscrit(e).

Fiche 13

3e TEMPS — ÉCHANGE SUR VOTRE PROJET D'ORIENTATION (5 MIN)

Vous exposez les différentes étapes de la maturation de votre projet d'orientation (rencontres, engagements, stages, mobilité internationale, intérêt pour les enseignements communs, choix de vos spécialités, etc.) et la manière dont vous souhaitez le conduire après le Baccalauréat.

Fiches 7 et 8

FICHE 10

Choisir deux questions à présenter au jury

Les deux questions que vous allez soumettre au choix du jury ont été travaillées dans le cadre de votre projet de gestion durant l'année scolaire. Elles s'appuient sur l'enseignement de spécialité Management, sciences de gestion et numérique, tronc commun et enseignement spécifique de mercatique.
Le choix est une étape délicate car, si les questions sont mal choisies au départ, vous risquez de vous retrouver dans une impasse et, par conséquent, de perdre votre temps.

Enseignement spécifique de mercatique

Thème 1 : La définition de l'offre

1.1 La personnalisation de l'offre est-elle incontournable ?
1.2 Toute consommation crée-t-elle de l'expérience ?
1.3 Le prix, entre raison et illusion ?

Thème 2 : La distribution de l'offre

2.1 Distribution de l'offre : peut-on se passer d'intermédiaires ?
2.2 Le consommateur dicte-t-il les choix de distribution ?
2.3 Les technologies numériques, une autre manière de penser la distribution ?

Thème 3 : La communication de l'offre

3.1 Communiquer : quelle visibilité et quels médias pour valoriser l'offre ?
3.2 Comment enrichir la relation client grâce au numérique ?

Exemple

Questions du programme	Le contexte de l'étude approfondie	Questions présentées au jury du Grand oral
Thème 2 **2.3** Les technologies numériques, une autre manière de penser la distribution ? **Thème 3** **3.2** Comment enrichir la relation client grâce au numérique ?	Luce et Rémi Forte viennent de racheter dans le centre-ville de X, dans une rue piétonne, un fonds de commerce spécialisé dans la vente de produits biologiques alimentaires, de bien-être et de beauté. La clientèle est essentiellement constituée de séniors. D'après les nouveaux propriétaires, il faudrait la « rajeunir » en s'appuyant notamment sur les technologies numériques.	• L'apport de technologies digitales pourrait-il contribuer à gagner un nouveau segment de clientèle ? • En quoi le gain de nouveaux clients est-il aussi important que la fidélisation des clients actuels ?

VÉRIFICATION DU CHOIX DES QUESTIONS

- La question n'est pas hors sujet par rapport au programme (elle s'inscrit dans un ou plusieurs thème(s) du programme et provient d'une des questions de ma spécialité Management, sciences de gestion et numérique). OUI ☐ NON ☐
- Il existe un lien entre le problème ou le besoin de gestion repéré et la question présentée au jury. OUI ☐ NON ☐

FICHE 11

Savoir formuler les questions de gestion et les justifier

La formulation des questions est extrêmement importante. La validation des deux questions, sur la forme et sur le fond, par l'enseignant(e), vous permettra de bien démarrer votre étude.

LES QUALITÉS ESSENTIELLES D'UNE QUESTION BIEN FORMULÉE

	Exemples et contre-exemple
• Elle est claire et correcte sur le plan syntaxique (phrase interrogative se terminant par un point d'interrogation). • On la comprend aisément, immédiatement. • Elle reprend explicitement les notions du programme. • Je peux y apporter une réponse argumentée à partir de mes connaissances personnelles en management, sciences de gestion et à partir des informations contenues dans la documentation collectée. • Elle ne conduit pas à un simple énoncé ou catalogue descriptif d'objectifs, de moyens, de conséquences,... • Elle est validée par l'enseignant(e) avant de poursuivre tout approfondissement de l'étude.	L'apport de technologies digitales pourrait-il contribuer à gagner un nouveau segment de clientèle ? En quoi le gain de nouveaux clients est-il aussi important que la fidélisation des clients actuels ? ~~Quels sont les moyens de mercatique directe que peut utiliser la chaîne de magasins x pour conquérir de nouveaux clients~~

Rédigez vos deux questions et vérifiez que leur formulation possède toutes les qualités requises.

QUESTION 1

....

....

....

....

QUESTION 2

....

....

....

....

Validation par l'enseignant(e) : OUI ☐ NON ☐

TEST !

Vérifiez la qualité de vos questions

1 Rattachez chacune des questions suivantes à l'un des trois thèmes du programme et à l'une des questions de l'enseignement spécifique de mercatique.

Questions	Thèmes du programme	Questions du programme
• La marque suffit-elle à créer de la valeur perçue ?	....	....
• La distribution de l'offre au moyen de deux unités commerciales complémentaires, physique et virtuelle, est-elle indispensable ?	....	....
• Le montant du budget de communication d'une entreprise garantit-il l'amélioration de ses performances commerciales ?	....	....
• Une distribution multicanale contribue-t-elle à fidéliser le client ?	....	....

2 Indiquez si ces questions sont clairement formulées et justifiez votre réponse.

Questions	Oui	Non	Justifications
• Analyser les choix possibles de l'offre commerciale à partir des couples produit/marché.	....	....	....
• Quelles sont les différentes politiques de marque que le groupe Z peut mettre en place ?	....	....	....
• Pourquoi les stratégies de numérisation d'une chaîne d'unités commerciales doivent-elles être étudiées avant d'être mises en œuvre ?	....	....	....
• En quoi le gain de nouveaux clients est-il aussi important que la fidélisation des clients actuels ?	....	....	....

3 Reformulez les questions suivantes pour qu'elles deviennent de bonnes questions.

• Quelles sont les différentes politiques de marque que le groupe Z peut mettre en place ?

....

• Pourquoi les stratégies de numérisation d'une chaîne d'unités commerciales doivent-elles être étudiées avant d'être mises en œuvre ?

....

....

FICHE 12 Présenter sa question de gestion au jury pendant 5 minutes

Vous expliquez au jury pourquoi vous avez choisi de préparer cette question pendant votre formation, puis vous la développez et vous y répondez. La fiche de synthèse de votre projet, si elle est bien complète, vous aidera. Voici, en exemple, comment un candidat pourrait répondre à partir de la situation de gestion et de la question suivantes :

Situation de gestion

La PME tricolore AcquaVita commercialise des fontaines à eau au positionnement haut de gamme qui équipent essentiellement des lieux publics : clubs de sports, hôtels, entreprises. Le dirigeant veut étendre son marché aux particuliers en leur proposant un produit adapté à leurs besoins. Pour cela, un référencement dans la grande distribution (Auchan, Casino, Carrefour, Système U et Intermarché, etc.) mais aussi dans les enseignes spécialisées (Darty, Boulanger, etc.) est incontournable.

• **Question :**
Un producteur au positionnement haut de gamme peut-il opter pour une stratégie de distribution intensive ?

ÉTAPE 1 JUSTIFICATION DU CHOIX DE LA QUESTION

Enjeux : il s'agit d'expliquer pourquoi cette question est importante.

L'enjeu stratégique du choix d'une distribution intensive est de vendre la fontaine à eau dans le plus grand nombre de points de vente, d'où une augmentation du volume des ventes. Mais c'est une stratégie risquée, car le choix de la grande distribution peut modifier la perception de la marque.

Mise en perspective : il s'agit de situer la question par rapport à un environnement économique juridique et managérial.

Contexte économique : pour la PME AcquaVita, le choix de la grande distribution permet de rivaliser avec la concurrence (les grands groupes).
Contexte managérial : le produit, innovant, impacte la structure organisationnelle de l'entreprise.

Mobilisation des connaissances.

Utilisation des notions : réseaux de distribution, relations fournisseurs grande distribution.

ÉTAPE 2 DÉVELOPPEMENT DE LA QUESTION

Le prix d'un produit haut de gamme représente un frein pour beaucoup de consommateurs. En élargissant sa gamme et en se tournant vers la grande distribution, AcquaVita va proposer des produits différents à des prix plus abordables. La marque « démocratise » ainsi ses produits.

ÉTAPE 3 RÉPONSE ARGUMENTÉE

Oui, le choix de distribution intensive est compatible avec un positionnement haut de gamme.

Proposition	Justification	Exemples
La démocratisation de l'offre haut de gamme a contribué à l'apparition d'une offre « premium » dans la grande distribution.	Les enseignes de la grande distribution référencent désormais des marques nationales relevant de l'univers de l'épicerie fine ou des équipements ménagers haut de gamme.	Foies gras, saumons fumés, caviar de la marque Labeyrie, chocolats Lenôtre, etc. Bosch, Apple.

FICHE 13

Échanger avec le jury pendant 10 minutes

Un dialogue est engagé lors de la deuxième phase de l'épreuve (10 min). Les examinateur(trice)s vont vous poser quelques questions pour vous conduire :
- **à préciser et approfondir votre pensée ;**
- **à définir des notions qui démontrent la solidité de vos connaissances ;**
- **à montrer vos capacités argumentatives.**

Cochez les cases lorsque vous considérez que vous avez répondu aux questions suivantes susceptibles d'être posées par le jury.

Démarche documentaire, pertinence et validité des informations mobilisées :
- Quelles ont été les différentes étapes de ma recherche documentaire ? ☐
- Quels sont les critères de validation que j'ai retenus pour sélectionner mes documents (fiabilité des sources, date...) ? ☐

Rigueur et démarche d'analyse :
- Ai-je réalisé des fiches pour caractériser les organisations à partir desquelles j'ai travaillé ? ☐
- Comment ai-je traité l'information contenue dans ma documentation ? ☐

Intérêt de la question choisie et des conclusions :
- J'explique en quelques mots les enjeux de cette question. ☐
- Je mets la question en perspective sur le plan économique (ou juridique, ou managérial). ☐
- Quelle est ma réponse à la question ? ☐
- Quelles sont les conclusions de mon étude ? ☐

Intégration de la dimension numérique
- Ai-je consulté le site web de l'organisation ? Quelles informations m'a-t-il apportées ? ☐
- Quels outils numériques ai-je utilisé ? Pour quels usages ? ☐
- Comment ai-je organisé la sauvegarde de mes documents ? ☐

Pouvoir de conviction
J'utilise les mots suivants pour renforcer la logique de mon argumentation et montrer de la conviction :
- **Justification :** car, en effet, en raison de, parce que, puisque, dans la mesure où... ☐
- **Comparaison :** de même, ainsi que, comme, à court terme... à long terme... ☐
- **Concession/nuance :** certes, malgré, sans doute, bien que, en dépit de... ☐
- **Conséquence :** donc, par conséquent, d'où, si bien que... ☐
- **Opposition :** au contraire, en revanche, néanmoins... ☐
- **Renforcement d'un argument :** de plus, surtout, non seulement... mais encore, en outre, enfin, pour finir... ☐

Félicitations ! **Vous avez coché toutes les cases, votre entraînement est abouti car vous savez répondre à l'ensemble des questions de l'examinateur(trice).**

FICHE 14

Adopter les bonnes postures et attitudes durant l'épreuve

Vous allez passer 20 min en situation de face à face avec deux examinateur(trice)s. Vos postures et vos attitudes doivent communiquer une impression favorable à chacun des moments du déroulement de cette épreuve orale.
Objectif : veiller à la qualité de votre communication durant 20 minutes !

AU MOMENT DE LA PRISE DE CONTACT (2-3 MIN)

Dès mon entrée dans la salle d'examen, ma tenue vestimentaire, ma posture et mes attitudes communiquent aux deux examinateur(trice)s une impression d'ensemble.
Je respecte le rituel de politesse en disant « bonjour », puis je présente ma convocation et ma pièce d'identité.

Décrivez les éléments qui dégagent une impression favorable de cette candidate.

• Quelles sont les attitudes à privilégier ?

Regard ....

....

Sourire ....

....

Posture ....

....

Bras ....

....

Tenue ....

....

Téléphone portable éteint.

• Quelles sont les attitudes à éviter ?

....

....

....

....

....

....

1er TEMPS PRÉSENTATION D'UNE QUESTION SOUS FORME D'EXPOSÉ (5 MIN)

Les deux examinateur(trice)s m'écoutent sans m'interrompre. Je suis debout.

- **Je regarde les examinateur(trice)s :** la relation s'établit essentiellement par le regard.
- **Je contrôle mon débit de parole et la qualité de mon expression orale.** Je parle naturellement, distinctement. Des pauses me permettront de reprendre mon souffle, de rythmer mon exposé et de marquer des transitions entre les principales idées. J'évite de réciter un discours appris par cœur. La qualité de mon expression orale repose sur des phrases correctement construites et la mobilisation pertinente des notions. Le langage familier est à proscrire.
- **Je veille à mon attitude :** j'évite les gestes et les mouvements parasites (me toucher les cheveux, triturer un stylo, mâcher du chewing-gum,...).
- **Je surveille ma posture.**
- **Je surveille le temps.** Deux ou trois coups d'œil discrets à ma montre suffisent. Le respect du temps imparti évitera au jury d'interrompre mon exposé pour passer au dialogue.

2e ET 3e TEMPS ÉCHANGE AVEC LE JURY SUR LA QUESTION (10 MIN), PUIS SUR MON PROJET D'ORIENTATION (5 MIN)

À l'issue de l'exposé, je vais dialoguer avec les deux examinateur(trice)s. Je peux choisir de rester debout ou de m'asseoir.

- **J'écoute les questions pour bien les comprendre et y apporter les réponses appropriées.** Une attitude d'écoute se traduit par une posture adaptée : tête légèrement inclinée, regard tourné vers celui qui pose la question. J'écoute les questions sans couper la parole, et je n'hésite pas à demander des précisions ou à reformuler la question pour m'assurer de l'avoir bien comprise.
- **J'adopte une attitude calme, stable et neutre.** La tendance au relâchement constitue un risque au fur et à mesure que l'épreuve avance, notamment si je m'assois (affaissement du buste et des épaules). Les postures inconvenantes sont à proscrire car elles donnent une image de désinvolture, voire de provocation. Les manifestations excessives d'émotions (joie, séduction, étonnement, déception, accablement,...) sont à maîtriser.
- **Je veille toujours à la qualité de mon expression orale.** L'utilisation d'un langage courant, voire soutenu et le recours à un vocabulaire précis sont attendus. Si je perçois une certaine incompréhension de la part de mes interlocuteurs, je peux me reprendre pour corriger une erreur, apporter une précision, reformuler...

TEST !

Évaluez la qualité de votre prestation orale

Vous effectuez une simulation orale : un partenaire joue le rôle de l'examinateur(trice) (professeur, membre de l'équipe). À l'issue de cette simulation, échangez avec votre partenaire pour pouvoir remplir la colonne Observations de la grille ci-dessous.

		Observations
La qualité de ma prestation orale ☐ Très insuffisant ☐ Insuffisant ☐ Bien ☐ Très bien	• Mon discours est articulé et pertinent. • Les énoncés sont bien construits, sans pauses ni faux démarrages. • Le rythme de mon discours facilite la compréhension de l'exposé et soutient l'attention du jury. • J'utilise un vocabulaire riche et précis. • Mon exposé respecte le temps imparti (5 min).	....
La qualité de ma prise de parole ☐ Très insuffisant ☐ Insuffisant ☐ Bien ☐ Très bien	• Ma prise de parole est affirmée, sans hésitation. • Ma voix est claire, mon débit de parole est fluide.	....
La qualité de mes connaissances ☐ Très insuffisant ☐ Insuffisant ☐ Bien ☐ Très bien	• Je maîtrise les connaissances utilisées pour répondre à la question préparée. • Je mobilise mes connaissances à bon escient pour répondre aux questions du jury. • Je sais les expliquer.	....
La qualité de mon argumentation ☐ Très insuffisant ☐ Insuffisant ☐ Bien ☐ Très bien	• Mon raisonnement est structuré. • Ma démonstration s'appuie sur des arguments précis et des exemples. • Je maîtrise les enjeux du sujet.	....
Ma réactivité aux questions ☐ Très insuffisant ☐ Insuffisant ☐ Bien ☐ Très bien	• J'écoute les questions, sans couper la parole. • Je réponds à chaque question de façon précise, sans digression. • Je construis des réponses pertinentes et argumentées.	....

A

Ad-blocker : petit logiciel ou module incorporé au navigateur d'un internaute qui empêche l'affichage des bandeaux ou autres formats publicitaires.

B

B to B : de l'anglais *Business to Business*. Ensemble des activités d'une entreprise visant une clientèle d'entreprises.

B to C : de l'anglais *Business to Consumer*. Ensemble des activités d'une entreprise visant le consommateur final.

Bien : chose matérielle que l'on peut s'approprier.

Bouche-à-oreille : échange d'informations direct d'une personne à une autre. Les consommateurs donnent leur avis, en face-à-face ou sur Internet, à propos de marques, de produits, de lieux ou d'expériences de consommation.

***Brand content* :** ou « contenu de marque ». Contenus éditoriaux (vidéos d'expériences, conseils, articles pratiques, forums, reportages, etc.) proposés sur Internet, sur des supports papier ou à la télévision.

***Buzz* marketing :** diffusion de l'information vers le consommateur à l'occasion d'un événement, par un dispositif ou une action spectaculaire associé(e) à une marque. Réussie, une action de *buzz* marketing génère du bouche-à-oreille et des retombées médiatiques. Elle crée une réaction et attire l'attention, quitte à provoquer la polémique.

C

Ciblage : ensemble d'acheteurs et d'acteurs potentiels que l'on cherche à conquérir et/ou à fidéliser par des actions marketing, après avoir réalisé une segmentation.

Cibles de la communication : tous les acheteurs, réels ou potentiels, que l'entreprise cherche à convaincre et/ou à fidéliser par des actions de communication (sexe, âge, CSP, zone géographique, styles de vie, etc.).

Communication numérique : ensemble des échanges entre l'entreprise et ses clients transmis *via* tous les supports que propose l'environnement numérique.

***Community management* :** ensemble des actions qui permettent d'animer et de fédérer des communautés sur Internet.

Composantes de l'offre : l'offre commerciale présentée par une entreprise sur un marché est constituée de deux éléments : la composante matérielle, c'est-à-dire le produit, et la composante immatérielle, qui correspond à l'ensemble des services associés au produit, comme par exemple la garantie, le conseil client, le SAV ou la livraison.

Contrat de coopération commerciale : accord par lequel, moyennant une rémunération, un distributeur apporte des services spécifiques à son fournisseur, comme la mise en valeur des produits fournis et leur commercialisation dans les meilleures conditions possibles (affiches, promotions, têtes de gondoles).

Copie stratégie (de l'anglais *copy-strategy*) **:** document de travail permettant d'établir les différentes caractéristiques d'une campagne publicitaire à respecter pour assurer la cohérence globale de celle-ci.

Couple produit-marché : combinaison entre un ou plusieurs produits ou services et un ou plusieurs segments de marché. Cette combinaison permet à l'entreprise de mieux cibler ses clients et de mettre au point des actions commerciales adaptées à leurs attentes.

Cross-canal : stratégie qui a pour but de relier les différents canaux de distribution, physiques et digitaux. Elle fluidifie ainsi l'expérience d'achat des clients.

D

Digitalisation des unités commerciales : utilisation des technologies du numérique au service de la relation client, soit dans le cadre des achats en ligne, soit dans le cadre des achats en magasin physique.

Distribution : ensemble des opérations qui permettent de mettre à disposition du consommateur final des produits ou des services.
Le canal de distribution est composé des intermédiaires physiques ou virtuels qui permettent aux produits ou aux services de passer du producteur au consommateur. La distribution peut être qualifiée de directe (aucun intermédiaire entre le producteur et le consommateur) ou d'indirecte (un ou plusieurs intermédiaires).
Pour un distributeur :
- la distribution intensive consiste à faire distribuer ses produits dans le plus grand nombre de points de vente possible ;
- la distribution sélective repose sur un processus de sélection des distributeurs ;
- la distribution exclusive garantit une exclusivité au distributeur.

Distribution collaborative : elle consiste à associer le client au processus de vente, par l'intermédiaire de la plateforme e-commerce du distributeur. Le client commande en ligne, sur Internet, et sa commande lui est livrée à domicile, souvent sur rendez-vous, pour tenir compte de sa disponibilité.

Don : le modèle du don consiste à offrir le bien ou le service gratuitement à l'utilisateur. En contrepartie, l'utilisateur est libre de faire des dons au fournisseur dans la limite de ses moyens, sans obligation. Les recettes sont conditionnées à la générosité du consommateur.

E

E-commerce (commerce électronique) **:** il regroupe l'ensemble des transactions commerciales s'opérant à distance par le biais d'un site Internet.

E-réputation: image véhiculée et/ou subie par une entreprise ou une marque sur Internet et tout autre support numérique. L'image subie résulte des avis des internautes sur les blogs, réseaux sociaux, plateformes d'échanges vidéos, forums et autres espaces communautaires. L'e-réputation est davantage influencée par la visibilité des contenus, avis et opinions relatifs à une marque que par leur quantité.

Événementiel : la communication événementielle consiste à organiser des événements pour promouvoir l'offre de l'entreprise auprès de sa cible.

Expérience de consommation: expérience que vit un individu lors de son acte de d'achat. Elle se décompose en plusieurs phases : avant l'achat — l'expérience d'anticipation ; pendant l'achat — l'expérience d'achat ; après l'achat — l'expérience du souvenir.

F

Facteurs de fidélité : le facteur de fidélité principal est la satisfaction éprouvée par le consommateur lors de son expérience d'achat. Il existe d'autres facteurs, comme le rapport qualité-prix du produit et du point de vente, la notoriété et l'image, les services associés, l'attachement au point de vente ou encore les labels et les certifications.

Fidélité d'un consommateur vis-à-vis d'un bien ou d'un service : elle se traduit par des achats répétés. Un consommateur ne devient fidèle qu'après une expérience de consommation réussie.

Freemium : service dont la version de base est gratuite, tandis qu'une version plus complète est payante. Pour que ce modèle soit un succès, il faut que l'offre payante apporte une réelle plus-value, que le nombre d'utilisateurs payants soit conséquent et que le prix de la version payante suffise à couvrir l'ensemble des coûts.

G

Gamme : ensemble homogène de produits et/ou services destinés à répondre à des besoins identiques exprimés sur un marché.

Gestion de la relation client (GRC) (en anglais *Customer Relationship Management*, ou CRM) : elle consiste à récolter, traiter et analyser les informations relatives aux clients en vue d'établir avec eux une communication personnalisée. Pour cela, l'entreprise utilise une base de données permettant de mieux connaître les clients.

I

Image : ensemble des représentations mentales d'un individu attachées à un produit, une marque ou une entreprise.

M

M-commerce (mobile commerce) : il regroupe l'ensemble des transactions commerciales réalisées sur des terminaux mobiles (smartphones et tablettes). Le m-commerce est une composante du e-commerce.

Marché tripartite : il implique trois parties : le consommateur, le diffuseur et l'annonceur. Dans ce modèle, le consommateur accède gratuitement à 100 % des biens et services proposés par l'entreprise qui, elle, se rémunère via des recettes publicitaires. Les coûts sont, en partie ou entièrement, couverts par l'argent versé par les annonceurs. En échange, ces derniers peuvent afficher des contenus publicitaires sur les supports du diffuseur.

Marketing concentré : stratégie dans laquelle la cible de clients visée se limite à un seul segment du marché.

Marketing d'influence : ensemble des pratiques qui visent à utiliser les recommandations d'« influenceurs ».

Marketing différencié : décomposition du marché total en plusieurs segments, chaque segment étant constitué d'un groupe homogène de consommateurs faisant l'objet d'un marketing adapté.

Marketing direct : ensemble de méthodes et techniques de communication permettant d'établir un contact personnalisé ou individualisé entre l'entreprise et sa cible, à l'aide d'une base de données fiable et actualisée des clients existants ou des prospects.

Marketing expérientiel : technique visant à faire vivre une expérience unique au client en agissant sur ses émotions.

Marketing indifférencié (ou marketing de masse) : politique marketing identique pour tous les clients d'un vaste marché.

Marketing individualisé (ou *one-to-one*) : offre la plus personnalisée possible, en direction de clients sélectionnés. Cette stratégie génère des coûts importants mais permet de fixer des prix élevés en se positionnant sur une offre haut de gamme.

Marketing sensoriel : ensemble de techniques qui visent à utiliser un ou plusieurs des cinq sens du consommateur, dans les points de vente, afin de favoriser l'acte d'achat.

Marketing viral : il repose sur un effet de contamination de la cible par la propagation d'un message commercial. Le message se propage tel un « virus » au sein du cercle de connaissances et de relations du destinataire.

Marque : ensemble de signes distinctifs tels qu'un nom propre, un slogan, un logo, un dessin ou la combinaison de plusieurs éléments (mot, code graphique, couleur, par exemple). Ces signes permettent à l'entreprise d'être reconnaissable.

Mécénat : soutien matériel et/ou financier à une personne ou à une organisation sans contrepartie d'image ou de visibilité. En soutenant des activités sociales, culturelles ou sportives, le mécénat améliore l'image de l'entreprise.

Médias : moyens et techniques de diffusion massive de l'information. On distingue six grands médias : la télévision, le cinéma, la radio, la presse écrite, l'affichage et Internet.

Médiaplanning : dans le cadre d'une campagne publicitaire, il présente les médias et supports devant être utilisés et la programmation des moments de diffusion.

O

Objectifs de la communication commerciale : l'ensemble des messages émis a pour finalité d'influencer les comportements de consommation de la cible visée.
On distingue trois types d'objectifs : l'objectif cognitif (faire connaître l'objet de la communication), l'objectif affectif (faire aimer l'objet de la communication) et l'objectif conatif (faire agir les cibles de la communication).

Objet de la communication : ce sur quoi porte la communication. Ce peut être un produit ou un service de l'entreprise, une marque ou l'entreprise elle-même.

Offre globale : combinaison de l'offre principale et de l'offre de services associée.

Omnicanalité : un client peut essayer un produit en magasin et l'acheter sur Internet (*store to web*), ou sélectionner un produit sur un site de e-commerce et le retirer en magasin (*web to store*), ou même encore commander un produit en ligne sur le point de vente (*web in store*).

P

Parcours client : chemin emprunté par le client entre le moment où il réalise qu'il a besoin d'un produit ou d'un service et le moment où il effectue l'achat. La digitalisation a transformé le parcours client et impose désormais une communication de l'offre *online* et *offline*.

Parrainage : soutien matériel et/ou financier à une personne ou à une organisation en vue de promouvoir une marque et d'améliorer sa notoriété et son image.

Place de marché (ou *marketplace*) : plateforme virtuelle, créée par un tiers, qui organise et sécurise la transaction entre les demandes des clients et les offres de vendeurs professionnels, pour un secteur d'activité particulier (textile, électroménager, etc.) ou un segment de marché spécifique (composants électroniques, matériaux du bâtiment, etc.).

Politique de marque : elle consiste, pour une entreprise, à déterminer le nombre de marques qu'elle choisit de proposer aux consommateurs en fonction des segments de marché visés.

Positionnement : position occupée par un produit dans l'esprit des consommateurs, par rapport à celle de ses concurrents. Elle repose sur différents critères : prix, image, caractéristiques du produit ou du service.

Prix cible : il est établi à partir d'études sur la demande (prix acceptable pour les consommateurs) et sur l'offre (prix pratiqué par les concurrents et/ou souhaité par les distributeurs). Une fois ce prix cible défini, les différents coûts et la marge sont ajustés pour correspondre au prix cible.

Prix différencié : prix obtenu en appliquant une tarification spécifique à un segment de clientèle. La différenciation peut se faire selon les types de clients (nouveaux clients/clients fidèles, particuliers/professionnels, tarifs jeunes/séniors, etc.), selon les périodes (heures, jours, saisons, etc.), selon les canaux de distribution (en magasin, drive, Internet, etc.) ou encore selon les degrés de participation des clients (livraison, montage, etc.).

Prix forfaitaire : prix fixé pour un regroupement de produits, similaires ou non, généralement inférieur à la somme des prix de tous les produits vendus séparément.

Prix unique : politique de prix consistant à proposer, à un moment déterminé, à tout consommateur, un prix unique pour un produit précis.

Prix de vente :
- pour un producteur :
  Prix de vente HT = Coût de revient + Marge
  Marge nette = Prix de vente HT - Coût de revient
- pour un distributeur :
  le coût de revient est remplacé par un prix d'achat hors taxes.

Dans ce cas :
  Prix de vente HT = Prix d'achat HT + Marge
  Marge nette = Prix de vente HT - Prix d'achat HT

Programme de fidélisation : il est constitué de l'ensemble des actions de fidélisation de l'entreprise. Il existe une grande variété d'outils de fidélisation (carte de fidélité, avantages fidélité, etc.) et de méthodes de fidélisation (marketing direct, animation d'une communauté, etc.).

Promotion des ventes : modification temporaire de l'offre visant à susciter l'intérêt du consommateur.

Publicité : production et diffusion dans les médias de communications commerciales.

R

Réponse optimale au client (ECR) : ensemble des actions conjointes menées par les producteurs et les distributeurs pour apporter les meilleures réponses possibles aux attentes des consommateurs.

S

Satisfaction : opinion d'un client qui résulte de la différence entre ses attentes et son expérience de consommation. Elle est le reflet de la valeur globale de l'offre perçue diminuée des coûts que le client a engagés : coûts monétaires (prix payé), coûts psychologiques (peur d'être déçu), coûts de transaction (temps, distance...).

Segmentation : démarche commerciale qui consiste à découper le marché en groupes d'individus (segments) ayant des comportements d'achats ou d'utilisations homogènes, afin de leur proposer une offre spécifique.

Service : activité dont le produit final est immatériel.

***Social selling* :** utilisation des réseaux sociaux dans le processus de vente d'un produit.

***Storytelling* :** ou « communication narrative ». Fait de raconter une histoire, plutôt que de mettre en avant des arguments d'une marque ou d'un produit. La technique du *storytelling* capte l'attention et suscite l'émotion grâce aux histoires, réelles ou imaginaires, liées à la marque ou au produit.

Stratégies de fidélisation : elles ont pour objectif d'améliorer le chiffre d'affaires de l'entreprise et de maintenir une relation client de qualité. On distingue deux types de stratégie de fidélisation :
- la stratégie de fidélisation induite qui consiste à contraindre le consommateur à racheter un bien ou un service par commodité ou par obligation contractuelle ;
- la stratégie de fidélisation recherchée, qui consiste à inciter le consommateur à racheter un bien ou un service parce qu'il est satisfait ou motivé par un programme de fidélisation.

Stylique ou *design* : ensemble des éléments contribuant à l'apparence visuelle d'un produit. La stylique répond à deux objectifs pour le produit : être fonctionnel et séduire le consommateur.

Subventions croisées directes : elles amènent le consommateur à acheter des produits complémentaires à un produit acheté au préalable. Exemple : des jeux vidéo proposés gratuitement, mais dont certaines options nécessitent un abonnement.

Subventions croisées indirectes : elles reposent sur le principe suivant : les utilisateurs qui achètent un service ou un produit financent les accès gratuits ou à tarif réduit.

Support : canal de communication servant à la diffusion du message publicitaire.

T

Taux de marge : pourcentage de marge appliqué au coût de revient. Ainsi, un taux de marge de 30 % signifie que l'entreprise applique 30 % de marge au coût de revient.
Exemple : si le coût de revient est de 12 €, la marge sera :
12 x (30 / 100) = 12 x 0,3 = 3,6 €.
Cette marge permet de calculer le prix de vente en l'ajoutant au coût de revient.
Exemple : Prix de vente = 12 + 3,6 = 15,6 €.
On peut aussi calculer directement le prix de vente en appliquant le coefficient multiplicateur :
(1 + Taux de marge) x Coût de revient.
Exemple : Prix de vente = 12 x 1,3 = 15,6 €.

Théâtralisation de l'offre : démarche qui consiste à mettre en scène l'offre dans le point de vente.

U

Unité commerciale : l'offre des entreprises est proposée à la vente aux consommateurs au sein d'unités commerciales physiques (magasins) et/ou virtuelles (e-commerce).

V

Valeur perçue : elle correspond à la valeur que revêt un produit ou service dans l'esprit du consommateur. Subjective, elle n'a pas de lien direct avec la valeur réelle ou le coût de fabrication.
La valeur perçue d'une offre résulte de la combinaison d'au moins trois composantes :
- la valeur d'usage : quelle utilité va m'apporter le produit ?
- la valeur hédonique : quelles sensations va m'apporter le produit ?
- la valeur de signe : quelle image vais-je renvoyer aux autres en consommant ce produit ?

Valeur vie client (*Life Time Value*) : somme des bénéfices attendus sur la « durée de vie » d'un client (durée durant laquelle la personne est cliente de l'entreprise). La valeur vie client permet d'appréhender les revenus générés par un client sur toute sa « durée de vie » et de les comparer aux dépenses et aux moyens mobilisés pour l'acquérir et le fidéliser.

Vente de données : elle est encadrée par le RGPD (Règlement général sur la protection des données), qui impose aux sites Internet de s'assurer du consentement explicite des utilisateurs à la collecte de leurs données personnelles, notamment à des fins de ciblage publicitaire et lorsque cette collecte se fait pour des entreprises tierces.

Crédits

p. 9 : © Bruno Levesque / IP3 - p. 10 : Shutterstock/emasali stock - p. 11 : Lisa Meree Williams/ Getty Images Asiapac/Getty Images via AFP - p. 12 : Come SITTLER / REA ; Philips - p. 16 : Gaetan Bally/Keystone/MaxPPP - p. 18 : Shutterstock / Keith Homan - p. 19 : gorodenkoff/ iStock - p. 20 : PLV / SIPA ; Laurent COUSIN / HAYTHAM - REA ; Photo12 / Alamy / VDWI Automotive ; ROMUALD MEIGNEUX / SIPA - p. 21 : Antoine Lorgnier/onlyfrance.fr - p. 22 : Veja - p. 24, 25 : Veja - p. 26 : INPI - p. 33 : ANDBZ / ABACA - p. 34 et 35 : Sushiman - stock. adobe.com - p. 36 : chathuporn/AdobeStock ; Seremin/iStock ; Shutterstock/Framesira ; Shutterstock/Craig Russell ; Shutterstock/qragon2021- p. 37 : Shutterstock/qragon2021- p. 38 : momolelouch - stock.adobe.com - p. 40 : Guy/Adobe Stock - p. 41 : © Xavier POPY/ REA / VanderWolf-Images/iStock - p. 50 : Millet - p. 51 : Backgrid USA / Bestimage - p. 52 : Alexandre Marchi / MCDONALD'S - p. 53, 55, 56 : Parc du Griffon - p. 60 : Association des Libraires Spécialisés pour la Jeunesse - ALSJ - Bruno Heitz - p. 63, 64, 66, 68, 69, 70 : Andresy Confitures - p. 67 : L.Bouvier/AdobeStock - p. 73 : Pumidol/Shutterstock p. 76 : PK Studio/ Shutterstock - p. 80 : Deezer/D.R. - p. 81 : Wikimedia/D.R. - p. 89 : Anaïs Bizet/Promis Juré - p. 90 : © Made in Mouse et Rougeline ; © Rougeline - p. 91 : La Ruche Qui dit Oui !/D.R. - p. 94 : Les Paniers d'Alain - p. 95 : Groupe La France Agricole - p. 96 : Stephen Brashear/ Getty Images North America via AFP - p. 97 : © Daniele Schneider / Photononstop - p. 105 : YOHAN BONNET / AFP - p. 109 : © Auchan Retail France - p. 112 : Coeur Paysan - p. 115 : DENIS / REA - p. 116 : David NIVIERE/ABC/Andia.fr - p. 117 : Camaieu / Blackbox photo - p. 119 : © Pierre ROUSSEAU / Cit'images - p. 122 : © Pierre ROUSSEAU / Cit'images - - p. 126 : Monoprix - p. 127, 128 : Endurance Shop - p. 130 : Endurance Shop ; © Germond Bernard - p. 134 : Ma French Bank - p. 135 : Auto Hero ; Sodastream - p. 138 : © St Michel Biscuits - p. 144 : Jean Michel Bancet/Icon Sport - p. 146 : © FRICHTI - p. 148 : SUDRES Jean-Daniel / hemis.fr ; p. 158 : Eric Piermont/AFP - p. 163 : Sezane / Les Jolis Mondes ; Dimensions/iStock -p. 165 : Sebadelha Julie / ABACA - p. 171 : AWP76/Shutterstock - p. 173 à 179 : Decathlon - p. 183 YouGov/D.R. ; Netflix/D.R. - p. 201 : FG Trade/iStock

© Premium Access et Adobe Stock pour les autres visuels.

Couverture : © Adobe Stock.

Couverture : Véronique Lefebvre
Maquette intérieure : Véronique Lefebvre
Mise en pages : Sabine Beauvallet
Coordination éditoriale : Claire Hervy
Édition : Lauriane Cornet
Iconographie : Ingrid Milhaud

FABRIQUÉ EN FRANCE

Dépôt légal : avril 2022 - Numéro d'éditeur : MAGSI20240405
Achevé d'imprimer en août 2024 par ISIPrint en France

PEFC/10-31-2581

IMPRIM'VERT®